Colin McGinn

Wie kommt der Geist in die Materie?

Colin McGinn

Wie kommt der Geist in die Materie?

Das Rätsel des Bewusstseins

Aus dem Englischen
von Susanne Kuhlmann-Krieg

Verlag C. H. Beck München

Titel der Originalausgabe:
The Mysterious Flame. Conscious Minds in a Material World

First published by Basic Books (USA), a subsidiary
of Perseus Books L.L.C.

Die Deutsche Bibliothek – CIP-Einheitsaufnahme

McGinn, Colin:
Wie kommt der Geist in die Materie :
das Rätsel des Bewusstseins / Colin McGinn. Aus dem Englischen
von Susanne Kuhlmann-Krieg. – München, Beck, 2001
Einheitssacht.: The mysterious flame ⟨dt.⟩
ISBN 3 406 47217 6

2. Auflage. 2001

Satz: Fotosatz Janß, Pfungstadt
Druck und Bindung: fgb · freiburger graphische betriebe
Umschlagbild: © photonica/Cyril de Commarque
Umschlaggestaltung: Thomas Mayfried, München
Gedruckt auf säurefreiem, alterungsbeständigem Papier
(hergestellt aus chlorfrei gebleichtem Zellstoff)
Printed in Germany
ISBN 3 406 47217 6

www.beck.de

Die Trennung des Geistes von der Materie
war ein Geheimnis,
und die Vereinigung des Geistes mit der Materie
war gleichfalls ein Geheimnis.

(Oscar Wilde, Das Bildnis des Dorian Gray)

Inhalt

Vorwort

Es fällt uns schwer, unserem Bewusstsein zu entrinnen, unsere Wahrnehmungen, Gefühle, Gedanken und Sehnsüchte auszublenden. Wenn unser Bewusstsein schwindet, schwinden auch wir. Es ist immer mit uns, von unermüdlicher Betriebsamkeit. Es gibt nichts, dessen wir uns mehr gewärtig sind, als unser Dasein als bewusstes Wesen. Und doch ist Bewusstsein eine irritierende Angelegenheit. Was *ist* Bewusstsein? Woher kommt es? Wie ist es mit jener Entität verknüpft, jenem Ding, das wir Körper nennen? Was hat die Aktivität des Gehirns mit ihm zu tun? Bewusstsein lässt sich nicht sehen noch anfassen, nicht auseinander nehmen oder schmecken, obwohl es uns so ungemein vertraut ist. Es ist selbstverständlich und doch höchst rätselhaft. Es hat etwas *Besonderes*.

Dieses Buch handelt von dem Mysterium Bewusstsein. Meine Hauptaussage lautet, dass Bewusstsein in der Tat ein großes Rätsel darstellt, ein Phänomen der Natur, auf das wir so gut wie keinen theoretischen Zugriff haben. Der Grund für dieses Mysterium, so behaupte ich, besteht darin, dass unser Intellekt nicht dafür gebaut ist, Bewusstsein zu verstehen. Manche Aspekte der Natur kommen unserer Art von Intelligenz entgegen, das Ergebnis ist Wissenschaft; andere aber haben die falsche Form, um unserem Intellekt den Zugriff zu gestatten, und dann ist das Resultat ein ewiges Geheimnis. Ich möchte darlegen, warum das so ist, und ich möchte die Gültigkeit dieser ‚Mysteriums-These' in Bezug auf eine ganze Reihe anderer Fragen untersuchen. Mir geht es hierbei unter anderem um eine Geographie des menschlichen Nichtwissens, so, wie sie sich aus einer Karte menschlichen Wissens und seiner Grenzen ergibt.

Dieses Buch soll eine leicht verständliche Zusammenfassung meiner Arbeit sein, die ich in den vergangenen zehn Jahren zum Thema Bewusstsein geleistet habe. Meine Gedanken haben sich im Laufe der Jahre allmählich entwickelt, ausgehend von einer plötzlichen Erleuchtung in einer dunklen Nacht in Oxford im Jahre 1988, als mich plötzlich das Gefühl überkam, dass ich endlich verstanden hätte, warum das Körper-Geist-Problem so schwer zu lösen ist. Ich sprang aus dem Bett und kritzelte ein paar Notizen hin, wobei ich mir recht sicher war, dass sie mir am anderen Morgen vermutlich ziemlich töricht vorkommen würden. Doch am anderen Tag erschienen sie mir immer noch sinnvoller als alles, was ich jemals über das Körper-Geist-Problem geschrieben oder gehört hatte. Und die folgenden Jahre haben diese anfängliche Überzeugung nur bestätigt – bei mir und womöglich auch bei anderen. Dieses Buch gibt mir Gelegenheit, diese Gedanken auf eine Art zusammenzuführen, die verständlich ist für Leute mit einem allgemeinen Interesse am Funktionieren des Geistes und seines Platzes in der Natur. Ich bin der Ansicht, dass diese Themen auch für Menschen außerhalb der akademischen Welt von großer Bedeutung und erheblichem Interesse sind, und möchte sie in so klarer und lebhafter Weise zu der Debatte einladen, wie es mir nur möglich ist. Bewusstsein ist ein Thema, an dem jedermann ein berechtigtes Interesse hat, es wäre gut, wenn man so viel Licht wie möglich in es hineinbringen könnte, auch wenn wir am Ende werden zugeben müssen, dass es höchst geheimnisvoll bleibt. Außerdem ist es mir ein Vergnügen, meine gewohnte vorsichtige Art der akademischen Darstellung ein bisschen zu lockern und in einfacher, offener Sprache direkt zum Kern der Dinge zu kommen. Dementsprechend habe ich das Buch mit einem absoluten Minimum an Jargon und technischen Darstellungen geschrieben.

Ich möchte all denen danken, die das Thema Bewusstsein mit mir rund um den Globus an vielen Orten diskutiert haben. Es ist ein harter Brocken, kein Zweifel, und je mehr wir uns bemühen, umso fester fühlen wir uns im Griff unserer Verwirrung. Ich bin dankbar für all das Ringen. Ganz besonders möchte ich mich bedanken bei Consuelo Preti, Catherine Mortenson, Thomas Nagel und meinem Sohn Bruno. Ich bin dankbar für das jeweils ganz individuelle Bewusstsein, das jedem von ihnen innewohnt.

Colin McGinn *New York, Oktober 2000*

1

Bewusstsein – nach so vielen Jahren noch immer ein Geheimnis

Wie lässt sich Bewusstsein definieren?

Stellen Sie sich vor, Sie befänden sich in einem tiefen, traumlosen Koma. Ihr Gehirn arbeitet auf niedrigster Stufe, gerade genug, um Ihren Körper am Leben zu halten – Herzschlag und Lungen funktionieren zu lassen. Es ist vollkommen leer in Ihnen. Dank der unermüdlichen Anstrengungen Ihrer Ärzte erwachen Sie ganz allmählich aus dem Koma. Als Erstes nehmen Sie Lage und Temperatur Ihres Körpers wahr; Sie fühlen sich wohl, Ihnen ist angenehm warm, und Sie spüren keinerlei Schmerzen. Sie hören das Gemurmel der Ärzte, ein Gewirr aus menschlichen Stimmen umgibt Sie. Ein säuerlicher Geschmack ist in Ihrem Mund, und Sie verspüren Durst. Sie nehmen einen Hauch von Formaldehyd wahr. Sie sind verwirrt, erregt und können Ihre Gedanken kaum ordnen. Sie kämpfen, um die Augen zu öffnen, und eine Welle greller Farben stürzt auf Sie ein. Ihr Kopf schmerzt ein wenig unter diesem Ansturm von Anblicken, Geräuschen und Gerüchen. Sie versuchen zu sprechen.

Sie haben, wie wir sagen, das Bewusstsein wiedererlangt. All jene Empfindungen und Gefühle, jene Emotionen, Gedanken und Wahrnehmungen sind Instanzen Ihres Bewusstseins. Sie waren bewusstlos, nun sind Sie bei Bewusstsein: Ihr Verstand ist wach und arbeitet wieder. Sie haben es geschafft, in die Welt der Wahrnehmungen zurückzukehren. Sie sind wieder ein empfindendes Geschöpf. Diese Verwandlung entspricht nicht einfach nur dem Übergang vom Schlafen zum Wachen. Erinnern Sie sich, ich sprach anfangs von einem *traumlosen* Koma. Wenn Sie geträumt hätten, wäre Ihr Geist auch noch während Ihres Schlafes aktiv gewesen. Sie wären bewusstlos gewesen in dem Sinne, dass Sie Ihre Umgebung nicht wahrnehmen, in anderer Hinsicht aber wären Sie bei Bewusstsein gewesen, denn Sie hätten noch immer Wahrnehmungen, Gefühle, Empfindungen und Gedanken gehabt. Träume sind lediglich eine andere Form von Bewusstsein, jene Form eben, die Ihnen eigen ist, wenn Sie sich in dem seltsamen Zustand namens Schlaf befinden. Wenn Sie schlafen und träumen, sind Sie sich Ihrer Umgebung tatsächlich nicht bewusst, aber Ihr Geist gewährt denselben Sorten bewusster Abläufe Raum wie im wachen Zustand auch. Sie ähneln in keiner Weise einem seelenlosen Stein oder einem hirntoten Unfallopfer. Im Prinzip könnten Sie ein geistig erfülltes Leben in einem Zustand ungestörter ‚Träumerei' führen. Der Unterschied zwischen einem Träumer und jemandem, dessen Geist völlig leer gefegt ist, könnte größer nicht sein.

Dieses umfassende Phänomen Bewusstsein ist Thema dieses Buches: das Empfinden von Wahrnehmungen, Gefühlen, Emotionen und Gedanken. Bewusstsein ist nicht dasselbe wie Wachsein, noch ist es dasselbe wie Selbst-Bewusstsein. Als Sie aus dem Koma erwachten, haben Sie verschiedene Empfindungen wahrgenommen, aber ob Sie diese Eindrücke reflektiert haben, ist eine andere Frage. Empfindungen wahrzunehmen, ist nicht dasselbe wie zu *denken*, dass man sie hat, oder zu sagen, dass man das tut. Wir reflektieren häufig unsere eigenen Erfahrungen und berichten einander darüber, aber das ist nicht dasselbe wie sie zu haben. Also sollten wir Bewusstsein nicht mit Selbst-Bewusstsein verwechseln. Wenn Sie im Kino sitzen, völlig versunken in die Handlung und die Erfahrung des Betrachtens, begeben Sie sich nur selten auf die Ebene der Reflexion dessen hinab, dass Sie im Augenblick diese Erfahrung machen. Sie machen sie einfach, ohne irgendwelche reflektiven Gedanken darüber zu hegen. Babys machen vermutlich eine Vielfalt an Bewusstseinszuständen durch, aber es ist zweifelhaft, dass sie darüber reflektieren: Sie haben noch überhaupt keinen Begriff vom Selbst, zumindest nicht in den frühen Stadien ihrer Entwicklung. Und viele Tiere befinden sich in derselben Lage: Sie führen ein bewusstes Leben, aber sie trachten nicht danach, diese Tatsache zu reflektieren. Sie wenden, um es einmal anders zu formulieren, keine mentalen *Konzepte* auf sich selbst an. Einen Bewusstseinszustand innezuhaben, ist nicht dasselbe, wie das Anwenden einer Vorstellung von diesem Zustand auf sich selbst, sowenig wie der Umstand, dass man eine bestimmte Haarfarbe hat, dasselbe ist, als wenn man darüber spricht, dass man diese Haarfarbe hat. Irgendwie zu sein und sich selbst als dergestalt veranlagt zu beschreiben, sind zwei logisch voneinander unabhängige Dinge. Uns interessiert hier unser „bewusst *sein*", nicht die Charakterisierung unserer Selbst als bewusst – es geht um das *Faktum* Bewusstsein, wenn Sie so wollen, nicht um dessen Zuschreibung an uns selbst. Unser Interesse gilt zum Beispiel dem Empfinden von Schmerzen, nicht aber der Fähigkeit, darüber nachdenken zu können, dass man Schmerzen empfindet, wenn dem so sein sollte.

Wir Erwachsenen denken jedoch gelegentlich über unser Bewusstsein nach. Im Grunde ist dieses ganze Buch eine eingehende Reflexion darüber. Und wenn wir zu reflektieren beginnen, frappiert auch uns die Tatsache, die René Descartes so beeindruckt hat, und zwar der Umstand, dass unser Bewusstsein zu den größten Gewissheiten der Welt gehört.[1] Ich mag mir unsicher sein, ob ich im Augenblick wach bin und nicht träume, und ich mag vernünftige Zweifel daran hegen, dass ich wirklich hier am Computer sitze und all das schreibe, doch kann ich nicht dieselbe Unsicherheit bezüglich dessen empfinden, dass ich im Augenblick gewisse Empfindungen hege. Denn gewiss ist, dass es mir *scheint*, als tippte ich meine Worte und schaute auf meinen Computerbildschirm, auch wenn ich dies in Wirklichkeit vielleicht gar nicht tue. Vielleicht existiert die ganze Welt nicht, wer weiß, aber meine Eindrücke von ihr sind sicher vorhanden. Ich kann mir der Existenz und Beschaffenheit meiner bewussten Empfindungen sicher sein, auch wenn ich mir nicht sicher sein kann, wodurch sie zu Stande kommen. Ich bin mir also sicher, dass ich ein Bewusstsein habe: Es besteht auch nicht der Schatten eines Zweifels, dass der Strom meines Bewusstseins frei dahinfließt. Gerade hörte ich einen lauten Knall und dann das Schrillen einer Autoalarmanlage: Das Hören war mir unmittelbar zugänglich, wenn auch die Ursache des Ganzen eine Frage der Mutmaßung war. Das heißt, das Bewusstsein ist eine *Gegebenheit*, etwas, dessen Existenz wir nicht schlüssig in Frage stellen können. Deshalb ist es auch etwas, dessen Erklärung wir nicht ausweichen können, wie schwierig auch immer sich dies gestalten mag. Unser Bewusstsein ist stets bei uns, solange *wir* da sind.

Kernthema dieses Buches ist die Erklärung von Bewusstsein. Angenommen, ich hätte Sie gebeten, sich vorzustellen, Sie erwachten aus dem Koma, ohne dass sich ein Gehirn in Ihrem Schädel befände. Sie wären zu Recht perplex. Ein Gehirn zu haben, macht es erst möglich, ein geistiges Leben zu führen. Das Gehirn ist der ‚Sitz des Bewusstseins'. Aber es ist nicht einfach so, daß der Geist *auf* dem Gehirn draufsitzt wie eine Königin auf ihrem Thron, einem bequemen Sitz, der die Beine entlastet. Vielmehr macht das Gehirn die Existenz des Geistes überhaupt erst möglich, es ist deshalb mehr so etwas wie sein Schoß und nicht sein Thron. Die Maschinerie des Gehirns erlaubt dem Geist, so zu funktionieren, wie wir es von ihm gewohnt sind, und so zu sein, wie wir ihn kennen. Eine Königin kann von ihrem Thron aufstehen und in ihrem Garten lustwandeln, der Geist aber ist nicht in der Lage, sich in ähnlicher Weise vom Gehirn freizumachen (wenn Sie glauben, er könne es doch, lesen Sie Kapitel 3). Bewusstsein ist im Gehirn gefangen, in seinen Geweben verwurzelt. Dies wirft die Frage nach dem Wesen dieser engen und intimen Beziehung auf. Kann der Geist je vollständig vom Gehirn erklärt werden? Oder sind die beiden wirklich voneinander ganz getrennte Einheiten? Was für ein Ding *ist* ein Gehirn, dass es Bewusstsein möglich macht? Welcher Art ist die Verknüpfung, die unsere Bewusstseinserfahrung mit der Funktion der grauen Substanz in unserem Gehirn verbindet?

Ich vertrete in diesem Buch den Standpunkt, dass die Verknüpfung zwischen Geist und Gehirn ein tiefes Mysterium darstellt.[2] Ein ewiges Geheimnis überdies, eines, dem die menschliche Intelligenz niemals beikommen wird. Dass Bewusstsein existiert, ist keine Frage, und sicher ist es auf eine irgendwie fassbare Weise mit dem Gehirn verknüpft, doch die Natur dieser Verknüpfung bleibt uns zwangsläufig verborgen. Die ganze Bedeutung dieser These auszuführen, wird ein bisschen Zeit in Anspruch nehmen. Mich interessieren vor allem die *Gründe* für dieses Mysterium. Ich ringe übrigens keineswegs die Hände in Verzweiflung, sondern ich bin daran interessiert, die tieferen Gründe für unsere Irritation aufzudecken und die Folgen unserer naturbedingten Unwissenheit zu untersuchen. Sokrates wollte den Menschen klarmachen, dass sie weniger wissen, als sie zu wissen glauben. Auch mich interessieren Wesen und Ursache menschlichen Nichtwissens. Ich möchte wissen, *warum* manche Dinge so schwer zu erkennen sind. Was hat es mit dem Bewusstsein auf sich, dass es sich dem theoretischen Verständnis derart widersetzt? Und was hat es mit dem erkennenden Geist auf sich, dass er der Grund für dieses Unvermögen ist? Den Rest des Kapitels möchte ich jedoch damit zubringen, die Problematik darzustellen, die sich ergibt, will man die Verknüpfung zwischen Geist und Gehirn verstehen, und zu zeigen, warum die traditionellen Standardantworten hierauf nicht gelten. Dann können wir uns aufmachen, um tiefer in das Geheimnis einzudringen.

Bewusstes Fleisch

Bewusstsein ist etwas derart Vertrautes, daß es schwer ist, sich darüber klar zu werden, was für ein seltsames Phänomen es eigentlich darstellt. Wir neigen dazu, unser Bewusstsein als gegeben hinzunehmen, und fragen nicht nach seinen Wurzeln und Ursprüngen. Lassen Sie uns also einen Schritt zurücktreten und ihm etwas von seiner Vertrautheit nehmen. Lassen Sie uns vor allem versuchen, ein Gefühl für die Eigentümlichkeit der Verknüpfung von Geist und Gehirn zu bekommen. Beginnen können wir mit einem Ausschnitt aus einer intelligenten Science-Fiction-Story des Schriftstellers Terry Bisson – die Verknüpfung zwischen Geist und Gehirn kann in der Tat wie reine Science-Fiction aussehen.[3] Das Ganze besteht aus einer Unterhaltung zwischen einer außerirdischen Forscherin, die die Erde besucht hat, und ihrer Kommandantin:

„Sie bestehen aus Fleisch."

„Fleisch?" …

„Daran gibt es keinen Zweifel. Wir haben mehrere von ihnen an verschiedenen Stellen des Planeten aufgesammelt, an Bord unserer Aufklärungsschiffe gebracht und durch und durch untersucht. Sie bestehen vollständig aus Fleisch."

„Das kann nicht sein. Was ist mit den Funksignalen? Mit den Botschaften an die Sterne?"

„Sie benutzen Funkwellen, um sich zu unterhalten, aber die Signale kommen nicht von ihnen, sondern von Maschinen."

„Aber wer hat die Maschinen gebaut? Mit dem wollen wir Kontakt aufnehmen."

„Sie haben die Maschinen gebaut. Das versuche ich Ihnen doch die ganze Zeit zu erklären. Fleisch hat die Maschinen gebaut."

„Das ist doch lächerlich. Wie kann Fleisch eine Maschine bauen? Sie wollen, dass ich an fühlendes Fleisch glaube?"

„Ich will nicht, dass Sie es glauben, sondern ich sage es Ihnen. Diese Geschöpfe sind die einzige fühlende Spezies in diesem Sektor, und sie bestehen aus Fleisch."

„Vielleicht sind sie wie die Orfolei. Wissen Sie, diese Intelligenz auf Kohlenstoffbasis, die ein Fleischstadium durchmacht."

„Nee. Sie werden als Fleisch geboren und sterben als Fleisch. Wir haben sie so lange beobachtet, wie mehrere von ihnen leben, was übrigens nicht allzu lang ist. Haben Sie eine Ahnung von der Lebensdauer von Fleisch?

„Verschonen Sie mich. Na gut, vielleicht sind sie nur zum Teil aus Fleisch. Wissen Sie, wie die Weddilei. Ein Kopf aus Fleisch mit einem Elektronenplasma-Gehirn drin."

„Nee, daran haben wir auch gedacht, weil sie Fleischköpfe haben wie die Weddilei. Aber ich hab' Ihnen doch gesagt, wir haben sie untersucht. Sie sind durch und durch aus Fleisch."

„Kein Gehirn?"

„Doch, ein Gehirn ist da. Nur … das Gehirn besteht aus Fleisch!"

„Ja, aber … was erledigt das Denken?"

„Sie verstehen mich nicht! Das Gehirn denkt. Das Fleisch."

„Denkendes Fleisch! Sie wollen tatsächlich, dass ich an denkendes Fleisch glaube!"

„Ja, denkendes Fleisch! Bewusstes Fleisch! Liebendes Fleisch. Träumendes Fleisch. Das Fleisch ist alles! Begreifen Sie jetzt allmählich?"

Der Sinn dieser Parabel ist, zu zeigen, wie verwunderlich es ist, dass die matschige graue Substanz in unseren Köpfen – unser Hirnfleisch – Basis und Ursache eines erfüllten, reichhaltigen geistigen Lebens sein kann. Von einer bestimmten Warte aus betrachtet, *ist* unser hochgerühmtes Organ Gehirn wirklich nichts weiter als ein Klumpen Fleisch. Schließlich essen manche Leute tierisches Gehirn mit Erbsen und Kartoffeln, und diese kulinarische Erfahrung vermittelt ihnen keinerlei Hinweis darauf, was dieses leckere Gewebe zu leisten pflegte, als es noch das Bewusstseinsorgan des betreffenden Tieres war. (Nicht, dass ich jemals Hirn probiert hätte, ich bin Vegetarier.) Sollte also – was der Himmel verhüten möge! – jemand Ihr Gehirn verspeisen, während Sie noch am Leben und bei Bewusstsein sind, so würde die betreffende Person die mentalen Prozesse nicht schmecken, die sie sich soeben einverleibt. Der Betreffende schmeckte mit Sicherheit nicht, was Sie schmeckten, als Sie in eine frische Ananas bissen. Das Gehirn als „Fleisch" zu bezeichnen, ist eine Möglichkeit, es zusammen mit anderen fleischigen Körperteilen wie Muskeln, Nieren und Herzen zu klassifizieren. Nichts an dieser Klassifizierung, die an sich vollkommen legitim ist, macht uns für die bemerkenswerte Tatsache bereit, dass allein das Gehirn Organismen zu bewussten Wesen macht. Ihre zutiefst empfundenen Gefühle könnten sich in einen zerkauten Bissen wandeln, wenn Ihr Gehirn in die falschen Hände fiele.

Kann es wirklich sein, dass unser Bewusstsein gegessen und verdaut wird? Die Ungläubigkeit der außerirdischen Raumschiffkommandantin sollte auf unserer Seite sein: Wie ist denkendes Fleisch möglich? Wir wissen, dass es möglich ist, weil wir allesamt über ein denkendes Gehirn verfügen, was aber erklärt diese bizarre und einigermaßen sonderbare Tatsache? Den von mir „zitierten" Außerirdischen scheint es derart unwahrscheinlich, dass Geist aus etwas hervorgehen kann, was es beim Metzger zu kaufen gibt, dass sie diese Tatsache kaum akzeptieren können. Es *sollte* nicht so sein, und doch ist es auf wundersame Weise so. Wie kann das sein? (Natürlich gilt dasselbe Rätsel in Bezug auf die Außerirdischen und deren Gehirn, doch sind diese in ihrem eigenen Falle damit so vertraut, dass sie bezüglich der Frage, was *ihren* Geist möglich macht, ebenso träge wären wie wir.)

Wir können das Problem folgendermaßen formulieren: Verstößt mit der Tatsache, dass Gehirne Bewusstsein hervorbringen, nicht irgendetwas gegen das Gesetz von der Einheit der Natur? Gehirne scheinen anderen tierischen Körperteilen ausgesprochen ähnlich zu sein: im Grunde nichts weiter als eine große Ansammlung von Zellen, die nach biochemischen Prinzipien organisiert sind. Und doch gähnt offenbar ein tiefer Abgrund zwischen der Beschaffenheit beider, denn Gehirne bringen Bewusstsein hervor, die anderen fleischlichen Organe hingegen nicht, nicht einmal eine Spur davon. Dieser grundlegende Unterschied lässt sich nicht mit den physikalischen Ähnlichkeiten vereinbaren, die wir beobachten. Untersuchten wir sämtliche Körperteile mit Ausnahme des Gehirns, so kämen wir zu dem Schluss, daß Körperteile nicht im Stande sind, Bewusstsein hervorzubringen. Dann aber bekämen wir es mit Gehirnen zu tun und stünden dumm da. Sie verstießen gegen unsere intuitive Überzeugung, dass Ansammlungen von Zellen keinen Verstand schaffen können. Das wäre so, als beobachteten wir, wie Bälle einen Berg hinabrollen, und entdeckten dabei plötzlich einen, der sich aus eigenem Antrieb in die Luft erhebt. Wir untersuchten den Ball aus jeder nur möglichen Perspektive, könnten aber nichts finden, das ihn von all den anderen unterscheidet. Verständlicherweise gelangten wir zu dem Schluss, dass die Natur eben doch keine Einheit bildet. Nur dass dies nie geschieht: Wir finden immer einen zu Grunde liegenden Unterschied, mit dem sich die bemerkenswert andersartigen Fähigkeiten eines anderen Objekten oberflächlich völlig ähnlich wirkenden Gegenstandes beschreiben lassen. (Der Ball verfügt vielleicht über einen winzigen Motor, der schwer zu entdecken ist.) Im Falle des Gehirns aber gilt diese Art von Erklärung allem Anschein nach nicht: ein Materieball, der über die Fähigkeit verfügt, Bewusstsein entstehen zu lassen, und doch scheint er dabei allen anderen geistlosen Materiebällen, die in der Welt umherkullern, so unglaublich ähnlich. Schlimmer noch: Nur *einige* Zustände des Gehirns sind mit Bewusstsein korreliert, denn etliche Gehirnfunktionen laufen ohne jedweden begleitenden Bewusstseinsprozess ab. Die Teile des Gehirns, die mit der Unterhaltung von grundlegenden Körperfunktionen verknüpft sind, haben kein Korrelat im Bewusstsein, genauso wenig wie verschiedene Zustände der Leber. Aber die beiden Arten von Gehirnprozessen scheinen einander recht ähnlich zu sein, nichts als die Wechselwirkungen von Neuronen. Wie kann sich hinter solcher Ähnlichkeit ein derartiges Maß an Unähnlichkeit verbergen? Diese Ungereimtheit rüttelt an unserem tief verwurzelten und felsenfesten Glauben von der Einheit der Natur. Wie können ähnliche Ursachen so ungemein unterschiedliche Wirkungen hervorbringen? Um an unserem Glauben an die Einheit der Natur festhalten zu können, sind wir gezwungen zu leugnen, dass das Gehirn Geist hervorbringt. Oder wir müssen versuchen, am Gehirn neue Eigenschaften zu entdecken, die es von allen anderen physikalischen Objekten unterscheiden. Wir können die Verletzung des Prinzips nicht einfach achselzuckend zur Kenntnis nehmen. Die Außerirdischen tun das, wenn sie mit solcher Ungläubigkeit auf die Existenz von denkendem

Fleisch reagieren. Keine von all den Fleischsorten, mit denen *sie* bisher in Berührung gekommen sind, war mit einem Innenleben ausgestattet. Wie kann die Natur derartige Ungereimtheiten ihrer Arbeitsweise durchgehen lassen?

Manche Leuten verweisen mit Vorliebe auf die Komplexität des Gehirns, als liefere dies einen Hinweis auf dessen Urheberschaft bezüglich der Entstehung von Geist. Doch Komplexität allein ist irrelevant: Mehr Neurone mit mehr synaptischen Verknüpfungen würden unser Problem nicht im Geringsten erklären. Das Problem ist die Frage, wie eine *beliebige* Ansammlung von Zellen, unabhängig davon, wie groß diese ist und wie innig die Zellen miteinander verwoben sind, Bewusstsein entstehen lassen kann. Das Missliche ist, dass die neuronale Komplexität die falsche Ebene zur Erklärung von Bewusstsein darstellt; sie ist nämlich eine reine Frage dessen, mit wie viel Zellen eine beliebige Zelle kausal interagieren kann. Wenn unsere Nieren aus ebenso viel Zellen bestünden wie unser Gehirn, so gelangten sie dadurch noch lange nicht zu Bewusstsein. Ebenso wenig ist eine Galaxie etwas Bewusstes, nur weil sie aus einer gigantischen Anzahl miteinander wechselwirkender Teile besteht. Wenn Komplexität bei der Entstehung von Bewusstsein eine Rolle spielen soll, dann muss uns gesagt werden, um welche *Art* von Komplexität es sich dabei handelt.

Ein weiterer Fallstrick ist das „Verborgensein“ unseres Gehirns, die Tatsache, dass es sich im Inneren eines undurchsichtigen Schädels befindet und über ein unsichtbares Inneres verfügt (es sei denn, Sie schneiden es auf). Hierfür besteht keine logische Notwendigkeit. Stellen Sie sich einen Organismus vor, dessen Gehirn wie eine Haut auf seiner Außenfläche verteilt ist. (Insekten verfügen über ein *Exoskelett* [Außenskelett], dieser Organismus besäße dann ein *Exocerebrum* [ein Außenhirn]). Wann immer wir ihm über den Weg liefen, könnten wir sein Gehirn ganz deutlich sehen.

Und nehmen Sie an, wir alle wären von Natur aus mit Geräten für die Kernspintomographie (MRIs) ausgestattet, die uns in die Lage versetzten, die Aktivitätsmuster dieses hautähnlichen Gehirns zu beobachten. Ich glaube, das machte uns das Rätsel um Geist und Gehirn nur umso eindringlicher fühlbar, denn wir hätten nun keinen Anlass mehr zu der Annahme, dass sich das private, ureigene Bewusstsein des anderen irgendwo in den hintersten Windungen seines Gehirns verberge. Wir starrten staunend auf diese pulsierende graue Substanz und fragten uns, wie *so etwas* das Fundament geistigen Lebens sein kann. Bei der Untersuchung eines Bereichs um den linken kleinen Zeh des betreffenden Organismus würden wir uns fragen, wie um alles in der Welt eine Wahrnehmung wie die Farbe Rot aus derart unscheinbarer und wenig verheißungsvoll wirkender Substanz hervorgehen kann. Doch das Gewebe im Inneren Ihres Gehirns, das mit den Empfindungen Ihres Rot-Erlebnisses assoziiert ist, ist wirklich nur eine *Art* von Gewebe, wie es auch Ihren linken Fuß überziehen könnte. Wollte ich meine Haut zusammenraffen und in meinen Schädel stopfen, führte dies mit Sicherheit nicht zu einer magischen Transformation ihrer bewusstseinsgenerierenden Kräfte. Die „Privatheit" des Bewusstseins hat nichts mit der Tatsache zu tun, dass das Gehirn sich gut verborgen und außer Sichtweite befindet.

Wir könnten das Problem auch historisch formulieren. Bewusstsein war nicht immer vorhanden. Über Millionen Jahre nach dem Urknall war das Universum ohne Leben oder Geist – nichts als im Raum verteilte unbelebte Materie. Schließlich entwickelte sich auf diesem (und möglicherweise auch auf anderen) Planeten Leben, und als die Zeit reif war, entstanden organische Gehirne. Wir können uns diese allmähliche Entwicklung als eine kumulative Umorganisation von Materie unter den Gesetzen von Physik und Chemie vorstellen. Mit der Evolution durch natürliche Selektion nahm schließlich ein neues Prinzip Einfluss auf die Art und Weise, wie Materie ihre Bestandteile zusammenfügte: Je fitter der so entstandene Materieklumpen war, umso größer war die Wahrscheinlichkeit, dass er sich fortpflanzen konnte. Damit begann Materie eine bestimmte Art von Design anzunehmen, ein Design, wie es sich ergibt, wenn Zufallsmutationen in Organismen so zurechtgeschliffen werden, dass ihre Träger sich erfolgreicher fortpflanzen können als ihre Konkurrenten. Das Design von Organismen ist ohne Zweifel eine bemerkenswerte Leistung der Natur, die nach einer sehr speziellen Art von Erklärung heischt, einer Art von Begründung, wie Darwin sie lieferte. Der lange Hals einer Giraffe resultierte seiner Ansicht nach daraus, dass in früheren, längst vergangenen Generationen Giraffen, die einen längeren Hals hatten als ihre Artgenossen, höhere Futterquellen erreichen konnten. Die Gene für längere Hälse wurden häufiger weitergegeben als die für kürzere Hälse, weil Giraffen, die mehr fressen konnten, eine bessere Chance hatten, sich fortzupflanzen. Mit anderen Worten, ein langer Hals verschaffte Giraffen, die dieses Merkmal besaßen, einen Überlebensvorteil, und dieser ließ einen Selektionsdruck entstehen, der längere Hälse begünstigte. Die Existenz von Bewusstsein aber lässt sich nicht auf diese Weise erklären. Uns verblüfft nicht die Tatsache, dass Materie es *vermag*, die ausgeklügelten Baupläne tierischer Körper entstehen zu lassen: Letztlich ist das alles nur eine Frage der immer komplexeren Anordnung von Partikeln. Wir staunen ja auch nicht darüber, dass ein Telefon aus Materie hergestellt werden kann, wenngleich wir erstaunt wären, wenn sich sein Design nicht vermittels irgendeines Organisationsprinzips erklären ließe. Doch im Falle des Bewusstseins sagt uns die Darwinsche Erklärung nicht, was wir wissen müssen, und zwar aus dem einfachen Grund, weil unklar ist, wie Materie so organisiert sein kann, dass sie ein bewusstes Wesen hervorbringt. Das

Problem liegt bei den Rohmaterialien. Es hat den Anschein, als habe mit dem Auftreten von Bewusstsein eine neue Art von Realität im Universum Einzug gehalten, die nicht einfach durch eine Neukombination alter, bereits vorhandener Realitäten erreicht werden konnte. Selbst wenn Geist keinerlei Hinweis auf einen planvollen Entwurf lieferte, bliebe dasselbe alte Problem bestehen: Wie kann bloße Materie Bewusstsein entstehen lassen? Wie verwandelte die Evolution das Wasser biologischer Gewebe in den Wein des Bewusstseins? Bewusstsein wirkt wie eine radikale Neuheit im Universum, die sich im Nachhall des Urknalls nicht abzeichnete, wie also konnte es aus dem, was vorher war, entstehen?

Das große Problem manifestiert sich zahllose Male am Tag. Jedesmal, wenn ein empfindender Organismus mit frisch geprägtem Bewusstsein entsteht, haben wir es mit dem Übergang von bewusstseinsloser Materie zu „Bewusstheit" zu tun. Zellen finden sich zusammen, wachsen die ganze Schwangerschaft hindurch, bis das Gehirn reif genug ist, Erfahrungen abzuscheiden: Am Anfang ist dieser Zellklumpen noch ohne jede geistige Aktivität, doch eh man sich's versieht, pulsiert darin ein Bewusstsein. Woher kommt es? Was für eine Art von Sekretion ist das? Wie verwandelt sich bloßes Fleisch in bewusstes Gewahrwerden? Einst bestanden Sie aus bewusstseinslosen Zellen, die ihrer selbst und der Welt nicht mehr eingedenk waren, als Ihre Leberzellen es heute noch sind. Heutzutage beben Sie vor Bewusstsein. Wie haben Sie den Schritt geschafft? Was hat Sie ins Bewusstsein katapultiert? Es muss irgendein natürlicher Prozess hinter diesem außerordentlichen Entwicklungssprung stecken, doch ist er unglaublich schwer zu fassen.

Denken Sie an das Universum, bevor bewusste Wesen des Wegs kamen: Die Chancen schienen nicht allzu gut, dass solche Geschöpfe jemals existieren würden. Die Welt war ganz Physik, bestand nur aus physikalischen Objekten und physikalischen Kräften, von Geist und Leben keine Spur. Das Universum war so geistlos, wie der Mond es noch heute ist. Die Rohmaterialien für die Schaffung von Bewusstseinsprozessen – bewegte Materie – wirkten als Bewusstseinsbausteine kaum aussichtsreich. Nun aber ist Bewusstsein in Fülle vorhanden, und es ist gewiss wie nichts anderes. Menschliche Wesen habe eine Menge davon, und andere Arten sind auch nicht leer ausgegangen. Denken Sie nur an das Ausmaß an *Schmerzen*, die das Universum bis heute erlebt hat. Es hat den Anschein, als sei das Unmögliche geschehen. Bewusstseinslose physikalische Partikel haben sich zusammengetan, um bewussten Geist entstehen zu lassen.

Wenn wir die ursprüngliche Aufwallung von Bewusstsein im Universum einmal als „Sanftes Erschauern" bezeichnen wollen, so lautet nunmehr unsere Frage, wie es vom Urknall zum Sanften Erschauern kommen konnte. Wir haben eine gute Vorstellung davon, wie der Urknall durch die Wirkung der Schwerkraft zur Entstehung von Sternen und Galaxien geführt hat. Aber wir wissen von keiner vergleichbaren Kraft, die erklären würde, wie unablässig auseinander strebende Materieklumpen zu einem bewussten Innenleben gelangen konnten. Betrachten Sie das Problem einmal, wie ein Astronom es vielleicht tun würde. Astronomen erzählen eine Menge exotischer Geschichten über die Art und Weise, wie Materie sich unter ganz bestimmten Bedingungen verhält: in extremer Hitze oder extremer Kälte, unter dem Einfluss extremen Gravitationsdrucks oder extremer Explosivkräfte. Nicht überall ist Materie so zahm, wie sie uns auf unserem sanften kleinen Planeten Erde begegnet. Schwarze Löcher – Materiekonzentrationen, deren Gravitationsfelder derart mächtig sind, dass nichts, nicht einmal Licht, ihrem eisernen Griff zu entkommen vermag – sind das populärste Beispiel in diesem Zusammenhang.[4] Dies ist Materie, wie sie unergründlicher und geballter nicht sein könnte. Von Schwarzen

Löchern lässt sich nur indirekt etwas erfahren, und zwar aus den äußersten Ausläufern ihrer extremen Schwerkraftfelder, denn ihren Klauen entkommt kein Licht, das unsere Teleskope erreichen könnte. Die Eigenschaften Schwarzer Löcher sind in der Tat einzigartig und verblüffend.

Doch betrachten Sie im Vergleich dazu einmal Gehirne: Stellen Sie sich vor, Sie stießen im Laufe Ihrer astronomischen Forschungen auf diese seltsamen Materieanhäufungen. Ihre Gravitationskraft ist minimal, doch ihre Wirkungen auf umgebende Objekte sind sogar noch erstaunlicher als die eines Schwarzen Loches. Gehirne bringen Technologien hervor, Zivilisationen, Kunst, Wissenschaft, Seifenopern, Sünde. Ein bemerkenswertes Wirkungsspektrum für einen so kleinen Batzen zusammengeballter Atome. Und der Einfluss des Gehirns hört hier noch nicht auf. Auch in seinem Inneren produziert das Gehirn eine völlig neue Dimension der Wirklichkeit: bewusstes Empfinden. Jedes lebendige Gehirn enthält sein eigenes Zentrum von Gedanken und Gefühlen; seine eigene Erfahrungswelt. Ein Gehirn ist ein Stück Geistmaterie, eine Unterart von Materie im Allgemeinen. Und wie ein Schwarzes Loch stellt es uns vor Erkenntnisprobleme: Die innere Dimension, die Subjektivität, ist etwas, das sich nur aus seinen äußeren Wirkungen erschließen lässt. Ganz bestimmt reflektiert ein Bewusstsein kein Licht! Ein Gehirn ist ein Himmelskörper mit spektakuläreren Eigenschaften als jedes Schwarze Loch und jeder Rote Zwerg oder jede unendlich dichte Singularität. Wie würde unsere rastlose Astronomin es wohl taufen? „Graue Geistpumpe“, „Feuchter Seelen-Sitz“, „Mentaroid“? Mit Sicherheit benötigte unsere Forscherin eine ganz neue taxonomische Kategorie, um ihm gerecht zu werden. Anschließend würde sie ein Gehirn aufbrechen, um das Bewusstsein in seinem Inneren bloßzulegen und das Geheimnis seiner Funktionsweise zu ergründen. Doch sie würde bitter enttäuscht werden: Das

Gehirn ist nichts weiter als ein biologisches Gebräu aus guten alten, langweiligen Zellen. Diese Mentaroide sind wirklich schräge Sachen! Sie würde sich ratlos am Kopf kratzen (oder das außerirdische Äquivalent desselben vollführen). Wie um alles in der Welt lässt sich das mit den anerkannten Materietheorien vereinbaren?

Die astronomische Perspektive ist insofern ganz nützlich, als sie uns die Augen dafür öffnet, was für ein seltsames Objekt wir in unseren Köpfen beherbergen. Das Gehirn beginnt wie eine Zauberschachtel, wie Hexenwerk, zu wirken. Thomas Huxley fing diese Aura des Mirakulösen auf wunderbare Weise ein, als er im Jahre 1886 schrieb: „Wie es kommt, dass etwas so Bemerkenswertes wie ein Bewusstseinszustand aus gereiztem Nervengewebe hervorgehen kann, ist genauso wenig vorstellbar wie das Erscheinen des Dschinns, wenn Aladin im Märchen seine Wunderlampe reibt."[5] Wie kann das Polieren einer Lampe so etwas wie einen Dschinn (auch er ein bewusstes Wesen) hervorbringen? Was haben Messing und Öl mit Geschöpfen wie Dschinns zu schaffen? In welchem Zustand kann ein Dschinn *im Inneren* einer Lampe existieren (manche dieser Dämonen sind ja bekanntlich riesig)? Die ganze Idee klingt unsinnig, wenn Sie darüber nachdenken, eben nur ein Märchen. Wie aber kann es andererseits eine bewusste Erfahrung hervorbringen, wenn ein elektrischer Strom durch eine Hand voll Zellen gejagt wird? Was haben Elektrizität und Zellen mit bewusster Subjektivität zu tun? Wie kann ein bewusstes Selbst *im Inneren* eines solch wabbligen Klumpens existieren? Allmählich sieht es so aus, als seien wir alle Dschinns, jeder von uns auf magische Weise in seiner ganz persönlichen Hirnwunderlampe gefangen und nur darauf wartend, ins Leben gerubbelt zu werden. Und genau wie Aladins Wunderlampe gegen die Einheit der Natur verstößt, weil Lampen *in der Regel* eben nicht über die Macht verfügen, Dschinns auf der Bildfläche erscheinen zu lassen, so scheinen auch wir unsere Existenz der Gnade eines Bruchs in der Einheit der Natur zu verdanken. Elektrochemische Reaktionen resultieren *in der Regel* nicht in subjektiven Erfahrungen, doch im Falle unseres Gehirns scheint es eben doch so zu sein. Das alles ist sehr verwirrend, wirklich sehr verwirrend.

Ich hoffe, Sie verspüren jetzt einige Krämpfe in Ihren intellektuellen Weichteilen und Sie beschleicht das Gefühl, dass hier etwas Geheimnisvolles im Gange ist, ja ungläubiges Staunen ob der Tatsache, dass Sie überhaupt ein Bewusstsein haben. Sie sollten denken: *Irgendetwas stimmt hier nicht*. Die Existenz Ihres Bewusstseins sollte Ihnen als Paradox, als Zaubertrick erscheinen. Werde ich Ihnen nun enthüllen, wo ich Sie boshaft in die Irre geführt habe, und Sie wieder zu Ihrem Seelenheil zurückführen? Unglücklicherweise ist die Lösung des Paradoxons nicht so einfach. Es wird einige Arbeit kosten, aus ihm wieder herauszufinden (aber es wird diese Arbeit wert sein). Was ich jetzt tun möchte, ist Folgendes: Ich möchte Ihnen kurz die beiden historischen Standardansätze zur Lösung des Problems darlegen und kritisch beleuchten, einfach nur, damit sie aus dem Weg sind. Wir benötigen eine unverbrauchte Perspektive, um das Problem anzugehen, zuerst aber müssen wir wissen, warum die orthodoxen Erklärungen – Materialismus und Dualismus – nicht funktionieren.

Materialismus

Der Materialismus steht auf dem Standpunkt, dass an Geist nicht mehr dran ist, als das Gehirn, so wie man es sich gegenwärtig vorstellt, zu bieten hat.[6] Der Geist besteht aus Fleisch. Er *ist* Fleisch, nicht mehr und nicht weniger. Eine bewusste Wahrnehmung wie die Betrachtung eines roten Gegenstands heißt nicht mehr, als dass ein Haufen Neuronen und Hirnzellen sein physikalisches Tagwerk vollbringt. Lebendiges Fleisch, ja kompliziertes Fleisch, aber dennoch eben nur Fleisch. Wir könnten diesen Materialismus auch als ‚Fleischismus' bezeichnen. Er reflektiert den Standpunkt, dass Bewusstsein lediglich ein hübscher Name für etwas ist, was man beim Metzger kaufen kann: ein Stück Körpergewebe.

Dem Materialismus zufolge erliegen wir bezüglich der Beschaffenheit unseres Geistes einer Illusion. So, wie unser Auge uns trügt und einen geraden Stock im Wasser gebogen erscheinen lässt, so sieht auch der Geist dem Gehirn in trügerischer Weise unähnlich, wenn wir ihn introspektiv betrachten. Die Introspektion ist eine Art Zerrlinse, die das handfeste, geradlinige Gehirn zu einem flimmernden Trugbild verbiegt. In der Realität ist an unserem Geist – allem äußeren Schein zum Trotz – nichts weiter dran als ein Schwung Neuronen und deren elektrochemische Spielchen. Sobald die Natur (oder Gott) uns Neurone ins Gehirn gepflanzt hatte, war keine weitere Arbeit mehr nötig, um uns mit Bewusstsein zu versehen. Und das ist nicht etwa deshalb der Fall, weil neurale Prozesse Bewusstseinsprozesse *verursachen*, sondern weil neurale Prozesse Bewusstseinsprozesse *sind*. Es ist auch nicht so, dass Bewusstseinsprozesse nur *einen Aspekt* neuraler Prozesse darstellten, sondern es ist vielmehr so, dass der Bewusstseinszustand nicht mehr und nicht weniger ist als sein neuronales Korrelat. Schmerz beispielsweise kommt einzig und allein dadurch zu Stande, dass gewisse Nervenzellen im Gehirn zu feuern beginnen. Das Schmerzgefühl *reduziert* sich einfach auf solche physikalischen Prozesse. Beide sind nicht nur korreliert, sie sind *identisch*. Zugegeben, Schmerz sieht nicht so aus, wenn man ihn introspektiv betrachtet, doch die Introspektion ist eine Quelle von

Irrtümern und Illusionen und zur Enthüllung der wahren Natur von Bewusstsein ein keineswegs verlässliches Mittel. Der Materialist würde zwar der Aussage beipflichten, dass unser eigener Eindruck von unseren Schmerzen diese nicht *als* rein neuronale Aktivität sieht, aber er tut dies als fehlerhafte Wahrnehmung ab. Die wahre Natur des Schmerzes bleibt unserer unmittelbaren Schmerzerfahrung in der ersten Person verborgen, sie lässt sich nur durch die Beobachtungen einer dritten Person offen legen, die untersucht, was in den entsprechenden Teilen unseres Gehirns vor sich geht. Die Art und Weise, wie wir unseren Geist von innen heraus wahrnehmen, gilt als fundamental irreführend in Bezug auf die wahre Natur unseres Geistes. Damit ist an der Art und Weise, wie unser Gehirn Bewusstsein entstehen läßt, nichts Mirakulöses, denn Bewusstsein ist nichts weiter als eine Gehirnaktivität unter anderem Namen. Dass wir über den Geist so reden, wie wir reden, hat allein damit zu tun, dass wir nicht genug über unser Gehirn wissen, dennoch gibt es im Hinblick auf den Geist keinerlei Tatsachen, die sich nicht im Rahmen von Gegebenheiten bezüglich des Gehirns erklären ließen. Der Geist ist Gehirn in Verkleidung. Der Dschinn *ist* die Lampe, mag es auch anders scheinen.

Diese Sichtweise ist schwer zu schlucken, ja schwer nachzuvollziehen. Die intuitive Antwort darauf lautet, dass ich, wenn der Materialismus Recht hat, trotz alledem kein bewusstes Wesen bin – daher der alte Witz, dass ein Materialist eine Narkose simulieren muss. Wir alle sind Zombies, die sich einbilden, ein Bewusstsein zu haben. Diese intuitive Antwort lässt sich in ein einfaches und geradliniges Argument gegen den Materialismus verkehren. Angenommen, ich wüsste alles über Ihr Gehirn, was es in neurologischer Hinsicht zu wissen gibt: Seine Anatomie wäre mir vertraut, seine chemischen Bestandteile, das Muster der elektrischen Aktivität in seinen einzelnen Bereichen. Ich wüsste sogar um die chemische Position jedes einzelnen Atoms und dessen subatomare Strukturen. Ich wüsste alles, von dem der Materialist sagt, dass dies Ihr Gehirn ausmache. Weiß ich damit alles über Ihren Geist? Danach sieht es gewiß nicht aus. Im Gegenteil, ich weiß nichts über Ihren Geist. Ich weiß nicht, in welchem Bewusstseinszustand Sie sich gerade befinden – ob Sie verdrossen sind oder irre beispielsweise – und wie sich dieser Zustand für Sie anfühlt. Das Wissen um Ihr Gehirn verleiht mir also kein Wissen um Ihren Geist. Wie können die beiden dann für identisch erklärt werden?

Eine der Antworten auf diesen Einwand lautet, dass Tatsachen eine Sache sind und das Wissen um Tatsachen eine andere. Vielleicht weiß ich durch all diese Daten wirklich alles über Ihr Gehirn; nur basiert mein Wissen auf bestimmten Konzepten. Der Materialist besteht darauf, dass alle mentalen Fakten Gehirnfakten sind, wir Vorstellungen von mentalen Fakten also nicht in Vorstellungen auf der Ebene von Gehirnfakten *übersetzen* können. Schließlich sind alle Fakten über Wasser Fakten über H_2O, obwohl die Worte „Wasser“ und „H_2O“ nicht dasselbe bedeuten, sie keine Synonyme sind. Das Problem an diesem Einwand ist, dass es keine Möglichkeit gibt, zwischen mentalen und physischen Konzepten zu unterscheiden, ohne eine Unterscheidung auf der Ebene der Fakten zu fordern. Was die Vorstellung von Schmerz von der Vorstellung feuernder C-Faser-Signale unterscheidet, ist nämlich genau die Tatsache, dass im Brennpunkt beider Konzepte ganz unterschiedliche Eigenschaften stehen, wir können damit nicht sagen, diese Eigenschaften seien identisch. Der Materialist ist gezwungen, die Vorstellung einzuführen, dass ein und dieselbe Tatsache zwei verschiedene Erscheinungsformen haben kann. Dieser Begriff von Erscheinungsformen aber basiert seinerseits darauf, dass es im Zusammenhang mit Erscheinungsformen Fakten gibt, die sich nicht mit Gehirnfakten erklären lassen. Das Phänomen Schmerz lässt sich nicht reduzieren auf das Feuern von C-Fasern, so, wie sich die Erscheinung Wasser nicht auf H_2O reduzieren lässt. Erscheinungen aber sind das, was den Geist ausmacht. Also lässt Geist sich nicht auf Gehirn reduzieren.

Ein anderer Weg, das Problem anzugehen, basiert auf einem Argument des australischen Philosophen Frank Jackson.[7] Es handelt von einer ziemlich außergewöhnlichen Phantasiegestalt namens Mary. Mary wurde in einem schwarz-weißen Raum geboren und großgezogen; sie hat nie eine andere Farbe zu Gesicht bekommen. Aber Mary ist eine begabte Physikerin, und sie lernt alles Physikalische, das es über das menschliche Gehirn zu wissen gibt, über einen Schwarz-Weiß-Monitor in ihrem Zimmer. Mit der Zeit wird sie zur führenden Expertin auf dem Gebiet der Hirnforschung. Es gibt keinen physikalischen Aspekt des Gehirns, über den Mary nicht Bescheid weiß. Vor allem kennt sie das neuronale Korrelat zu jeder Art von Bewusstseinszustand. Eines Tages wird die Tür zu ihrem schwarz-weißen Zimmer aufgeschlossen, und Mary wird in die Welt der Farben entlassen. Ihre Augen fallen als Erstes auf eine rote Rose, und sie nimmt zum allerersten Mal Rot wahr. Sie ist mächtig beeindruckt (und vermutlich ziemlich aufgebracht über all die farblosen Jahre, die hinter ihr liegen) und sagt: „Also, ich habe ja vorher schon eine Menge gewusst, aber jetzt habe ich etwas Neues gelernt – ich habe gelernt, wie es sich anfühlt, die Farbe Rot wahrzunehmen." Und das ist offenkundig wahr: Sie weiß jetzt etwas, was sie nicht wusste, als sie noch in ihrem Zimmer lebte. Sie hat eine Eigenschaft kennen gelernt, von der sie zuvor nichts gewusst hatte. Wenn das aber stimmt, dann hat sie, als sie noch in ihrem Zimmer war, eben *nicht* alles über den Geist gewusst, obwohl sie alles über das Gehirn wusste. Deshalb summiert sich das lückenlose physikalische Wissen über das Gehirn nicht zu Wissen über den Geist, und die These des Materialismus ist falsch. Auch kann Mary nicht das Argument vorbringen, sie habe lediglich eine neue Erscheinungsform alter, sattsam bekannter Fakten kennen gelernt, da eine Erscheinung nun einmal eine mentale Angelegenheit ist und sie diese nicht registriert hatte, als sie sich noch in ihrem Zimmer befand. Ihr hat also etwas gefehlt, und dieses Etwas ist nichts anderes als ein Stück Bewusstsein. Damit, dass sie alles über das Gehirn wusste, wusste sie noch nicht, wie es ist, eine bestimmte bewusste Erfahrung zu machen. Ihr neu gewonnenes Wissen über das Bewusstsein ergab sich aus ihrem introspektiven Zugang zu ihrem eigenen Bewusstsein, nicht aus dem Reichtum an physikalischem Wissen, das sie sich angeeignet hatte, als sie noch das Schwarz-Weiß-Zimmer bewohnte. Und da sie Rot nie wahrgenommen hatte, bevor sie in die Welt der Farben entlassen worden war, wusste sie nicht, wie diese Erfahrung sich anfühlen würde. All ihr physikalisches Wissen hatte sie nicht auf den Eindruck „Rot" vorbereitet.

Eine weitere Möglichkeit, diesen Punkt deutlich zu machen, ergibt sich aus den Arbeiten der beiden Philosophen Brian Farrell aus Oxford und Thomas Nagel von der New York State University.[8] Fledermäuse finden ihren Weg im Dunkeln, indem sie Töne von sehr hoher Frequenz von sich geben, die von Gegenständen reflektiert werden und so Echos in ihre hoch empfindlichen Ohren zurückschicken. Diese Echolotwahrnehmung hat beim Menschen keinerlei Gegenstück. Es besteht kein Zweifel, dass Fledermäuse bei ihrer Ultraschallorientierung gewisse charakteristische Sinneseindrücke erfahren: Diese gehen in die Phänomenologie einer Fledermaus ein. Eine Fledermaus zu sein, bedarf es einer echolotorientierten Phänomenologie. Uns aber ist diese Phänomenologie fremd, denn wir verfügen nicht über diesen Sinn. So, wie ein blind geborener Mensch nicht weiß, was es bedeutet zu sehen, wissen wir nicht, wie es ist, wie eine Fledermaus Echolotung zu betreiben. Wir können den inneren Charakter von Fledermauserfahrungen nicht ermessen. Dieses Unwissen unsererseits aber gilt nicht für das Wissen um das Fledermausgehirn. Das Gehirn einer Fledermaus sieht ziemlich genauso aus wie andere Gehirne, eine weitere Standardausgabe des allgemeinen Geschnatters von Neuronen, alle miteinander zu einem dichten Netz verknüpft. Wir könnten alles über das Fledermausgehirn als Materiesystem wissen, aber das gäbe uns keine Auskunft darüber, wie es sich anfühlt, eine Fledermaus zu sein. Es würde unserem gegenwärtigen Unwissen nicht abhelfen. Es verschaffte uns keinen vollständigen Einblick in das Bewusstsein einer Fledermaus. Das Wissen um die Beschaffenheit des Gehirns addiert sich also nicht zu Wissen über den Geist. Genauso ist die menschliche Phänomenologie nicht reduzierbar auf unsere Physiologie, denn ein außerirdischer Wissenschaftler mit anderen Sinnen als den unseren könnte unsere Phänomenologie nicht daraus erschließen, dass er sich intensiv mit unserem Gehirn beschäftigt. Das ist nur eine etwas verspielte Art zu sagen, dass zwischen Neuronen und Empfindungen, unserer physischen und unserer geistigen Beschaffenheit, eine tiefe logische Kluft besteht. Der Materialist versucht diese Kluft mit roher Gewalt zu schließen, die bleibt aber hartnäckig bestehen. Der Grund dafür, dass die Selbstbetrachtung nicht zu dem Schluss kommt, dass Geist und Gehirn identisch sind, liegt also darin begründet, dass die beiden tatsächlich nicht gleichzusetzen sind, und nicht etwa daran, dass Introspektion blind wäre für die wahre Natur mentaler Zustände. Vielmehr sind geistige Zustände nicht auf neurale Zustände reduzierbar, und die Introspektion bringt diesen Umstand ans Tageslicht.

Der Materialismus verkörpert die „wissenschaftliche" Sicht des Geistes. Er entspricht nicht der gängigen Alltagssichtweise. Unser Alltagsbild kommt sehr viel eher dem Dualismus nahe.[9] Der Dualismus kann verschiedene Formen annehmen, für unsere Zwecke lässt er sich am besten als die Überzeugung interpretieren, dass zwischen Geist und Gehirn keinerlei logische Beziehung besteht. Der Dualismus sieht keine Möglichkeit, den Geist auf das Gehirn zu reduzieren, weil beide zwei ganz verschiedene Reiche darstellen. Zwischen beiden mag es in der Tat empirische und zufällige, kontingente Beziehungen geben – Korrelationen zwischen geistigen und physikalischen Vorgängen sind nachgewiesen –, aber es besteht keine zwingende Verbindung zwischen Bewusstsein und Gehirn. Geist und Gehirn laufen nebeneinander her wie ein Paar Skier, aber wir können das eine nicht im anderen aufgehen lassen. Sie sind zwei verschiedene Existenzen. Der Grund dafür, dass wir den Geist nicht mit Bezug auf das Gehirn erklären können, liegt einfach darin, dass er nicht essenziell vom Gehirn abhängt. Bewusstsein ist eine eigene Größe im Universum, genauso grundlegend wie Raum, Zeit und Materie. Genau deshalb liefert uns unser Wissen über das Gehirn kein Wissen über den Geist – aus demselben Grund, aus dem Ihnen Ihr Wissen über Wasser rein gar nichts über das Feuer sagt: Weil die beiden so grundverschieden sind. Es gibt nicht, wie es der Materialismus fordert, eine Welt, der verschiedene Beschreibungen zuteil werden, sondern Geist und Gehirn sind zwei Welten, die parallel existieren.

In Kapitel 3 will ich den Dualismus ausführlicher diskutieren, für den Moment wollen wir einige der seltsameren Konsequenzen dieser Position beleuchten. Nicht, dass der Dualismus in seiner Handhabung von Daten missverstanden wird: Allem Anschein nach *ist* Bewusstsein in der Tat etwas ganz anderes als ein reiner Arbeitsvorgang des Gehirns. Dass ich, sagen wir, einen lauten Knall höre, stellt sich als eine andere *Art* von Erscheinung dar als die elektrische Aktivität in einem bestimmten Teil meines Gehirns. Und der Gedanke an einen Ausflug an den Strand *fühlt* sich nicht an wie das Feuern zahlloser Neurone in meiner Großhirnrinde. Das Problem ist, dass der Dualismus bei seiner Deutung von Daten zu weit geht. Er reagiert auf den äußeren Anschein, indem er erklärt, der Geist sei vom Gehirn so gut wie unabhängig. Er betrachtet das Gehirn in einer Weise als irrelevant für den Geist, die so nicht zutreffend sein kann. In seinem Versuch, den Erscheinungen gerecht zu werden, übergeht er die harten Fakten der Geist-Gehirn-Beziehung.

Am Dualismus gibt es zwei Hauptprobleme: das „Zombie-Problem“ und das „Gespenster-Problem“. Das Zombie-Problem besteht darin, dass der Dualismus es uns erlaubt, den Geist vom Gehirn abzuziehen und dabei das Gehirn völlig intakt zu lassen. Betrachten Sie Ihr Gehirn zum gegenwärtigen Zeitpunkt, wie es vor sich hindampft und denkt, und betrachten Sie ihren augenblicklichen Bewusstseinsstand. Der Dualismus sagt, wir können uns schlüssig vorstellen, dass Ihr Gehirn dasselbe bleibt, wenn wir Ihr Bewusstsein „wegdenken“. Die beiden sind verschieden voneinander, also kann das eine ohne das andere auskommen. Das Ergebnis ist ein Zombie, ein Wesen, das physisch genauso aussieht wie Sie, jedoch über keinerlei Geistesleben verfügt. Es redet, kommt und geht, seufzt und stöhnt, lacht und weint – aber im Oberstübchen ist niemand. In seinem Inneren ist es leer, es ein reiner Roboter ohne Sinne und Gefühle, dennoch verhält es sich bis ins kleinste Detail genau wie Sie. Es ist nicht einer von diesen ungelenken, mit den Armen baumelnden Zombies, wie Sie sie aus Horrorfilmen kennen. Es ist Ihr Spitzenzombie, eine perfekte Imitation Ihres bewussten Ich. Nicht einmal Ihre Mutter würde den Unterschied bemerken. Alles, was wir getan haben, sagt der Dualist, war, dass wir die geistigen Eigenschaften abgezogen haben, während wir die physische Natur vollkommen intakt ließen.

Das klingt schlüssig genug, vielleicht ein bisschen enervierend, bis uns aufgeht, dass die Zombie-Alternative dem *Epiphänomenalismus* verpflichtet ist. Dieser Doktrin zufolge spielt der Geist keine tragende Rolle, er vermag keinen Einfluss auf das auszuüben, was in der Welt geschieht, und ist auch nicht die Ursache von Verhalten. Mein Zombie-Zwilling verhält sich genau wie ich, aber er hat nicht die Spur von Geist. Wie kann es dann sein, dass *mein* Geist mein Verhalten beeinflusst? Mein Geist muss so etwas sein wie ein träger Heiligenschein, der, unfähig, den Gang der Dinge zu beeinflussen, über meinem Gehirn schwebt. Dieses Problem stellt sich mit besonderer Schärfe, wenn wir bedenken, was ich über meinen eigenen Geist sage. Angenommen, ich sage: „Ich nehme Rot wahr“, und zwar genau in dem Augenblick, in dem ich tatsächlich Rot wahrnehme. Es liegt unwiderstehlich nahe anzunehmen, dass es mein Erleben der Farbe Rot ist, das mich veranlasst, diese Worte zu sagen: Ich berichte lediglich über meine gegenwärtige Wahrnehmung. *Auf Grund* meiner Wahrnehmung sage ich, was ich tue. Aber mein Zombie-Zwilling sagt dieselben Worte, denn er ist mein physisches Duplikat, er aber nimmt kein Rot wahr, er nimmt überhaupt nichts wahr. In seinem Fall liegt die Erklärung für seinen Satz nicht in seinem Erleben der Farbe Rot begründet. Vielmehr leitet sich die Erklärung aus den physikalischen Ereignissen in seinem Gehirn her und aus der Art und Weise, wie diese seinen Sprachmechanismus in Gang setzen. Dann aber müssten meine Worte mit Sicherheit auf dieselbe Erklärung zurückzuführen sein, denn gleiche Wirkungen müssen gleiche Ursachen haben, und bestimmt liefen genau diese physikalischen Prozesse auch in mir ab. Das aber würde bedeuten, dass meine Wahrnehmung doch keine ursächliche Rolle bei der Entstehung meiner Worte gespielt hat. Sie war in kausaler Hinsicht überflüssig, epiphänomenal eben. Damit kommen wir zu dem verblüffenden – und letztlich unbefriedigenden – Ergebnis, dass mein Erleben der Farbe Rot nichts mit meiner Aussage über dieses Erlebnis zu tun hat. Der Dualismus macht meinen Geist zum müßigen Betrachter dessen, was mit meinem Körper geschieht. Die einzige Möglichkeit, dem Geist wieder Wirkungskraft zuzuschreiben, ist eine Stärkung seiner Bindung an das Gehirn, womit es nicht länger möglich wäre, den Geist vom Gehirn „abzuschälen" und das Gehirn zu lassen, wie es war. Der Geist muss mit dem Gehirn stärker verbandelt sein, als der Dualismus es wahrhaben will. Insbesondere muss die Art und Weise, wie der Geist Verhalten hervorbringt, irgendwie das Gehirn daran beteiligen, andernfalls könnte er nämlich kein Verhalten hervorbringen.

Das Gespenster-Problem ist die Umkehrung des Zombie-Problems. Wenn der Geist vom Körper getrennt ist, kann nicht nur das Gehirn ohne den Geist existieren, sondern auch der Geist ohne das Gehirn. Körperlosigkeit wird zu einer realen Möglichkeit, ist keine ulkige Phantasie mehr. Manche Menschen werden dieses Ergebnis begrüßen, denn es fügt sich wunderbar in religiöse Weltbilder (die wir in Kapitel 3 genauer diskutieren wollen). Andere, ein bisschen stärker wissenschaftlich Orientierte, aber werden diesen Schluss schwer verdaulich finden. Für den Augenblick lassen Sie mich festhalten, dass ein körperloser Geist in der physikalischen Welt schlecht dingfest zu machen ist. Wie könnte ein solcher Geist ohne einen Körper als Ankerplatz Halt finden? Wie könnte er auf die physikalische Welt wirken? Wie könnten wir einen ganz bestimmten körperlosen Geist aus anderen herausgreifen und beschreiben? Wir können schlecht mit dem Finger auf einen körperlosen Geist *deuten*. Wenn wir uns vor unserem geistigen Auge ein Gespenst ausmalen, verstricken wir uns in einen widersprüchlichen Mischmasch aus Immateriellem und Körperlichem, ein Etwas, das man sehen, aber nicht fassen kann, das durch Wände schreiten, gleichzeitig aber Dinge aufheben kann, das ohne Vokalapparat Laute produziert, eine Oberfläche, aber keine inneren Organe besitzt. Wenn Sie über Gespenster genauer nachdenken, dann ergeben sie keinen Sinn, jedenfalls nicht als potenziell reale Gegebenheiten in der Welt.

Das Gleiche gilt für den gespenstisch körperlosen Geist. Wir glauben uns vorstellen zu können, dass wir uns von unseren Körpern loslösen und durch den Raum an einen glücklicheren Ort schweben können. Aber diese Vorstellung ist mit konzeptionellen Schwierigkeiten befrachtet. Warum verfügen wir überhaupt über komplexe Gehirne, wenn sie für das Funktionieren unseres Geistes so entbehrlich sind? Warum löschen Hirnschäden geistige Fähigkeiten aus, wenn der Geist seine Existenz doch gar nicht dem Gehirn verdankt? Warum schwebten nicht lange vor der Erfindung von Gehirnen körperlose Geister umher? Warum sind alle geistigen Veränderungen von Veränderungen des Gehirns begleitet? Tatsache ist, dass der Geist im Gehirn tief verwurzelt ist. Er ist nicht nur ein zeitweiliger Bewohner des Gehirns wie ein wandernder Nomade in der Wüste. Man entwurzle ihn, und schon verliert er seinen Zugriff auf die Wirklichkeit. Der Geist besetzt ein Gehirn nicht einfach, er wird irgendwie vom Gehirn gebildet. Das ist der Grund dafür, dass sich der Geist bei verschiedenen Arten unterscheidet, dass der Geist sich im Zusammenspiel mit dem Gehirn entwickelt, dass die Gesundheit Ihres Gehirns von entscheidender Bedeutung für Ihr Geistesleben ist. Geist und Gehirn sind keine Schiffe, die bei Nacht aneinander vorbeifahren, das Gehirn ist Lebensblut des Geistes.

Das Problem am Materialismus ist, dass er versucht, den Geist aus Eigenschaften zu konstruieren, die ungeeignet sind, sich zu Geistigkeit kombinieren zu lassen. Er geht davon aus, dass man, wenn man nur genügend Tröpfchen neuronalen Wassers zusammengibt, am Ende schließlich ein bewusstes Feuer erhält. Das Problem am Dualismus ist, dass er den Geist zu radikal vom Gehirn abkoppelt. Er geht davon aus, dass der Geist ohne die Assistenz der Gehirnmaschinerie seinen Geschäften nachgehen kann. Gibt es noch eine weitere Position in Betracht zu ziehen?

Der Sinn dieses Buches ist es, eine andere Position zu entwickeln und zu verteidigen. Lassen Sie mich nun kurz und programmatisch die Position vorstellen, die ich vertrete. Meine These lautet, dass Bewusstsein auf einer natürlichen Eigenschaft des Gehirns basiert, die sich unserem Erkenntnisvermögen entzieht. Das soll heißen, dass ich zwar nicht vorhabe, Bewusstsein auf jene profanen wohlbekannten Eigenschaften von Neuronen zu reduzieren, von denen Materialisten glauben, dass sie damit davonkommen. Aber ich werde Bewusstsein auch nicht als etwas vom Gehirn völlig Getrenntes betrachten, etwas, das ohne Analyse und Erklärung auskommt. Bewusstsein wurzelt im Gehirn vermittels gewisser natürlicher Eigenschaften des Hirngewebes, aber es lässt sich nicht vermittels der vertrauten elektrochemischen Prozesse erklären. Ich werde den Standpunkt vertreten, dass unsere ganze Konfusion dadurch zu Stande kommt, dass es uns unmöglich ist, diese Eigenschaften zu ergründen. Die Materialisten haben Recht, wenn sie sagen, dass *irgendeine* Eigenschaft des Gehirns für das Bewusstsein verantwortlich ist, aber sie irren sich bezüglich der *Art* der von ihnen gewählten Gehirneigenschaft. Die Dualisten haben gleichfalls Recht, wenn sie bezweifeln, dass das Gehirn, wie man es sich gegenwärtig vorstellt, den Geist erklären kann, aber sie haben Unrecht, wenn sie daraus schließen, dass *keine* Gehirneigenschaft dieses vermag. Beide Sichtweisen überschätzen unser Verständnis von Geist und Gehirn, sie erliegen der Vorstellung, dass unsere gegenwärtigen Konzepte umfassend genug sind, das Wesen der Geist-Gehirn-Verknüpfung erfassen zu können. Ich halte dagegen, dass wir in Bezug auf unser Verständnis von Geist und Gehirn eines qualitativen Sprungs nach vorne bedürfen, aber ich behaupte auch, dass dies ein Sprung ist, den unsere intellektuellen Beine nicht bewältigen können. Nachdem wir die Schwächen der Standardansätze untersucht haben, sollten wir uns nun bereit fühlen, diese Möglichkeit in Erwägung zu ziehen. Ich habe in diesem Kapitel versucht, das Bewusstseinsproblem seinem Wesen nach darzustellen und herauszuarbeiten, wie schwierig es zu lösen ist. Das Problem ist klar umrissen und real, tiefgehend und unausweichlich, und die Standardreaktionen darauf sind Fehlstarts, Stiche ins Dunkel mit einem stumpfen Messer. Wenn diese Ansätze nicht die Diskussion die letzten zweitausend Jahre hindurch dominiert hätten, würde ich vorschlagen, sie sich rundweg aus dem Kopf zu schlagen. Wischen Sie Ihre geistige Schiefertafel sauber. Wir benötigen eine komplett neue Perspektive. Der Rest dieses Buches ist der Entwicklung einer solchen gewidmet.

2

Natürliche Geheimnisse und voreingenommenes Denken

Wissen und Unwissen

Um verstehen zu können, weshalb das Problem des Bewusstseins so vertrackt ist, müssen wir einen Schritt zurücktreten und das Wesen menschlicher Erkenntnis untersuchen. Schließlich suchen wir bei dem Bestreben, das Körper-Geist-Problem zu lösen, nach einem bestimmten Stückchen Wissen, und so muss sich die Frage erheben, um was für eine Art von Wissen es sich handelt und ob wir wirklich in der Lage sind, uns dieses anzueignen. Meine grundsätzliche These lautet, dass unsere Probleme in diesem Zusammenhang sich aus konstitutionellen Einschränkungen unseres Erkenntnisvermögens herleiten; wir sollten also mit einer generellen Betrachtung menschlichen Wissens, seiner Tragweite und Grenzen beginnen. Dann können wir auf das spezielle Thema zurückkommen, wie sich die Beziehung zwischen Geist und Gehirn verstehen lässt.

Denken ist eindeutig nicht dasselbe wie Realität. Ein Gedanke ist etwas, das einer Person durch den Sinn geht, während die Realität dies in der Regel nicht tut (wenngleich Gedanken durchaus ein Teil der Wirklichkeit sind). Ein Gedanke ist ein Mittel zur Repräsentation von Realität, ein Versuch, die Realität festzunageln. Wenn ich denke: „Draußen schneit's", sieht mein Geist die Welt draußen als verschneit, und wenn sie tatsächlich verschneit ist, dann ist mein Gedanke richtig. Natürlich ist aber Schnee selbst etwas anderes als der Gedanke an Schnee: Schnee ist kalt, Gedanken über ihn nicht. Überdies besteht ein Gedanke aus vielen, aneinander gereihten Vorstellungen, die in ihrer Gesamtheit den momentanen Zustand repräsentieren. Welchen Zustand Ihr Geist zu repräsentieren im Stande ist, hängt davon ab, welche Vorstellungen ihm zur Verfügung stehen. Wenn ich keine Vorstellung von Schnee hätte, wäre ich nicht in der Lage, die Welt als verschneit zu betrachten. Dort, auf der einen Seite, die Welt mit all ihren Gegenständen und Eigenschaften, die unabhängig von uns existiert; hier, auf der anderen Seite, das Denken über die Welt, eine Anhäufung von Vorstellungen, die all das, was in der Welt vorhanden ist, umfassen oder auch nicht. Es ist diese fundamentale Trennung zwischen Denken und Realität, die die menschliche Erkenntnis so problematisch macht. Erkenntnis ist der Versuch des Geistes, der Wirklichkeit auf die Spur zu kommen, sie in Gedanken zu erfassen, der Versuch des Geistes, über sich selbst hinauszugehen. Dieses Unterfangen ist mit Schwierigkeiten und Fußangeln befrachtet, denn die Wirklichkeit gibt ihre Geheimnisse nicht immer allzu leicht preis, und der Geist funktioniert nicht immer optimal. Erkenntnis ist eine Art Eheschließung zwischen Geist und Welt, die, wie alle Ehen, ihre Fehlschläge und Frustrationen, ihre Disharmonien und Misshelligkeiten besitzt. Wissen ist nichts Selbstverständliches.

Nicht alle Tatsachen der Welt lassen sich erkennen, nicht alles über die Welt erfahren. Es gibt Gegebenheiten, die niemand wissen kann. Woher ich das weiß? Muss ich nicht die Fakten kennen, bevor ich wissen kann, ob ich sie kennen kann oder nicht? Im Grunde nicht – ich weiß, dass es bestimmte Fakten gibt, die ich nicht wissen kann, und Sie wissen es auch. So hat es beispielsweise einst eine endliche Zahl Dinosaurier auf der Erde gegeben, eine ziemlich große Zahl. Nennen wir sie N. Weiß ich, wie groß die Zahl N ist? Sicher nicht: Ich habe nicht die geringste Ahnung, wie viele Dinosaurier es gegeben hat. Und auch sonst niemand. Und das kann auch keiner. Wir werden niemals in der Lage sein, aus fossilen Zeugnissen oder anderen Quellen zu erschließen, wie viele Dinosaurier die Erde durchstreift haben. Das Gleiche gilt für die Frage, wie viele Ameisen es im Jahre 1620 in Afrika gegeben hat. Unser Wissen über die Vergangenheit ist lückenhaft und bruchstückhaft und beschränkt sich im Regelfalle auf Allgemeines. Auch ist dieser Unwissenheit nicht abzuhelfen, denn die Vergangenheit hinterlässt nicht genügend Spuren von sich, als dass sich jede Frage über ihren Inhalt beantworten ließe. Mit der Zukunft verhält es sich nicht anders. Ohne Frage gibt es eine Menge Dinge in und an der Zukunft, von denen ich nichts weiß und mein ganzes Leben lang nichts wissen werde. Und mit Sicherheit gibt es einige Wahrheiten über die Zukunft, von denen nie ein Mensch etwas wissen wird – schließlich wird die menschliche Art irgendwann ausgestorben sein, bevor unsere Sonne verlischt. Die Zukunft ist ein unermessliches Meer menschlichen Unwissens.

Das Unendliche präsentiert sich als weites Feld menschlichen Nichtwissens. Wenn Zeit und Raum unendlich sind, erlegt bereits ihre Struktur dem menschlichen Wissen über sie strikte Beschränkungen auf. Kein endlicher Geist kann die Gesamtheit von Zeit und Raum umfassen. Raumfahrt gleich welcher Geschwindigkeit wird einen unendlichen Raum nie ausloten können, und auch Zeitreisen könnten uns nie an jeden Zeitpunkt bringen, denn Zeit ist in beide Richtungen unendlich. Wir sind endliche Wesen, an einen bestimmten Ort in Raum und Zeit gebunden wie Perlen auf einer unendlichen Schnur, deren beide Enden sich von uns bis in die Unendlichkeit erstrecken. Wir wissen etwas über diese unendliche Welt, aber sicher nicht sehr viel.

Seit der Antike haben Skeptiker immer wieder auf unser Nichtwissen verwiesen.[1] Woher wissen wir eigentlich, dass wir nicht träumen, dass andere Menschen über einen Geist verfügen, dass die Zukunft der Vergangenheit ähnlich sehen wird? Woher wissen wir eigentlich etwas, das jenseits unseres gegenwärtigen Bewusstseinszustands existiert? Unser so genanntes Wissen basiert durch und durch auf Schlussfolgerungen, diese aber sind fehlbar. Ein Lieblingsbeispiel der Skeptiker ist die Sache mit dem Gehirn in einem Gefäß. Woher wissen Sie, dass Ihr Gehirn nicht von irgendwelchen skrupellosen wissenschaftlichen Überfliegern aus Ihrem Schädel entfernt und in einen Kübel mit Nährlösung bugsiert worden ist, wobei Ihre Umgebung mit Hilfe von in Ihr Gehirn implantierten Elektroden simuliert wird? Ihr Argument für Ihren Glauben daran, in der ganz normalen Welt zu leben, leitet sich daraus her, dass Ihre Sinneswahrnehmungen einem ganz bestimmten, konsistenten Muster gehorchen, dieses aber ließe sich im Prinzip auch künstlich herstellen, einfach, indem man die Sinneseindrücke, den sensorischen Input, den Sie empfangen, nachempfindet. Womöglich ist alles eine gigantische Halluzination. Folgt man einer solchen Spekulation, beginnt man sich zu fragen, wie Wissen überhaupt möglich ist. Wie ich im vorherigen Kapitel bereits festgestellt habe, scheint nur der momentane Zustand des eigenen Bewusstseins gegen solcherlei Zweifel immun. Wissen scheint schwerer zu erwerben, als wir naiverweise annehmen. Unwissenheit ist des Menschen Los.

Die Empfindlichkeit menschlichen Wissens zeigt sich auch in den Fällen, wo es nichts weiter als ein kosmischer Glücksfall zu sein scheint, dass wir überhaupt so etwas wie einen Beweis dafür haben, wie die Dinge liegen, mit dem wir täglich umgehen können. Nehmen wir die Astronomie: Seit Jahrhunderten hat die unabdingbare Schwierigkeit, etwas über so entfernte Objekte wie Sterne und Galaxien in Erfahrung zu bringen, die Astronomen daran gehindert, größere Fortschritte zu machen – wir können nicht einfach ein paar Sachen zusammenpacken und eine Reise zu den Sternen unternehmen, um deren Geheimnisse aufzudecken. Wir müssen mühevolle Beobachtungen von dem winzigen Planeten Erde aus anstellen und, gefangen in einem entlegenen Winkel einer riesigen Galaxie, die Umlaufbahnen beobachtbarer Körper im umliegenden Raum aufzeichnen. Erst in diesem Jahrhundert war die Wissenschaft Astronomie in der Lage, ein paar Riesenschritte vorwärts zu tun, und das alles dank einer einzigen Tatsache: dem Umstand, dass das Licht der Sterne den Planeten Erde, unsere Teleskope und Messgeräte, erreicht. Das aber ist ein höchst zufälliger Tatbestand. Stellen Sie sich ein Universum vor, in dem die überwiegende Mehrzahl der Sterne überhaupt kein Licht emittiert, in dem Himmelskörper statt heißer Backöfen kalte Materieklumpen sind. In diesem Universum existierte die Hauptquelle unseres astronomischen Wissens nicht, und wir verharrten in Unkenntnis ihrer Eigenschaften und Entfernungen von uns. Oder nehmen Sie an, die Erde sei von einem Wolkenmantel umgeben, der gerade genug Licht und Wärme von der Sonne durchließe, um Leben möglich zu machen, das übrige Universum jedoch verhüllte. Das würde jeder ernsthaften Erforschung der Sterne den Garaus machen. Was ich damit sagen will, ist, dass menschliche Erkenntnis von der richtigen Art von Vermittlung zwischen Welt und Geist abhängt. Die Welt muss so gebaut sein, dass der Geist ihre Eigenschaften in sich aufnehmen *kann*. Wir müssen uns in der richtigen Relation zu den Tatsachen befinden, über die wir etwas wissen wollen, wenn wir diese Tatsachen erfolgreich erkennen wollen. Und es gibt niemals eine Garantie dafür, dass die richtige erkenntnisvermittelnde Beziehung tatsächlich existiert. Wissen ist keine Selbstverständlichkeit.

Es gibt zwei grundsätzliche Standpunkte zur Betrachtung menschlicher Erkenntnis. Der eine vertritt die Ansicht, dass wir in einem natürlichen Zustand der Unwissenheit leben und gelegentliche und unzuverlässige Erkenntnisschübe uns kleine Inseln im Meer der Unbestimmtheit verschaffen. Von diesem Standpunkt aus betrachtet, sollten wir uns glücklich schätzen zu wissen, was wir wissen. Die andere Auffassung sieht uns als natürlich Wissende, als Wesen, zu deren Geburtsrechten eine letzten Endes mögliche Allwissenheit gehört. Aus dieser Perspektive gesehen, wird sich dem forschenden Geist letztlich alles erschließen. Wir haben die richtigen Werkzeuge in unseren Köpfen, um alle Wahrheit über die Welt zu erfassen – so wir genügend Zeit und Mühe dafür aufwenden.

Diese zweite Sichtweise oder Ideologie durchdringt jenes Bild unserer selbst, das uns die im 17. Jahrhundert begonnene wissenschaftliche Revolution als Erbe hinterlassen hat. Nur selten wird es explizit formuliert, aber es beherrscht die Art und Weise, wie wir auch heute noch über die Fähigkeiten des menschlichen Geistes denken. Es ist eine verständliche Reaktion auf die ungeheuren Fortschritte der physikalischen Wissenschaften, aber ich glaube, dass sie in einer Weise über das Ziel hinausschießt, die durch den ersten Standpunkt korrigiert werden muss. Denn es ist fraglich, ob sich die Konzepte und Methoden, die sich innerhalb der einen Domäne – dem Wirken der physikalischen Welt – als so umwerfend erfolgreich erwiesen haben, mit demselben Erfolg auf die Welt des Geistes übertragen lassen. Funktionieren diese Methoden auch, wenn es darum geht, uns in den Stand zu setzen, das Wesen von Bewusstsein zu verstehen? Sicher können wir nicht einfach folgern, dass es, da wir die physikalische Welt so gut verstehen, nur eine Frage der Zeit ist, bis wir auch das Bewusstsein verstehen, denn Letzteres unterscheidet sich ungemein von alledem, was bislang zu unserem Verständnis beigetragen hat. Das wäre, als wollten wir folgern, dass Stahl sich mit bloßen Händen formen ließe, nur weil dies bei Kunststoff möglich ist. Die einzige Möglichkeit, eine solche Schlussfolgerung zu rechtfertigen, bestünde darin zu zeigen, dass Bewusstsein ein rein physikalisches Phänomen ist, doch dass das nicht zutrifft, haben wir bereits im letzten Kapitel gelernt. Damit bleibt die Frage strittig, ob es uns möglich ist zu erkennen, welchen Platz das Bewusstsein in der natürlichen Welt einnimmt. Kann sein, dass wir im Stande sein werden, zu einem angemessenen Verständnis seiner inneren Wirkungsweise zu gelangen, kann aber auch nicht sein.

Die Struktur von Intelligenz

Um diese Frage weiterzuverfolgen, müssen wir uns ein wenig mit der menschlichen Intelligenz beschäftigen: Was für eine Art von Ding ist Intelligenz, und woher stammen ihre Grenzen? Einst wurde angenommen, der Geist sei so etwas wie eine leere Schiefertafel, eine *tabula rasa*: Er beginne sein Leben als unbeschriebenes Blatt und erwerbe seinen Inhalt und seine Fähigkeiten allein als Resultat von Lernen und Erfahrung. Dahinter steckte die Idee, dass Intelligenz im Prinzip ein Gedächtnisspeicher, eine Art geistiges Lagerhaus, ist. Dass sie nicht in einzelne, voneinander getrennte Fakultäten aufgeteilt ist, sondern eher eine Art Allzweck-Problemlöser darstellt. Alle Grenzen ihrer Fähigkeiten hätten demnach allein mit ihren Informationskapazitäten zu tun. (Gefestigt wurde dieses Bild dadurch, dass man Intelligenz gleichzusetzen begann mit einer Größe namens IQ, einem Maßstab, von dem man annahm, dass er die „allgemeine Intelligenz eines Menschen“ quantitativ erfasse). Der Umstand, dass sich unser Gehirn von dem eines Affen oder dem einer Katze unterscheidet, beruhte demnach allein darauf, dass wir über eine größere Speicherkapazität verfügen als diese und der Erwerb unserer Erfahrungen anders verläuft als bei ihnen. Im Prinzip könnte man also ein Menschenhirn in die Umgebung eines Affen verbringen, und der sich entwickelnde Geist würde am Ende der eines Affen sein. Intelligenz ist unendlich plastisch, sie wird durch ihre Umwelt geformt und ist in ihrem Wesen homogen.

Diese Ansicht ist jedoch inzwischen gründlich überholt. Die – inzwischen weithin akzeptierte – Lehrmeinung betont drei Merkmale von Intelligenz: Anlage, Formbarkeit und Anpassung.[2] Wir wollen uns hier nicht mit individuellen Intelligenzunterschieden zwischen verschiedenen Mitgliedern ein und derselben Art befassen – obwohl das normalerweise die meisten von uns aus naheliegenden Gründen am ehesten interessieren würde. Vielmehr geht es uns hier um die allgemeine Beschaffenheit der geistigen Aktivitäten bestimmter Arten. Individuen unterscheiden sich bezüglich der Anatomie ihres Körpers auf alle mögliche Weise, dennoch nennt jede Art – Mensch, Affe, Katze oder was auch immer – eine gewisse allgemeine Anatomie ihr Eigen. Im Falle des Körpers ist leicht einzusehen, dass der Körper aus einer Sammlung verschiedener Organe besteht, die von Geburt an spezifiziert und dazu angelegt sind, eine bestimmte Funktion auszuführen. Wir *lernen* nicht, Arme, Beine und Nieren zu haben; wir besitzen diese Organe infolge unserer arteigenen genetischen Ausstattung. Und jedes Organ unseres Körpers erfüllt eine bestimmte, ihm zugewiesene Funktion, für die es von Natur aus angelegt ist. Die Spezialisierung einzelner Organe kann man auch mit dem Begriff Modulbauweise beschreiben – dahinter steht die Vorstellung, dass der Körper eine Ansammlung darstellt aus verschiedenen Einheiten mit speziellen Funktionen und Bauplänen. Im Falle des Körpers würde also niemand auf die Idee kommen, dass wir als „leere Tafel" beginnen, dass unsere Körper aus irgendeiner ursprünglich formlosen Blase durch Erfahrung in ihrem Aussehen geformt werden. Unsere Körper sind von Geburt an festgelegt, von modularer Struktur, und sie weisen eine funktionelle Arbeitsteilung auf.

Genau diese Vorstellung wenden wir auch auf den Geist an. Denken Sie an unser Sprach- und Sehvermögen. Verschiedene Teile des Gehirns sind diesen beiden Fertigkeiten gewidmet, und im Hinblick auf Struktur und Funktion unterscheiden sie sich eindeutig voneinander. Unsere visuelle Fähigkeit ist eingerichtet, Informationen über Gegenstände in der Umgebung des Organismus aufzunehmen, während das Sprachvermögen (unter anderem) die Aufgabe hat, vermittels einer gewissen Symbolik Gedanken von einem Organismus zum anderen zu übermitteln. Die visuelle Fähigkeit steht für Kanten, Tiefe, Farbe und Bewegung, die Sprachfähigkeit für Syntax und die Bedeutung von Aussagen. Bei beiden handelt es sich um eigenständige mentale Module mit einer angeborenen Grundstruktur und ganz speziellen Arbeitsbeschreibungen. Beide besitzen eine komplexe innere Struktur, die es ihnen erlaubt, so zu funktionieren, wie sie es tun. Diese innere Struktur ist selektiv: Die jeweiligen Fähigkeiten würden nicht funktionieren, wenn die Umgebung des Organismus nicht mit den seinen einzelnen Modulen einprogrammierten Grundannahmen übereinstimmte. Das visuelle System ist der physikalischen Welt angepasst, in der seine Evolution stattgefunden hat und in der bestimmte Lichtmuster auf der Retina mit bestimmten Daseinsformen von Objekten in der sie umgebenden Außenwelt korrelieren. Änderten sich die Gesetze der Optik schlagartig, so würde das visuelle System die Umwelt systematisch falsch wiedergeben. Ähnliches gilt, wenn Sie ein Menschenkind in eine linguistische Umgebung brächten, die mit den Regeln menschlicher Grammatik nicht konform geht: Sein Sprachmodul wäre unfähig, aus dem akustischen Klangstrom die richtigen Regeln herauszufiltern. Sein angeborenes Sprachmodul ist auf die Grammatik menschlicher Sprachen abgestellt; bringen Sie ein Kind in eine linguistische Umgebung marsianischen Ursprungs, in der die grammatikalischen Regeln ganz anders sind, wird es die marsianische Sprache niemals erlernen. Meister eines speziellen Fachs zu sein, setzt voraus, einen festen Satz spezifischer Kapazitäten zu besitzen, die sich nicht ohne weiteres auf andere Fächer anwenden lassen. Intelligenz ist stets Intelligenz *bei* oder *für* etwas.

Dieser Punkt wird unschwer deutlich, wenn man die geistigen Fähigkeiten verschiedener Arten vergleicht. Ameisen sind von bemerkenswerter Intelligenz im Hinblick auf die Kooperation bei gemeinsamen Unternehmungen wie Futtersuche und Nestbau, aber ihre Algebra- und Französischkenntnisse haben kein besonders hohes Niveau. Hunde und Katzen verfügen über beeindruckende olfaktorische Qualitäten – sie erschnüffeln eine Maus weit besser als Sie oder ich –, aber wenn es um Tischmanieren geht, sind sie nicht so sattelfest. Viele Tiere, insbesondere Vögel, haben im Vergleich zum Menschen eine hoch entwickelte Bewegungswahrnehmung, aber ihre Scharfsichtigkeit – die Art von Sehen, die wir „einschalten“, wenn wir unsere Augen auf etwas fokussieren, was sich direkt vor uns befindet – ist recht schwach ausgebildet. Wir sind von Geburt an zum Sprechen ausgestattet, doch kein anderes Tier verfügt über diese Fähigkeit. Die Liste läßt sich beliebig weiterführen. Die schlichte Tatsache lautet, dass die Gehirne verschiedener Arten genetisch darauf programmiert sind, bei bestimmten Aufgaben zu glänzen und sich um die anderen nicht zu scheren, und diese Aufteilung der Expertise korrespondiert eng mit den biologischen Bedürfnissen des betreffenden Organismus. Die geistigen Fähigkeiten verschiedener Arten sind, so wie man es erwarten sollte, ebenso komplex und spezialisiert wie deren Körper. Es gibt keinen sinnvollen allgemeinen Begriff von Intelligenz, der es uns ermöglichen würde, eine Art als „intelligenter“ zu bezeichnen denn eine andere, wenn wir mit Intelligenz die Fähigkeit bezeichnen, die einem Organismus gesteckten Ziele zu erreichen. Wenn die reine Überlebensfähigkeit zum Maß der Intelligenz erkoren wird, dann liegen Ameisen, Schaben und sogar Viren weit vor uns. Sie müssen kein Raketenspezialist sein, um eine evolutionäre Nacht durchzustehen.

In der Kognitionspsychologie herrscht heutzutage die Sichtweise vor, dass der menschliche Geist aus verschiedenen, voneinander getrennten Abteilungen besteht, die jede einer bestimmten kognitiven Aufgabe gewidmet sind: linguistischer, sozialer, praktischer, theoretischer, abstrakter, räumlicher und emotionaler Art beispielsweise. Der Geist wäre damit genauso hoch strukturiert wie der Körper. Manchmal fehlen einer Person vielleicht eines oder mehrere dieser Module. Autistische Kinder sind unfähig, mit anderen Menschen normal zu interagieren – ihr Modul für die soziale Intelligenz scheint auf irgendeine Weise defekt zu sein. Dyslexiker leiden unter einer genetisch bedingten Unfähigkeit, die es ihnen erschwert, Buchstaben zu erkennen, und haben daher Leseprobleme. Prosopagnostiker können keine Gesichter erkennen, auch nicht die ihrer Liebsten und Nächsten, während ihr übriges Sehvermögen in keiner Weise beeinträchtigt ist. Solche Menschen sind nicht in irgendeinem allgemeinen Sinne unintelligent, ihnen fehlt lediglich eine hochspezifische Komponente dessen, was uns als menschliche Intelligenz vertraut ist. Die Evolution hat uns mit einer großen Zahl solcher Module ausgestattet, jedes davon hat seine ganz eigene Aufgabe zu erledigen. Damit sind unserer mentalen Architektur gewisse Voreingenommenheiten eingebaut: Es gibt gewisse Dinge, für die wir auf Kosten anderer angepasst sind.

Der Geist ist eine im Laufe der Evolution entstandene Schachtel voller Spezialwerkzeuge zur Lösung von Problemen, die für die Bedürfnisse des jeweiligen Organismus relevant sind. Wie also ist dann Wissenschaft möglich – wie Kunst und Philosophie und all die anderen Dinge, die wir als „Kultur" bezeichnen? Die Antwort muss sein, dass sie alle Nebenprodukte von Fähigkeiten sind, die aus weit pragmatischeren Gründen in uns schlummern. Warum sind manche Menschen in der Lage, auf den Zehenspitzen zu tanzen? Sicher nicht, weil Ballett irgendeinen biologischen Nutzen hat, sondern weil dies bei anderen motorischen Fähigkeiten mit anfällt, die biologisch nützlich sind: Flucht, Beutefang, Manövrierfähigkeit auf engstem Raum. Die uns aus biologischen Gründen eigene Muskulatur und die entsprechende motorische Koordinationsfähigkeit lassen sich auch für andere Zwecke gebrauchen – in diesem Falle zur Ausübung der Tanzkunst. Und etwas Ähnliches muss auch für höhere intellektuelle Bestrebungen gelten. Wir verstehen Wissenschaft, Philosophie und Mathematik kraft jener Art von Intelligenz, die ihren Sitz in einem Stirnhirn wie dem unseren hat, welches aus bestimmten biologischen Gründen im Laufe der Evolution entstanden ist (wenngleich es eine Frage der Spekulation bleibt, was für Gründe dies gewesen sein mögen). Merkmale, die im Laufe der Evolution entstanden sind, haben immer ihre Nebenprodukte und Folgen, und die menschliche Intelligenz bildet keine Ausnahme von dieser Regel. Was wir so gerne als „Zivilisation" bezeichnen, ist, ätiologisch gesehen, im Grunde nichts anderes als ein biologisches Abfallprodukt.

Aber es muss Einschränkungen geben, die sich aus der ursprünglichen Funktion der fraglichen Fähigkeiten herleiten. Die Tänzerin mag außergewöhnlich gut springen können, aber sicher keine sechs Meter hoch. Ihr Körper ist biegsam, aber nicht beliebig verformbar. Der Wissenschaftler ist ein versierter Denker, aber er kann sich an nicht mehr erinnern, als seine endlichen Gedächtniskapazitäten zulassen, und er kann keine Millionen Gedanken in einer Sekunde denken. Jede mentale Fertigkeit hat Grenzen, was ihre Leistungsfähigkeit und Präzision betrifft, und das ist notwendigerweise so. Wäre das nicht der Fall, wären wir übernatürliche Wesen wie Gott, der keinerlei Grenzen und Voreingenommenheiten kennt. Aber wir sind natürliche Wesen, wir stammen von Affen ab, leben in einer natürlichen Welt, und unsere Fähigkeiten sind so begrenzt, wie sie nur sein können. Wir können mehr mit unserem Geist vollbringen als Affen, das ist wahr, aber das heißt nicht, dass wir auf irgendwelche magische Weise den Fesseln der Biologie entkommen. Wir sind Tiere von Kopf bis Fuß – oder von Fuß bis Kopf –, keine Engel.

Es ist eine merkwürdige Fügung der Evolution, dass wir die einzige Art auf der Erde sind, die fähig ist, Wissenschaft und Philosophie zu betreiben. Es hätte ohne weiteres eine andere Art mit einem gewissen Maß an wissenschaftlichem Talent geben können, etwa auf dem Niveau eines durchschnittlichen Zehnjährigen vielleicht und nicht auf dem eines erwachsenen Menschen; oder eine, die in Physik fähiger ist als wir, in Biologie uns jedoch unterlegen; oder eine, die uns in jeder Hinsicht überlegen ist. Ein besseres oder schlechteres räumliches Vorstellungsvermögen beispielsweise könnte solche Unterschiede bezüglich der wissenschaftlichen Intelligenz verursachen oder auch unterschiedliche mathematische Fähigkeiten. Die Science-Fiction-Serie *Star Trek* wimmelt von Außerirdischen, deren kognitive Fähigkeiten die unseren in verschiedener Hinsicht übertreffen, und einigen, die uns deutlich unterlegen sind – und sie alle haben zum Zeichen dessen entsprechende Schädelformen. Wären wir von solchen Geschöpfen umgeben, wären wir, glaube ich, eher willens einzuräumen, dass die wissenschaftliche Intelligenz des Menschen in mancher Hinsicht beschränkt ist. Wir gestünden womöglich sogar zu, dass wir in theoretischen Fragen an einer gewissen Engstirnigkeit und massiven Scheuklappen kranken. Wir haben den menschlichen Hang, Einschränkungen nur dann zuzugeben, wenn uns ein anderer sichtlich überlegen ist.

Grenzen unserer Erkenntnis

Lassen Sie uns einmal zwei mögliche Arten von Geist annehmen, die beide augenfälligen Einschränkungen unterliegen und anhand derer wir uns fragen können, ob wir im Hinblick auf das Bewusstseinsproblem in einer ähnlichen Lage wären. David Hume, jener empirische Philosoph des 17. Jahrhunderts, vertrat die Ansicht, dass Vorstellungen im Geiste geformt werden, indem das Individuum Sinneseindrücke aus seiner Umwelt aufnimmt und kopiert.[3] Die Sinneswahrnehmung der Farbe Rot wird über die Augen aufgenommen, und der Geist stellt eine – blassere, weniger lebhafte – Kopie von ihr her und legt diese als eine Art sensorischer Notiz im Gedächtnis ab. Denken besteht in der Aktivierung und Nutzung dieser gespeicherten Kopien. Daher Humes berühmter Ausspruch, dem zufolge im Geiste nichts ist, was nicht zuvor in den Sinnen gewesen ist. Der Geist kann keine Vorstellung enthalten, die sich nicht ursächlich auf das gründet, was ihm die Sinne über die Welt mitgeteilt haben. Dies belegt, wie Hume erkannte, die darstellenden Kräfte des Geistes mit massiven Einschränkungen: Im Prinzip sagt er, was Du nicht sehen kannst, darüber kannst Du auch nicht reden. Damit stand er, absolut folgerichtig, auch auf dem Standpunkt, dass wir keine authentischen Vorstellungen von der Identität materieller Gegenstände im Verlauf der Zeit haben können, auch nicht über das Selbst oder über kausale Notwendigkeiten, denn wir vermögen über keines dieser Dinge Sinneseindrücke zu sammeln. Die Humesche Theorie des menschlichen Geistes ist kaum plausibel, aber wir können uns dennoch sicher einen Geist vorstellen, der nach Humeschen Prinzipien arbeitet. Vielleicht sind die geistigen Abläufe bei manchen Tieren so ähnlich, in ihrer Reichweite beschränkt auf das, was das Tier wahrnehmen kann. Alles, was dieses dank jenes Vorstellungen formenden Apparats in seinem Kopf hat, ist ein sensorischer Fotokopierer. Ein solcher Geist wäre zweifellos unfähig, wissenschaftliche Theorien zu begreifen. Die Idee der Existenz von Naturgesetzen wäre ihm unzugänglich, ebenso alle die unsichtbaren Entitäten, die den Ruhm der Wissenschaft, wie wir sie kennen, ausmachen. Der atomare Materiebegriff wäre für einen solchen Geist kein Thema, von Quanten- und Relativitätstheorie ganz zu schweigen. Diese Theorien blieben, wie ich es gerne ausdrücke, einem Humeschen Geist *kognitiv verschlossen*. Es ist ziemlich klar, dass solche Theorien dem Geist eines Hundes oder einer Katze verschlossen bleiben, aber anhand des Humeschen Geistes können wir genau ausmachen, warum diese Blockade so endgültig ist: Es gibt kein sensorisches Original, von dem sich die benötigte Vorstellung durch Kopie herstellen lassen könnte. Sie können ein Atom nicht *sehen*.

Oder stellen Sie sich einen Geist vor, dessen sensorische Fähigkeiten weit beschränkter wären als unsere. Dieser Geist nimmt vielleicht nur Geräusche und Gerüche wahr. Ohne Zweifel wäre die einem solchen Geist zugängliche räumliche Vorstellung von der Welt überaus bruchstückhaft. Ohne Sehen und Fühlen, den räumlichen Sinnen *par excellence*, verarmte unsere räumliche Erfassung der Welt ungemein. Und das hätte seine Auswirkungen auf die einem Geist von derart spärlichem Input zugängliche allgemeine Vorstellung von der räumlichen Welt. Es ist sehr zweifelhaft, ob unser Bild von räumlicher Vielfalt, einer Welt voller Gegenstände verschiedener Größe und Form auf dieser eingeschränkten Basis entstehen könnte. Und wenn dieses allgemeine Bild nicht entstehen könnte, könnte auch das theoretische Verständnis von der Welt insgesamt nicht entstehen, das sich auf sie gründet. Und wieder würde Wissenschaft für einen solchermaßen eingeschränkten Geist unmöglich.

Damit ergibt sich die Frage, ob, von einem übergeordneten konzeptuellen Standpunkt aus betrachtet, unser Geist nicht im Hinblick auf bestimmte Domänen der Realität, und insbesondere unseres eigenen Bewusstseins, womöglich ähnlich verarmt ist. Sicher lässt sich dies nicht *a priori* ausschließen: Es entspricht reinstem Dogmatismus anzunehmen, dass der menschliche Geist in diesem speziellen Stadium evolutionärer Historie den Höhepunkt seiner kognitiven Fähigkeiten erreicht haben soll. Im Gegenteil: Die menschliche Intelligenz leidet, wie uns allen schmerzlich bewusst ist, unter allen möglichen Arten von natürlichen Beschränkungen. Wenn wir also auf ein Forschungsgebiet stoßen, in dem sich uns jeder Fortschritt systematisch von Grund auf verschließt, sollten wir zumindest die Möglichkeit in Betracht ziehen, dass wir in diesem Punkt einfach an unsere kognitiven Grenzen stoßen. Mit Sicherheit *sind* unserem Verstehen Grenzen gesetzt, das ist eine Frage allgemeiner Prinzipien, also sollten wir in unserem kognitiven Leben offen dafür sein, wo sich solche Grenzen bemerkbar machen. Vielleicht lauert der Feind in den eigenen Reihen.

Ich behaupte, dass die anhaltende Irritation im Hinblick auf das Bewusstsein und sein Verhältnis zum Körper ein Zeichen dafür ist, dass wir uns an der Grenze dessen befinden, was wir uns selbst begreiflich machen können. Menschliche

Intelligenz ist, wie ich bereits betont habe, eine evolutionäre Erfindung, bei deren Gestaltung alles andere eine Rolle gespielt hat als die Lösung tiefgründiger philosophischer Probleme, und es sollte nicht sonderlich überraschen, wenn ihr die Werkzeuge fehlten, jedes beliebige Problem anzugehen. Die Art von Intelligenz, wie wir sie besitzen, ist nichts Zwangsläufiges; die meisten Tiere kommen wunderbar ohne sie zurecht. Und ebenso ist es keineswegs zwingend, dass wir in der Lage sein werden, mit unserer Intelligenz gerade jene Probleme des Geistes zu lösen, die uns so verwirren. Menschliche Intelligenz ist nur ein Fünkchen auf der evolutionären Zeitskala und womöglich gar nicht dazu angelegt, in die evolutionäre Zukunft zu überdauern. Unseren Gehirnen ist keine Produktgarantie eingraviert, in der es heißt: „Dieses Gerät löst unter Garantie jedes Problem, dass es zu formulieren im Stande ist. Sollten Sie nicht ganz und gar zufrieden sein, senden Sie es bitte zurück an Philosophical Products Inc., wir werden Ihnen mit tiefstem Bedauern Ihr Geld zurückerstatten." Dieses Umstands eingedenk, wollen wir nun darüber nachdenken, wo genau uns unsere kognitiven Fähigkeiten im Stich lassen, wenn es darum geht, das Körper-Geist-Problem zu lösen.

Flüchtige Vorstellungen

Wie formen wir unsere Vorstellung von unserem Bewusstsein und unserem Gehirn? Was bestimmt die Art und Weise, wie wir über diese beiden Dinge denken? Trotz der engen Verknüpfung zwischen Geist und Gehirn besteht eine scharfe Trennung zwischen den beiden Fähigkeiten, vermittels derer wir sie erfassen. Ich bilde meine Vorstellung von Bewusstsein, indem ich meine eigenen inneren Bewusstseinszustände erforsche, das heißt durch Akte der Selbsterfahrung, der Introspektion. Was ist Schmerz? Schmerz ist das Gefühl, das mich überfällt, wenn ich mir den Zeh stoße oder in den Finger schneide, das Gefühl, das ich „von innen heraus“ empfinde. Mein Bild vom Gehirn hingegen forme ich mit den Mitteln der Sinneswahrnehmung. Ich muß das Gehirn *anschauen*, berühren, riechen – Beobachtungen darüber anstellen. Ich setze meine äußeren Sinne ein, um mich mit den Eigenschaften des Gehirns vertraut zu machen. Bei oberflächlicher Betrachtung sieht ein Gehirn aus wie eine große graue Walnuss. Auf mikroskopischer Ebene besteht es aus einem delikaten Netzwerk aus sich überkreuzenden Fasern mit kleinen Ausbuchtungen und Fortsätzen. Wir lernen etwas über das Gehirn, wie wir etwas über andere materielle Objekte lernen: durch Wahrnehmungseindrücke, unterstützt durch Instrumente (allen voran Mikroskope), die unsere Wahrnehmungen verstärken.

Diese beiden Punkte liegen klar auf der Hand: Unseres Bewusstseins werden wir von innen heraus gewahr, zu unserem Gehirn erfolgt der Zugang von außen. Nun aber machen Sie sich Folgendes klar: Ungeachtet dessen, dass Bewusstsein eine Eigenschaft des Gehirns ist, kann die Introspektion Sie keinen Deut über das Gehirn als physikalisches Objekt lehren, und die äußere Betrachtung verschafft Ihnen keinerlei Zugang zum Bewusstsein, obwohl das Bewusstsein seinen Sitz im beobachtbaren Gehirn hat. Es muss eine grundlegende Einheit der Körper-Geist-Verknüpfung geben, doch bezüglich der beiden Fähigkeiten, durch die wir an unser Wissen über Geist und Gehirn gelangen, besteht eine nicht reduzierbare Zweiheit. Sie können in Ihren Geist hineinschauen, bis Sie platzen, und Sie werden dennoch keine Neuronen, keine Synapsen und nichts von all dem anderen entdecken; andererseits können Sie das Gehirn einer anderen Person von früh bis spät anstarren, und Sie werden nichts von dem Bewusstsein wahrnehmen, das der Person, deren Gehirn Sie da so unbarmherzig beäugen, so selbstverständlich gegenwärtig ist. Sie können tatsächlich physikalische *Korrelate* von Bewusstseinszuständen wahrnehmen, beispielsweise indem Sie vermittels Positronen-Emissions-Tomographie (PET) verfolgen, was sich im Gehirn einer Person abspielt, wenn deren Bewusstsein sich in einem bestimmten Zustand befindet. Die Temperatur und die elektrische Aktivität verschiedener Hirnbereiche vermögen unter Umständen etwas darüber auszusagen, was für einen Bewusstseinszustand die betreffende Person durchlebt. Das aber ist nicht dasselbe wie der Bewusstseinszustand *selbst*, will sagen, wie der Zustand sich der Person darstellt, die ihn durchlebt. Was wir vermittels Positronen-Emissions-Tomographie sehen, ist nicht mit dem zu vergleichen, was die Person fühlt, deren Gehirn wir scannen. Und allein auf der Basis des Tomogramms hätten wir keinerlei Handhabe, dem von uns beobachteten Gehirn Bewusstsein zu zuschreiben, denn hierzu ist es erforderlich, dass die fragliche Person die Einordnung ihres Bewusstseinszustands bestätigt. Selbst Hightechmethoden liefern uns also lediglich Informationen über die physikalische Basis von Bewusstsein, nicht über das Bewusstsein selbst, so, wie es für die Person existiert, zu der es gehört. Dennoch sind Gehirn und Bewusstsein irgendwie zu einem unteilbaren Ganzen verwoben. Eigentlich *sollten* wir über irgendeine Art von Fähigkeit verfügen, die Geist und Gehirn in ihrem natürlichen Zustand der Vereinigung erfassen kann, doch wir müssen mit dem zurechtkommen, was wir haben – und eben das enthüllt uns jene Einheit, die in der Realität vorhanden sein muss, offenbar nicht. Es ist, als wären wir gezwungen, den Geist aus einem bestimmten Blickwinkel – dem der Introspektion zugänglichen – zu betrachten, während wir auf einen ganz anderen Blickwinkel beschränkt sind, wenn wir das Gehirn erfassen wollen – ein bißchen so, als müssten wir einen Elefanten entweder vom

Schwanzende oder vom Rüsselende her betrachten, ohne jemals Gelegenheit zu bekommen, das ganze Tier anzuschauen. Sie könnten durchaus zu der Überzeugung gelangen, dass die Idee von einem einheitlichen Elefanten im besten Falle schwer nachvollziehbar, im schlimmsten Falle reiner Humbug ist. Man ist versucht zu sagen: „Wenn wir doch nur das Gehirn auf dem Wege der Introspektion und das Bewusstsein vermittels unserer Sinneseindrücke wahrnehmen könnten, *dann* wären wir der Natur der Verknüpfung auf der Spur." Irgendwie hat es den Anschein, als seien die Fähigkeiten, die wir zu Rate ziehen müssen, jeweils gerade falsch ausgerichtet, um uns die Informationen zu liefern, die wir benötigen.

Wir können diesen Punkt noch ein bisschen verdeutlichen. Es gibt eine Eigenschaft des Gehirns – wir wollen sie C* nennen –, die erklärt, wie Bewusstsein aus neuralem Gewebe hervorgeht. Wir wissen nicht, was C* ist, aber wir wissen, dass es diese Eigenschaft geben muss. Wenn ein Stück Materie C* besitzt, hat es notwendigerweise auch ein Bewusstsein. Wie sollen wir diese Eigenschaft identifizieren? Welche unserer Fähigkeiten sollten wir dazu benutzen? Die Introspektion kann die Aufgabe nicht erfüllen, denn sie endet an der Oberfläche des Bewusstseins. Sie sagt Ihnen, was sich derzeit in Ihrem Bewusstsein abspielt, aber nicht, wie es kommt, dass dieses existiert. C* ist zu dicht am Gehirn, um sich durch Selbstbetrachtung und Wahrnehmung des eigenen Bewusstseinszustandes identifizieren zu lassen. Mit anderen Worten: Sie werden das Körper-Seele-Problem nicht lösen, indem Sie einfach auf das achten, was Sie im Augenblick empfinden, da diese Empfindung keinerlei Hinweise auf ihre materielle Grundlage im Gehirn enthält. Die introspektive Analyse des Bewusstseins kann interessant und nützlich sein, aber sie wird uns keine Auskunft darüber geben, wie Bewusstsein durch Materie verkörpert wird. Introspektion sieht Bewusstsein nicht als Aspekt des physikalischen Gehirns.

Weit vielversprechender scheint es – zumindest dem wissenschaftlich ausgerichteten Verstand –, das Gehirn selbst zu untersuchen. Wenn wir lange genug in den einzelnen Windungen der Großhirnrinde herumstöbern, werden wir letzten Endes auf die Eigenschaft C* stoßen. Sie mag sich dort unter Umständen nicht gerade als besonders hell leuchtender weißer Gewebestreifen präsentieren, der unter dem Mikroskop gespenstisch funkelt, sondern womöglich eher als etwas subtilerer Aspekt der Gehirnfunktion daherkommen, als fantastische Choreografie elektrischer Impulse aus allen Teilen der beiden Großhirnhemisphären vielleicht. Aber das ist reine Fantasie. Hauptpunkt hierbei ist, dass die Eigenschaft C* – die Essenz des Bewusstseins – ebenso wenig im Gehirn sichtbar ist wie das Bewusstsein selbst. Das ist an sich nicht allzu überraschend, denn es gibt keinen Grund, anzunehmen, dass jede theoretisch interessante Eigenschaft der Welt a priori wahrnehmbar sein muss (denken Sie an die Quantentheorie). Aber in jenen anderen Fällen haben wir zumindest eine logische Möglichkeit, bei unseren Versuchen zu verstehen über die Wahrnehmbarkeit von Erscheinungen hinauszugehen: Wir fragen danach, was uns zur Erklärung dessen, was wir beobachten, fehlt und postulieren dann die notwendigen erklärenden Eigenschaften. So sind wir auf die Idee von jener unsichtbaren Welt der Elementarteilchen gekommen, deren Eigenschaften das Verhalten großer, sichtbarer Materiemassen erklären. Können wir diese Strategie anwenden, um an C* zu kommen?

Das Problem liegt auf der Hand, sobald es ausgesprochen ist: Wenn wir erklären wollen, was wir am Gehirn beobachten, müssen wir nichts postulieren außer ein paar physikalischen Gegebenheiten und deren Eigenschaften. Genau deshalb fasst unsere Vorstellung vom Gehirn dieses in Neuronen und deren elektrochemischen Eigenschaften: Dies sind genau die Größen, die wir benötigen, wenn wir erklären sollen, was wir am Gehirn als physikalischem System beobachten. Aber es sind dies auch genau die Größen, die sich als so unzureichend zur Erklärung von Bewusstsein erweisen. Das Gehirn ist ein wahrnehmbares physikalisches Objekt und wird deshalb in entsprechende Begriffe gefasst. Aber es ist auch die Basis des Bewusstseins, und diesen Aspekt seines Wesens gibt uns die Sinneswahrnehmung nicht preis. Anders ausgedrückt: Das Gehirn ist, wenn wir uns ihm über unsere Sinne nähern, nicht mehr und nicht weniger als alle anderen materiellen Dinge; aber es unterscheidet sich zutiefst von anderen physikalischen Dingen, weil es Bewusstseinszustände entstehen lässt. Dieser Unterschied wird sich von einem auf Sinneswahrnehmung basierenden Standpunkt aus nicht erklären lassen. Was unsere Sinne betrifft, so ist das Gehirn lediglich ein weiteres physikalisches Objekt. Und doch wissen wir durch Introspektion, dass es unter den physikalischen Objekten einzigartig ist. Die Sinneswahrnehmung vermittelt daher bestenfalls ein sehr bruchstückhaftes Bild vom Wesen des Gehirns.

Damit bleiben uns eine auf Introspektion basierende Sichtweise des Bewusstseins einerseits und eine auf Sinneswahrnehmung basierende Betrachtung des Gehirns andererseits, die einander über eine gähnende logische Kluft hinweg anstarren. Diese beiden Fähigkeiten müssen uns notgedrungen mit einem lückenhaften und verzerrten Bild von dem beliefern, worauf sie jeweils ausgerichtet sind, und so zwangsläufig die zu Grunde liegende Einheit von Geist und Gehirn verschleiern. Die Tatsache, dass diese Lückenhaftigkeit den beiden Arten der Betrachtung unabdingbar eigen ist, führt dazu, dass die Realität unserem kognitiven Zugriff verschlossen bleibt, wir an die Grenzen unseres Erkenntnisvermögens stoßen. Es gibt keine Möglichkeit, Introspektion und Sinneswahrnehmung zu verändern oder auszuweiten, auf dass beide ihre gegenwärtigen Einschränkungen überwinden können. Das ist, als hofften wir, unseren Tastsinn mit ein bisschen Bastelei dazu bringen zu können, uns Farbwahrnehmungen zu vermitteln. Frei heraus gesagt: Es ist geradezu ein integraler Bestandteil von Bewusstsein, sich den uns eigenen Sinnen zu entziehen, das aber heißt, dass es niemals mit einem Gegenstand wie dem Gehirn in einen Topf geworfen werden kann, dessen Essenz darin besteht, sinnlich wahrnehmbar zu sein.

Grundsätzlich liegt die Tatsache, dass wir das Körper-Geist-Problem nicht lösen können, darin begründet, dass wir den Geist nicht *sehen* können. Die Natur hat uns mit Selbst-Bewusstsein ausgestattet, so dass wir wissen können, was mental in uns vor sich geht, und sie hat uns mit fünf Sinnen ausgestattet, auf dass wir erfahren können, was in der räumlichen Welt um uns herum passiert. Diese kognitiven Fähigkeiten aber sind nicht dazu angelegt, zu ergründen, was den Geist mit dem Körper *verknüpft*. Hierzu eine Analogie: Vermittels einer bestimmten geistigen Eigenschaft können wir arithmetische Operationen durchführen, wir nennen diese Fähigkeit „Abstraktionsvermögen". Diese Fähigkeit unterscheidet sich von Eigenschaften, die an der Introspektion oder an verschiedenen Sinneswahrnehmungen beteiligt sind. Die beiden Letztgenannten befähigen uns nicht zur Durchführung von Arithmetik, sondern zu diesem Zweck benötigen wir eine spezielle zusätzliche Fertigkeit. Ganz ähnlich, so behaupte ich, benötigen wir eine zusätzliche Fertigkeit, wenn wir die Geist-Gehirn-Verknüpfung verstehen wollen. Die uns eigenen Fähigkeiten beliefern uns mit Erkenntnissen über die beiden Seiten der Geist-Gehirn-Beziehung, aber sie sagen uns nicht, was die beiden Seiten miteinander verbindet. Daher meine Behauptung, dass wir, gleichgültig, wie viel wir über das Gehirn lernen, nie in der Lage sein werden, einen erklärenden Bogen zum Bewusstsein zu schlagen. Was immer wir über das Gehirn lernen, wird dazu verdammt sein, die falsche Art von Erklärung zum Verständnis von Bewusstsein zu sein. Die Einzigartigkeit des Gehirns unter all den anderen physikalischen Objekten wird sich niemals aus der sinnesorientierten Perspektive der Gehirnforschung erfassen lassen. Wenn das einzige, auf das wir uns zu verlassen hätten, die Hirnforschung wäre, kämen wir nie auch nur auf die Idee, dass das Gehirn überhaupt ein Bewusstsein beherbergt. Dass wir dieses wissen, verdanken wir letztlich der Introspektion. Grob gesagt, wir wissen es, weil uns, wenn wir eins auf den Kopf bekommen, die Introspektion wissen lässt, dass sich etwas an unserem Bewusstseinszustand geändert hat. Dass wir das Gehirn als Sitz unseres Bewusstseins annehmen, ist darauf zurückzuführen, dass Veränderungen und Verletzungen am Gehirn im Spiegel introspektiver Betrachtung in Veränderungen unseres Bewusstseins resultieren. Aristoteles glaubte, das Herz sei der Sitz des Bewusstseins; er lag schlicht deshalb falsch, weil es Aktivitäten des Gehirns sind und nicht die Aktivitäten des Herzens, die in unmittelbarster Korrelation stehen zu dem, was in Ihrem Bewusstsein vor sich geht. Die einfachste Möglichkeit für einen Gehirnchirurgen zu entscheiden, welche Teile Ihres Gehirns welche Geisteszustände hervorbringen, bestünde darin, Sie während einer Operation wach zu halten und Sie, während er Ihre Gehirnwindungen im Einzelnen durchstöbert, nach Ihren jeweiligen Empfindungen zu befragen. Dass das Gehirn der Sitz des Bewusstseins ist, wissen wir letztlich deshalb, weil Veränderungen im Gehirn am unmittelbarsten mit dem korrelieren, wie sich uns unser Geist in der Introspektion, das heißt von innen heraus betrachtet, präsentiert.

Eine ganz ähnliche Art zu zeigen, dass unsere Vorstellungen von Bewusstsein und Gehirn zutiefst und inhärent unfähig sind, das Körper-Geist-Problem zu lösen, ergibt sich aus einer Fortführung dessen, was ich im vorangegangenen Kapitel bereits dargelegt habe: Offenkundig können wir nicht wissen, wie es sich anfühlt, eine Fledermaus zu sein. Derartig fremdartige Formen von Subjektivität können wir nicht adäquat erfassen. Begründet liegt dies darin, dass unsere menschlichen Vorstellungen von Bewusstsein auf der Basis unserer eigenen Form von Bewusstsein geformt werden, so dass alles, was davon massiv abweicht, für uns unvorstellbar sein wird. Deshalb kann ein blind geborener Mensch sich keine gewöhnliche Seherfahrung vorstellen (wenn man davon ausgeht, dass er über keine visuelle Fantasie verfügt). Nehmen wir nun für einen Augenblick an, wir verstünden ganz genau, wie es kommt, dass das Gehirn Bewusstsein hervorbringt. Das würde bedeuten, wir verstünden auch, wie Fledermaushirngewebe Fledermausbewusstsein entstehen lässt. Wenn wir das aber verstünden, hätten wir das ureigene Wesen des Fledermausbewusstseins begriffen. Wir können das Wesen des Fledermausbewusstseins aber nicht erfassen, und daher können wir auch das Körper-Geist-Problem nicht lösen. Um eine allgemeine Theorie des Bewusstseins formulieren zu können, müssten wir verstehen, wie spezielle Formen von Bewusstsein aus besonderen Arten von Gehirnmerkmalen hervorgehen. Dazu aber wäre es notwendig, dass wir uns Vorstellungen von Erfahrungsarten machten, die uns in Wirklichkeit unzugänglich sind. Das heisst, hierzu wäre etwas nötig, was konzeptuell unmöglich ist. Unsere Vorstellungen von Bewusstsein sind durch unsere introspektiven Fähigkeiten fixiert, und diese können uns keine Vorstellung vom Bewusstsein einer Fledermaus vermitteln. Eine Theorie aber, die es erforderlich machte, dass wir über unsere eigenen, auf Introspektion basierenden Vorstellungen hinausgehen, können wir nicht begreifen. Angenommen, Sie hätten die Farbe Rot nie gesehen, benötigten aber eine Vorstellung von *Rot*, um eine bestimmte Theorie verstehen zu können. Dann könnten Sie jene Theorie schlicht nicht verstehen, basta! Das Gleiche gilt für uns und die Fledermäuse und die Lösung des Körper-Geist-Problems: Eine solche Lösung verlangte von uns, dass wir eine Vorstellung erfassten, die wir, angesichts des begrenzten Spektrums an Erfahrungen, mit dem wir vertraut sind, nicht begreifen können.

Die einzige Möglichkeit, wie sich diese Beschränkung überwinden ließe, läge darin, sich direkt mit Fledermauserfahrungen vertraut zu machen, vielleicht indem wir uns neurales Gewebe aus der Fledermaus implantieren und an unsere zuvor künstlich optimierten Ohren anschließen ließen. Dann könnten wir uns derselben Sinneswahrnehmungen erfreuen, die auch Fledermäusen zuteil werden. Wir müssten zur Hälfte Fledermaus werden – Batman im wahrsten Sinne des Wortes. Überdies wäre es vonnöten, unsere Wahrnehmungsarten zu verändern, um das Repertoire unserer Vorstellungen auszuweiten. Doch selbst damit wäre das Problem noch nicht überwunden, denn es gäbe noch immer *andere* Arten von Wahrnehmungen, die uns fremd blieben. Wir müssten darauf programmiert werden, jede mögliche Form von Bewusstsein erfahren zu können, damit wir uns von allen Bewusstseinsformen eine Vorstellung machen können. In jedem Falle vermöchten wir die notwendige Vorstellung mit unserem Geist, so wie er gegenwärtig beschaffen ist, nicht zu erfassen. (Auf die Frage möglicher Veränderungen unseres Geistes komme ich in Kapitel 7 zurück).

Kombinationen

Können wir tiefere Einsichten in das gewinnen, was das Problem des Bewusstseins gegen den Strich unseres Denkens anbürsten lässt? Haben unsere Wege des Theoretisierens über die Welt die falsche Richtung, um uns irgendwann an die Natur des Geistes heranzuführen? Ich glaube, wir können an erfolgreichen wissenschaftlichen Theorien eine charakteristische Struktur ausmachen, die zur Erklärung von Bewusstsein ungeeignet ist. Lassen Sie mich zunächst eine Analogie formulieren, damit deutlich wird, in welcher Hinsicht eine Fähigkeit die falsche Struktur zur Handhabung eines bestimmten Problems haben kann.

Unser Sprachvermögen ist darauf programmiert, speziell menschliche Sprachen hervorzubringen, die alle durch eine bestimmte Form von syntaktischer Struktur gekennzeichnet sind, auf deren Details wir hier nicht eingehen müssen. Wenn wir als Kinder mit der Sprache unserer Eltern konfrontiert werden, wird dieses angeborene System aktiviert, und dies versetzt uns in die Lage, in bemerkenswert kurzer Zeit zu kundigen Sprechern zu werden. Da das System bereits den größten Teil dessen enthält, was wir zu meistern haben, verschafft es einem Kind einen Vorsprung beim Erwerb einer speziell menschlichen Sprache. Das Sprachvermögen ist vom allerersten Anfang an um eine bestimmte Art von Grammatik herum strukturiert. Daraus folgt aber, dass diese Fähigkeit nicht geeignet sein wird, andere Arten von Sprachen mit anderen Arten von Grammatik zu erwerben. Was es im Hinblick auf die menschliche Sprache so effizient macht, lässt es im Hinblick auf marsianische Sprachen vielleicht ineffizient werden. Die Logik der Situation ist hier dieselbe wie bei den Körperorganen. Was die Nieren als Filtersystem wirksam macht, lässt sie gleichzeitig als Pumpsystem ineffizient werden. Um eine bestimmte Funktion erfüllen zu können, muss ein Apparat über ein geeignetes Design verfügen; das ist definitiv keine Frage des „wo ein Wille ist, ist auch ein Weg“. Unsere Sprachfähigkeit ist offensichtlich nutzlos, wenn es darum geht, die Welt zu sehen, so wie umgekehrt ein Auge beim Sprechen einer Sprache nutzlos ist. Können wir also innerhalb unserer wissenschaftlichen Fähigkeiten eine spezielle Struktur ausmachen, die uns in die Lage versetzt, Physik und dergleichen zu betreiben, aber zum Verständnis von Bewusstsein ungeeignet ist? Gehorcht Wissenschaft einer „Grammatik", die mit der physikalischen Welt im Einklang steht, jedoch auf unsicheren Beinen steht, sobald sie auf die geistige Welt angewandt wird?

Vielleicht ist der grundlegendste Aspekt unseres Denkens das Wirken unserer *Fähigkeit zur Kombination*.[4] Mit ihrer Hilfe denken wir uns komplexe Entitäten als Resultat des Arrangements einfacherer Teile. An dieser Grundidee gibt es drei Aspekte: Die unteilbaren kleinsten Teile (die Atome), von denen wir ausgehen, die Gesetze, die wir zu ihrer Kombination anwenden, und die daraus resultierenden Komplexe. Wir finden diese drei Grundelemente überall, in der Physik ebenso wie in der Sprache und in der Mathematik. Materielle Objekte sind Kombinationen aus physikalischen Atomen, die nach den Gesetzen der Physik zusammengefügt werden. Sätze sind Kombinationen aus Wörtern und gehorchen den Gesetzen der Syntax. Zahlen sind Kombinationen aus anderen Zahlen. Geometrische Figuren sind Kombinationen aus Linien, Flächen und Volumen. Dinge werden in ihre Bestandteile zerlegt, und auf diese Weise erkennen wir, wie manche Dinge aus anderen abgeleitet werden. Wir verstehen etwas, wenn wir die Atome kennen, aus denen es besteht, und die Gesetze, nach denen es zusammengefügt wurde. Ich glaube, es ist offensichtlich, dass diese Art unserer Vorgehensweise von entscheidender Bedeutung für das ist, was in unseren Augen eine wissenschaftliche Theorie ausmacht; zu unserer Wissenschaftsfähigkeit gehört es, die Welt in dieser kombinatorischen Art und Weise darzustellen. Ein großer Teil der Wissenschaft befasst sich mit der Frage, wie sich ein Ding aus dem anderen herleiten lässt, und Herleitung ist Kombination. Atome finden sich zu Molekülen zusammen, diese sich zu Zellen, welche ihrerseits Organe bilden, die in ihrer Gesamtheit einen Körper ausmachen. Und die Atome bestehen aus noch kleineren Dingen.

Woher kommt diese kombinatorische Art des Denkens? Was versetzt unseren Verstand in die Lage, die Welt in dieser Art und Weise zu repräsentieren? Eine einleuchtende Spekulation kombiniert (schon wieder!) zwei Ideen: die Struktur von Sprache und die räumliche Darstellung der Welt durch unsere Wahrnehmung, die visuelle Wahrnehmung im Besonderen. Unser Sprachvermögen behandelt Sätze als Kombinationen von Wörtern, in denen jedes Wort seinen spezifischen Beitrag zu dem Gesamtsatz leistet, in dem es erscheint. Worte sind diskrete Einheiten, die sich nach den Regeln der Grammatik zu unendlich vielen Sätzen kombinieren lassen. Also enthält Sprache den Apparat zur Bildung regelhafter Sequenzen aus kleinsten (atomaren) Untereinheiten. In Verallgemeinerung dieser Beobachtung kann dieser Apparat zu einem Schema werden, das sich auch auf andere Gebiete anwenden lässt. Stellen Sie sich nun vor, dieses Schema trifft auf den Sinneseindruck von Raum: eine ungeheure dreidimensionale Vielfalt, die Objekte in determinierten räumlichen Beziehungen zueinander stehen lässt. Diese beiden Ideen in Kombination bilden damit ein machtvolles Mittel zur Darstellung der Welt. Die Welt wird begriffen als Konglomerat aus diskreten Untereinheiten, die sich ganz speziellen, durch bestimmte Gesetze geregelten Rearrangements unterwerfen lassen.

Das augenfälligste Beispiel dieser Art zu denken findet sich in den Vorstellungen des Physikers von der materiellen Welt: Gegenstände bestehen aus Elementarteilchen, die sich nach denselben Gesetzen bewegen und kombinieren, die auch die Grundkräfte des Universums regeln. Dieses kombinatorische Bild der Dinge spiegelt sich in der kombinatorischen Struktur der Sprache wider; Sprache ist selbst ein

System aus Einheiten (Worten, Lauten), die sich nach den Regeln der Grammatik zu größeren Einheiten zusammenfügen lassen. Und auch das Gehirn wird als Objekt aus neuronalen Untereinheiten gesehen, die räumlich zu einem dreidimensionalen Gitter vernetzt sind und in dessen Innerem gewisse Prozesse ablaufen, beispielsweise das Umherschieben anderer Einheiten (Chemikalien) von einem Ort zum anderen. Wenn wir über das Gehirn theoretisieren, dann orientieren wir uns bei seiner Darstellung an diesem grundlegenden Modell und sehen es als gigantische Kombination räumlicher Untereinheiten. Das Gehirn ist ein räumlicher Gegenstand mit einer bestimmten inneren Struktur oder „Syntax".

Die große Frage ist folgende: Lässt sich die Herleitung des Geistes aus dem Gehirn mit einem solchen kombinatorischen Modell verstehen? Können wir uns das Bewusstsein als etwas vorstellen, das vom Gehirn abhängt, wie ein Ganzes von seinen Einzelteilen? Können wir die Atome des Gehirns (die Neuronen und ihre Bestandteile) nach entsprechenden Gesetzen *zu* Bewusstseinszuständen kombinieren? Die Antwort lautet eindeutig „Nein". Wenn Sie die Farbe Gelb wahrnehmen, hängt Ihr Bewusstseinszustand wohl existenziell von dem ab, was in den Neuronen Ihrer Sehrinde abläuft. Aber es ist nicht zutreffend, dass solche neuronalen Prozesse *Bestandteile* Ihrer Erfahrung sind. Diese *besteht* nicht aus den Prozessen, die ihr neuronales Korrelat ausmachen. Unsere Bewusstseinszustände verfügen nicht über eine innere Struktur, die durch ihre physikalischen Fundamente *definiert* ist. Die Beziehung zwischen Empfinden und seinen begleitenden neuronalen Ereignissen ist nicht dieselbe wie die zwischen einem komplexen gesprochenen Satz und den Wörtern, aus denen er gebildet ist. Der Geist ist kein einfaches kombinatorisches Produkt des Gehirns. Und zwar nicht einfach nur, weil „das Ganze mehr ist als die Summe seiner

Teile", sondern weil ein Bewusstseinszustand nicht aus neuronalen Bestandteilen *besteht*. Wir mögen im Stande sein, eine Wahrnehmung phänomenologisch zu analysieren, sie in ihre Einzelphänomene zu zerlegen, beispielsweise, wenn wir sagen, die Wahrnehmung einer roten Kugel besteht aus der Wahrnehmung der Farbe Rot in Kombination mit dem Erkennen einer Kugelform. Aber wir können sie nicht analytisch in ihre neuronalen Einzelteile zerlegen. Was könnte das also bedeuten, außer dass es sich um eine Wahrnehmung *von* Neuronen handelt, wenn Sie mit Hilfe eines trickreichen Spiegels in Ihr Gehirn hineinschauten? Die Art von neuronaler Komplexität, die hinter einer bewussten Wahrnehmung steht, schlägt sich nicht in deren phänomenalem Charakter nieder. Neurone sind keine Atome, aus denen auf der Grundlage gesetzartiger Kombinationen Bewusstsein entsteht. Wäre dem so, dann gäbe es kein ernsthaftes Körper-Geist-Problem, so wie es kein tiefer gehendes Problem dergestalt gibt, wie die Einzelteile eines Stuhls sich zu einem ganzen Stuhl zusammenfügen. Der Geist hängt bezüglich seiner räumlichen Beschaffenheit nicht vom Gehirn ab. Genau diese Tatsache ist das, was die fragliche Abhängigkeit so problematisch macht.

Dementsprechend wird das kombinatorische Denkmuster bei der Lösung des Körper-Geist-Problems versagen. Dieser Art zu denken aber verdanken wir samt und sonders unser wissenschaftliches Bild von der Welt, sie bildet das Skelett, auf das die verschiedenen Domänen der Wissenschaft aufgebracht werden. Dieses Skelett wird daher unserem Denken nicht die rechte Stütze sein, wenn wir versuchen, die Körper-Geist-Beziehung zu ergründen. Das konzeptuelle Skelett, das uns in Astronomie, Physik, Biologie, Mathematik und Linguistik (mit mehr oder weniger seltsam bohrenden Rückenschmerzen) so gute Dienste geleistet hat, wird dem Gewicht des Bewusstseinsproblems keinen Halt geben können. Unsere Fähigkeit, Wissenschaft zu betreiben, hat demnach die falsche „Grammatik“ zur Lösung des Problems. Aus eben diesem Grunde empfinden wir das Problem als besonders tief gehend, als existenziell, als entschieden philosophisch. Und deshalb ist der Versuch, Bewusstsein zu verstehen, mehr als nur ein Projekt innerhalb der normalen Wissenschaft. Wir benötigen nicht nur einen „Paradigmenwechsel“, um mit dem Bewusstsein klarzukommen, wir brauchen vielmehr eine grundlegend neue Struktur unseres Denkens.

Worauf dieses Argument hinausläuft, ist die Feststellung, dass die theoretischen Ressourcen, die wir aus der Wahrnehmung des Raumes und der Struktur von Sätzen ableiten, zur Erklärung von Bewusstsein unzureichend sind. Und das ist nicht übermäßig überraschend, wenn man einmal darüber nachdenkt. Warum sollte alles Existierende in irgendeiner Form Ähnlichkeit haben mit räumlich wahrgenommenen Gegenständen oder Wortkombinationen? Bewusstsein ähnelt augenscheinlich keinem dieser beiden, es sollte uns also kaum überraschen, dass Wege zum Verstehen, die sich von Grund auf aus diesen herleiten, im Umgang mit Bewusstsein versagen. Wir versuchen, die Nuss des Bewusstseins mit Werkzeugen zu knacken, die sich aus der Wahrnehmung der physikalischen Welt und der Struktur unserer Sprache ergeben haben, und es überrascht nicht, dass diese Werkzeuge vor der neuen Aufgabe versagen. Diese Werkzeuge formten unsere Vorstellung vom Gehirn, aber aus genau diesem Grund machen sie eben diese Vorstellung ungeeignet zum Verstehen dessen, wie das Gehirn Bewusstsein entstehen lässt. Wenn Holz verbrennt, wird es zu Feuer, und diese Transformation erscheint uns zunächst beinahe als ein Wunder, bis wir die ihr zu Grunde liegende Chemie und Physik verstehen. Wenn wir sie aber verstanden haben, ist uns klar, wie Holz angesichts der energetischen Eigenschaften von Kohlenstoff im Verlauf eines Oxidationsprozesses zu Feuer werden kann. Das aber ist genau die Art von Verständnis, die uns abgeht, wenn wir erklären wollen, wie das Holz des Gehirns die mysteriöse Flamme unseres Bewusstseins entzündet. Es funktioniert sicher nicht so, dass die elektrische Aktivität des Gehirns einen Kurzschluss verursacht, der das Gehirn buchstäblich Feuer fangen lässt. Bewusstsein ist ein geheimnisvolles Feuer. Das Gehirn verfügt über die Rohmaterialien, mit deren Hilfe sich Bewusstsein entzünden lässt, denn es vollführt dieses Kunststück andauernd, uns aber fehlt das theoretische Verständnis, das dieses Geschehen als vorhersagbar und natürlich dastehen lässt. Feuer ist kein primitives Merkmal des Universums, wie es die Menschen der Urzeit sahen, noch ist es ein Zeichen göttlichen Geistes auf Erden. Es ist ein natürlicher Prozess wie jeder andere. Im Hinblick auf das Feuer unseres Bewusstseins aber stehen wir da wie Menschen in vorwissenschaftlicher Zeit: Wir sind unfähig zu verstehen, wie dieses der natürliche Prozess sein kann, um den es sich ja offenbar handelt.

Das Problem hat damit einen völlig anderen Stellenwert als andere ungelöste Probleme der Wissenschaft. Betrachten wir einmal das Aussterben der Dinosaurier. Wir wissen, dass es einst Dinosaurier gegeben hat und dass diese vor Millionen Jahren ausgestorben sind. Was aber war für ihr Verschwinden verantwortlich? Waren es globale Klimaveränderungen, eine Abkühlung oder Erwärmung, die ihren Stoffwechsel auf fatale Weise durcheinander brachte? War es der Aufstieg einer rivalisierenden Art mit besseren Überlebensfähigkeiten? War es ein Meteor, der ihre Beuteorganismen auslöschte und sie verhungern ließ? Wurden sie von außerirdischen Eindringlingen vergiftet? Wollte Gott einfach einen Szenenwechsel? Jede von diesen ist eine *mögliche* Erklärung, möglich in dem Sinne, dass sie, wenn sie zuträfe, in der Tat erklären würde, warum die Dinosaurier ausgestorben sind. Was wir nicht wissen, ist, *welche* davon wahr ist. Und das liegt hauptsächlich daran, dass wir nicht hier waren, um zu bezeugen, was den Niedergang der Dinosaurier verursacht hat. Das Problem ist, Beweise zu finden, die zu Gunsten der einen oder anderen dieser verschiedenen Möglichkeiten entscheiden könnten. Bezüglich der Frage, wodurch Bewusstsein entsteht, ist die Lage aber anders. Wir haben nicht einmal eine *mögliche* Erklärung dafür. Hier ist es nicht so, dass wir wüssten, was Bewusstsein erklären *würde*, und nur Schwierigkeiten hätten, einer Erklärung den Vorzug vor den anderen zu geben; wir haben vielmehr keine Ahnung, wie eine Erklärung für Bewusstsein überhaupt aussehen könnte. Das Problem ist nicht der Mangel an Beweisen, es ist der Mangel an Vorstellungen, das Fehlen eines konzeptuellen Rahmens. Wir stehen vor einem Problem, das auf ein mächtiges Loch in unseren konzeptuellen Ressourcen hindeutet, einem toten theoretischen Winkel von epischen Dimensionen. Und darum spreche ich bei diesem Problem von einem Mysterium.

Die Einfachheit des Bewusstseins

Es ist verführerisch, aus alledem den Schluss zu ziehen, dass Bewusstsein ein überaus *komplexes* Phänomen sein muss, ein weit fortgeschrittenes und hoch entwickeltes Evolutionsprodukt. Wenn uns ein neues Stück Technologie schwer verständlich erscheint, nehmen wir zumeist an, dass es komplexer und höher entwickelt sein muss als das alte Zeug, mit dem wir vertraut sind. Sind moderne Stereoanlagen nicht sehr viel ausgeklügelter als die alten Grammophone, und setzen sie nicht sowohl zu ihrer Herstellung als auch zu ihrem Verständnis weit größere technische Kenntnisse voraus? Ist Bewusstsein also der letzte Schrei evolutionärer Hightechleistungen, ein biologisches Erzeugnis von ungeheurer

Komplexität und Delikatesse? Würden wir uns, setzte man uns dessen technische Daten auseinander, an die Stirn fassen und ausrufen: „Das ist aber mal ein tolles Gerät!"

Es mag den Leser überraschen zu hören, dass ich nicht der Ansicht bin, dass dies die richtige Diagnose für unsere missliche Lage ist. Bewusstsein ist nicht die Krönung der Evolution und auch nicht der bis heute beeindruckendste Teil von Organismenbauplänen. Bewusstsein ist, so glaube ich, biologisch vergleichsweise primitiv und einfach. Bewusstsein im hier untersuchten Sinne ist Teil unserer ältesten biologischen Ausstattung. Erinnern Sie sich, dass wir es mit Phänomenen wie Empfindungen, mit Tasten, Sehen, Riechen und dergleichen zu tun haben. Es geht uns hier nicht um Selbst-Bewusstsein, sprich die Fähigkeit, eigene Bewusstseinszustände zu reflektieren. Empfindungen sind Teil unserer grundlegenden sensorischen Wahrnehmung der Welt, von der unser nacktes Überleben abhängt. Auch sind sie einem breiten Spektrum an Tieren eigen: von Fledermäusen bis hin zu Vögeln, von Elefanten bis zu Ameisenbären, von Krokodilen bis zu Kraken. Mir scheint es wahrscheinlich, dass auch viele Insekten über ein primitives Empfinden verfügen – sie haben schließlich Augen und Ohren und ein Gehirn zur Interpretation dessen, was sie wahrnehmen. Das Empfinden von Schmerz ist mit Sicherheit ein äußerst weit verbreitetes Merkmal tierischen Lebens. Bewusstsein ist so verbreitet wie Blut und Knochen.

Sprache hingegen ist im Gegensatz dazu in ihrem Auftreten ausgesprochen begrenzt, das Bestehen flexibler sozialer Bindungen auch und Intelligenz im eigentlichen Sinne ebenfalls. Sie alle sind hoch spezialisierte Errungenschaften. Aber es braucht nicht ein so komplexes und anpassungsfähiges Gehirn, um urtümliche Bewusstseinszustände zu haben. Alles deutet darauf hin, dass die Evolution Empfindungen bereits sehr früh entdeckt haben muss, sie aus Materie heraufbeschwor, sobald Organismen mit Sinnen auf der Bildfläche erschienen waren. Ich stelle mir gerne jenen Tag vor vielen Jahrmillionen vor, als der erste empfindende Organismus des Wegs kam und so dem Kosmos eine brandneue Zutat bescherte. Was für eine Art von Organismus mag es gewesen sein – ein Fisch vielleicht oder irgendein Wurm? Was immer es war, es war ein frühes Wesen, primitiv und nicht besonders klug. Es sieht fast so aus, als habe die Evolution, nachdem sie sensorische Prozesse erfunden hatte, gar nicht umhin gekonnt, Bewusstsein entstehen zu lassen. Ich sehe daher keinen Grund zu der Annahme, dass Bewusstsein in irgendeiner Form „komplexer" oder „höher entwickelt" ist als die Verdauung oder die sexuelle Fortpflanzung. Bewusstsein ist eine fundamentale biologische Realität wie Haut oder Zähne. Es ist kein Produkt von „Kultur" oder „Zivilisation", noch ist es irgendein Nebenprodukt unserer Sprache. Selbst-Bewusstsein mag in der Tat eine neuere Entwicklung sein, eine ausgefeiltere Vorstellungswelt erforderlich machen, vielleicht werden wir auf immer die einzigen wirklich selbstbewussten Wesen sein, die die Erde bevölkert haben. Aber schlichtes nacktes Empfinden ist etwas so Grundlegendes wie das Atmen.

Das scheint sich zu einem Rätsel auszuwachsen: Wie kann, was so grundlegend ist, so schwer zu verstehen sein? Warum haben wir einen besseren theoretischen Zugang zur Struktur von Sprache als zur Beschaffenheit von Empfindungen, wenn Ersteres doch die höher entwickelte Errungenschaft ist? Sollte ein Problem nicht umso schwerer zu verstehen sein, je komplexer es ist? Je höher die Latte, umso schwieriger ist der Sprung. Sollte das bei intellektuellen Sprüngen nicht ebenso sein? Denken Sie wieder an das Fledermausbewusstsein: Ist dieses in irgendeiner Form komplexer als unsere visuelle Wahrnehmung, nur weil wir Letztere begreifen können, Ersteres hingegen nicht? Nein, was die Komplexität des Phänomens betrifft, besteht hier wirklich kein bedeutsamer Unterschied. Vielmehr ist unser Erkenntnisvermögen dahingehend *voreingenommen*, dass uns das Begreifen der visuellen Wahrnehmung leichter fällt. Warum? Weil es in der Natur unserer kognitiven Fähigkeiten liegt, durch Wahrnehmungen kontrolliert zu werden, die *wir* tatsächlich machen – sie sind auf die uns eigenen Wahrnehmungsarten ausgerichtet. Genauso wäre eine Person, die die Welt nur in Blauschattierungen wahrnimmt, in einer Weise voreingenommen, die es ihr erschwerte, Dinge als rot zu erkennen. Das ist jedoch kein Beweis dafür, dass Rot komplexer ist als Blau, sondern nicht mehr als ein Resultat der zufällig vorhandenen konzeptuellen Perspektive. Eine solche zufällige Voreingenommenheit der Vorstellungswelt aber ist nicht zu verwechseln mit einem objektiv vorhandenen Korrelat am fraglichen Objekt. Hier kommt dasselbe Argument zur Anwendung wie dort, wo wir feststellen, dass wir unbeobachtbare Entitäten wie Atome nicht allein deshalb für weniger real halten sollten als größere Objekte, weil unsere Wahrnehmungssysteme besser dafür geeignet sind, größere Gegenstände auszumachen. Unsere sensorischen Systeme weisen eine gewisse Voreingenommenheit zu Gunsten der mittelgroßen Objekte dieser Welt auf, doch lassen sich daraus keine Schlussfolgerungen über die Wirklichkeit oder über Gegenstände von variierender Größe ziehen. Denken ist eben eine Sache, Realität eine andere.

Ich glaube, wir können unsere Konfusion im Zusammenhang mit unserem Bewusstsein in folgender allgemeiner Weise interpretieren: Unsere menschliche Intelligenz ist auf eine Weise voreingenommen, die dem Verstehen des Bewusstseins zuwiderläuft. Nicht, dass Bewusstsein in irgendeiner Weise komplexer wäre als die Dinge, die wir verstehen; es ist nur so, dass unsere Fähigkeiten nicht darauf zugeschnitten sind, das ihm zu Grunde liegende Wesen zu durchdringen.

Das Mysterium Bewusstsein ist Folge der speziellen kognitiven Zielrichtung des menschlichen Intellekts, nicht der objektiven Natur dessen, was uns so erstaunt. Mit anderen Worten: Das Problem ergibt sich aus unserer Art zu denken, nicht aus dem Bewusstsein selbst. Der Feind lauert in den eigenen Reihen. Wenn Gott über die Natur von Bewusstsein nachdenkt, berührt ihn dieses nicht seltsamer als Atmung und Verdauung, da sein Geist keinen kognitiven Voreingenommenheiten unterliegt. Wir aber haben den Hang, die Voreingenommenheiten unseres Geistes als Ausdruck einer Anomalie innerhalb der Natur selbst zu interpretieren. Wir deuten ein Geheimnis als Wunder, ein Wunder als Magie. Wir projizieren die Grenzen unseres Erkennens auf die objektive Welt. Wir ähneln einer primitiven Person, die zwar die Zeit vom Zifferblatt einer Uhr ablesen kann, aber nicht über die erforderlichen intellektuellen Mittel verfügt, das Uhrwerk zu verstehen, welche dieses möglich macht. So jemand wird den Chronometer bestaunen und hinter dessen unheimlicher Fähigkeit, Tage und Nächte zu zählen, womöglich Zauberei vermuten. Er könnte sogar vermuten, dass hinter einem solchen Wunder allein eine wohlmeinende Gottheit stecken könne. Wir aber wissen es besser: Wenn wir einmal die Prinzipien von Zahnrädern und Federn begriffen haben, ist alles weitere reine Mechanik.

Es hilft der Phantasie an dieser Stelle, wenn wir annehmen, dass unser mechanisch unterbelichteter Uhrbetrachter ein Naturtalent ist, wenn es darum geht, Bewusstsein zu verstehen. Er ist ein Außerirdischer mit einem auf andere Art voreingenommenen Geist, gut in puncto Bewusstsein, schwach in Physik. Er findet unser Staunen über das Bewusstsein seltsam und ziemlich komisch, denn er sieht ganz klar, welche natürlichen Prinzipien hinter seinem Erscheinungsbild und seiner Funktionsweise stehen. Doch sobald es um Uhrwerke geht, kann seine Intelligenz einfach nicht mehr mithalten. Seine kognitiven Voreingenommenheiten sind genau das Gegenteil der unseren. Ja, es könnte sogar sein, dass genau die kognitiven Strukturen, die ihn in die Lage versetzen, Bewusstsein zu verstehen, andererseits seine Fähigkeit hemmen, zu ergründen, wie eine Uhr funktioniert. Was auf einem Gebiet Stärke verleiht, kann Schwäche auf einem anderen bedeuten.

Noch einmal zurück zum Gehirn

Zum Verständnis dessen, was ich über unsere kognitiven Grenzen gesagt habe, ist es von entscheidender Bedeutung, sehr scharf zu unterscheiden zwischen dem Gehirn als objektiver Entität in der Welt und unserer Vorstellung von ihm. Die wahre Natur des Gehirns erschöpft sich nicht in unserer Vorstellung von ihm. Eine Vorstellung von etwas ist nichts weiter als ein Satz von Eigenschaften, die wir diesem Ding zuschreiben, und womöglich schreiben wir Gehirnen nicht alle die wichtigen Eigenschaften zu, die sie, objektiv betrachtet, haben. Vielleicht entgeht uns hier etwas absolut Entscheidendes.

Ich glaube, wir können so etwas wie einen Beweis dafür erbringen, dass das Gehirn Eigenschaften haben *muss*, die in unserer Vorstellung von ihm nicht enthalten sind. Stellen Sie sich ein Fließband mit allen möglichen Gegenständen darauf vor. Ihre Aufgabe ist es, sie in Kategorien einzuordnen, während sie an Ihnen vorbeigleiten. Sie haben diese Dinge nie vorher gesehen. Sie können sie anschauen, berühren, an ihnen riechen und Hypothesen über ihr Innenleben aufstellen. Blätter, Ziegelsteine, Rosen, Schädel, CD-Player, Stiefel, Herzen – alle diese Dinge gleiten an Ihnen vorbei. Dann kommt ein Gehirn des Wegs, ein Stück unspektakuläres Gewebe. Von Ihrem Standpunkt aus nichts weiter als ein weiteres Stück Materie. Sie kämen nie auf die Idee, dass es sich um das Bewusstseinsorgan handeln könnte. Nichts von alledem, was Sie wahrnehmen und mutmaßen, machte Sie darauf gefasst, dass einer dieser Klumpen – der wabblige, graue dort drüben neben dem Wanderstiefel – über die einzigartige Fähigkeit verfügt, Bewusstsein hervorzubringen. Keine der Eigenschaften, die Sie an ihm ausmachen können, deutet darauf hin, dass er als Einziger unter all den Gegenständen über diese bemerkenswerte Macht verfügt.

Aber auf irgendeine reale Eigenschaft muss es zurückzuführen sein, dass Gehirne sich von anderen physikalischen Objekten derart unterscheiden, und diese Eigenschaft muss so unverwechselbar sein wie das Bewusstsein selbst. Sie kann nicht allein in der Zahl der Zellen pro Kubikzentimeter bestehen. Ihre Vorstellung vom Gehirn *muss* demnach hinter dessen tatsächlichen Eigenschaften zurückbleiben; es muss mehr an ihm dran sein, als Ihnen ins Auge fällt. Wenn Sie das Gehirn nur sehen könnten, wie es wirklich, in seiner Gesamtheit ist, es würde Ihnen bei jener Fließbandparade garantiert ins Auge springen. Es unterschiede sich von Herzen und Rosen, wie es deutlicher nicht sein könnte. Es gehörte in eine andere Daseinsklasse. Für Sie bildete es jene Art von Entität, für die Bewusstsein eine ganz natürliche Eigenschaft ist. Ihnen fiele seine Einzigartigkeit sofort auf. „Und hier", würden Sie sagen, „haben wir etwas ganz anderes." Doch das dem Gehirn ureigene Wesen als bewusstseinsbildendes Organ entzieht sich dem menschlichen kognitiven System. Vielmehr scheint es uns, als gehörte es ziemlich eindeutig zu all den anderen natürlichen Gegenständen, die es gibt. Das muss eine Illusion sein, denn wir wissen, dass das Gehirn sich dramatisch von regulären materiellen Gegenständen unterscheiden muss. Es muss daher ein fundamentaler Unterschied bestehen zwischen dem, wie das Gehirn ist, und dem, wie es sich uns darstellt. Es ist, als hätten unsere kognitiven Fähigkeiten die Wirkung, das Gehirn *schrumpfen* zu lassen, sobald wir versuchen, uns eine Vorstellung von ihm zu machen. Sie zwingen es in ein Prokrustesbett, das seine Form unserem ganz speziellen Blick auf die Welt verdankt. Unsere Mittel zu seiner Repräsentation filtern heraus, was für die tatsächliche Beschaffenheit des Gehirns entscheidend ist. Wenn Ihre gegenwärtige Vorstellung vom Gehirn tatsächlich einer umfassenden Repräsentation seiner Natur nahekäme, dann schlummerte im Herzen des Bewusstseins in der Tat ein Wunder. Die Fähigkeit des Gehirns, aus seinen Windungen heraus Bewusstsein entstehen lassen zu können, wäre so etwas wie die Fähigkeit von Aladins Wunderlampe, den Dschinn zum Vorschein zu bringen. Aber in Wirklichkeit kann die Welt nicht so funktionieren, also muss das Gehirn über einen Aspekt verfügen, für den wir blind sind, und zwar zutiefst blind.

Die gute Nachricht

Dieses ganze Kapitel hindurch habe ich den Standpunkt vertreten, dass die Körper-Geist-Beziehung von uns nicht verstanden werden kann. Das mag als deprimierend negative Schlussfolgerung scheinen. Gibt es irgendeinen Silberstreifen am Horizont? Es lässt sich nicht leugnen, dass meine Mysterikerhaltung unserer Fähigkeit, wirklich alle uns potenziell möglichen Fragen über die Natur beantworten zu können, pessimistisch gegenübersteht. Sage ich damit einfach, dass alles vergeblich ist und wir uns besser um unseren Garten kümmern sollten? Nein, meine Position ist nicht durch und durch negativ, wie ich an verschiedenen Stellen anzudeuten versucht habe und im Weiteren genauer erläutern werde. Lassen Sie mich dieses Kapitel jedoch damit beenden, dass ich etwas genauer ausführe, wie sich dem von mir gepredigten Dunkel doch noch etwas Positives abgewinnen lässt. Zehn Punkte sollten das, was ich sage, verdaulicher, ja befreiend machen. Einige dieser Punkte werden im späteren Verlauf dieses Buches noch im Einzelnen diskutiert werden, aber ich glaube, es wird hilfreich sein, sie bei diesem Stand der Argumentation kurz vorzustellen.

1. Es ist wichtig abzustecken, was wir mit unseren Überlegungen über den Geist erreichen können und was nicht, damit wir keine Zeit mit fruchtlosen Bemühungen vergeuden und nicht versuchen, Methoden, die auf einem Gebiet funktionieren, auf Gebiete auszuweiten, wo sie nicht funktionieren können. Wir können die neuronalen Mechanismen und Korrelate von Bewusstseinszuständen erforschen, und dies wird uns ohne Zweifel wertvolles Wissen darüber vermitteln, in welcher Weise Geisteszustände von chemischen und anderen Gegebenheiten im Gehirn abhängen. Das aber sollte nicht verwechselt werden mit dem fundamentalen Problem, wie man erklären kann, warum das Gehirn es zu Wege bringt, Bewusstsein überhaupt entstehen zu lassen. Wir wissen, dass es das tut, und wir wissen eine ganze Menge über die Korrelationen im Einzelnen und über kausale Abhängigkeiten, aber wir verstehen nicht, *wie* es das macht. Dass wir nicht in der Lage sind, das Problem zu lösen, macht uns jedoch nicht völlig hilflos bei der Beantwortung von Fragen über Gehirnfunktionen und Geisteszustände. Wir mögen zwar durchaus an irgendeinem Punkt entdecken, welche neuronalen Eigenschaften im Einzelnen dafür sorgen, dass ein Individuum sich in einem bestimmten Bewusstseinszustand befindet, und dieses Wissen wird von großem Wert sein. Dennoch wird dies keine Bresche in das klassische Körper-Geist-Problem schlagen, denn es wird ein Geheimnis bleiben, wie diese Prozesse das

Vorhandensein von Bewusstsein bewirken. Wir werden schlicht wissen, *dass* sie dies tun, ohne erklären zu können, warum. Nichtsdestotrotz gibt es zur Neurophysiologie des Geistes noch jede Menge interessanter und wichtiger Arbeit zu tun.

2. Wenn wir anerkennen, dass die Ursache des Geheimnisses in der Struktur menschlicher Intelligenz liegt, können wir es vermeiden, in Bezug auf das Bewusstsein religiösem Mystizismus zu verfallen. Es mag so scheinen, als seien wir zu solchem Mystizismus gezwungen, weil Bewusstsein sich unseren Formen wissenschaftlichen Verstehens entzieht. Aber meine Diagnose des Problems befreit uns von der Furcht, Bewusstsein könne ein objektives Wunder sein, dass einen Bruch in unserer wissenschaftlich säkularen Sicht des Universums erforderlich macht. Denn wir können das Gefühl des Mysteriösen erklären, ohne eine Welt voller magischer Vorgänge postulieren zu müssen. Die Ursache des Geheimnisses ruht in unseren naturgegebenen kognitiven Grenzen und nicht in einer übernatürlichen Dimension des Universums. Wir müssen uns deshalb nicht in mystische Absurditäten und Sackgassen verstricken. Diesen Vorzug meiner Betrachtungsweise werde ich in Kapitel 3 ausführlicher diskutieren.
3. Wissen ist in der Regel eine gute Sache, aber es ist nicht gesagt, dass uns ein vollständiges Wissen über uns selbst besser dastehen ließe. Vielleicht wäre es deprimierend, ganz genau herauszufinden, was uns zu den psychophysischen Wesen macht, die wir sind; es könnte uns die Luft abschnüren, uns unsere Kräfte rauben. Nichts an unserer Auffassung von Wissen garantiert, dass Wissen uns in jedem Falle glücklich machen wird. Stellen Sie sich vor, wir fänden heraus, dass wir alle Versuchsorganismen in einem gigantischen Forschungs-

projekt sind, das von einer Rasse superintelligenter Außerirdischer durchgeführt wird und dessen Ende für das Jahre 2001 angesetzt ist. Sicher, dass wir das wissen wollten?

4. Wenn Bewusstsein sich als dauerhaftes Rätsel erweist, als Wunder der Natur, das wir nicht erklären können, werden wir uns unser Gefühl des Staunens über das Universum erhalten. Dieses Staunen basiert auf unserer Unwissenheit, aber für das menschliche Wohlbefinden ist es unbestritten wichtig, dass wir den Kosmos nicht als etwas betrachten, das sich unserem intellektuellen Eifer bereitwillig öffnet. Ich glaube, es lässt sich nicht leugnen, dass Wissenschaft der Welt einiges an Poesie genommen hat, und es ist keine schlechte Sache, wenn ein Teil der Welt unseren Bestrebungen zu ihrer Zähmung widersteht.
5. Es ist heilsam, die wissenschaftliche Hybris ein wenig zu zügeln, von der unsere Kultur in diesem Jahrhundert beherrscht war. Die Wissenschaft hat zweifellos wunderbare Dinge erreicht, aber sie hat ihre dunkle Seite. Die hemmungslose Arroganz der Wissenschaft ist Teil dessen, was hinter Atomwaffen, Umweltverschmutzung, unnötigen Tier- (und Menschen-)Versuchen steht. Zu zeigen, dass Wissenschaft ihre Grenzen hat, trägt dazu bei, ihr Bild als alles erobernde und unbesiegbare Macht zurechtzurücken. Nicht, dass dies ein Grund wäre, meine Mysteriumsthese über das Bewusstsein zu glauben; vielmehr wäre dies eine Folge aus ihr, die wir womöglich aus allgemeineren Gründen begrüßen würden. Genauer ausgedrückt: Der Frankensteinsche Traum von der Schaffung eines bewussten Wesens aus leblosem Material wird sich vermutlich niemals erfüllen (mehr dazu in Kapitel 6), weil wir nie wissen werden, wodurch etwas Bewusstsein erlangt.

6. Ich habe erklärt, dass der menschliche Geist in seinen kognitiven Fähigkeiten voreingenommen ist. Das heisst, dass er, wenn er bei einer Sorte von Aufgaben gut abschneidet, bei einer anderen unweigerlich schlechter dasteht. Es gibt Kompromisse hinsichtlich dessen, was ein Geist zu leisten im Stande ist. Als Analogie sei hier der Bewegungsapparat des menschlichen Körpers erwähnt: Wenn Sie Gliedmaßen konstruieren, die sich gut zum Klettern in unwegsamem Gelände eignen, sind diese womöglich nicht zum Rennen im Flachland geeignet und umgekehrt. Die ausgeklügelten Zubehörteile eines Schweizer Offiziersmessers sind jeweils für eine bestimmte Aufgabe geeignet, die Folge davon aber ist, dass sie für eine andere Aufgabe nicht von übermäßig großem Nutzen sind: Versuchen Sie mal, einen Nagel mit dem Schraubenzieher einzuschlagen! Der menschliche Geist ist in erster Linie dazu angelegt, soziale Beziehungen zu handhaben und eine räumliche Welt zu erfassen, aber es ist durchaus möglich, dass ihn dies daran hindert, Bewusstsein zu verstehen. Es kann somit sein, dass wir, wenn wir das Körper-Geist-Problem lösen könnten, so anders sein müssten, als wir es jetzt sind, dass wir unfähig wären, mit sozialen und räumlichen Dingen so versiert umzugehen, wie wir es jetzt tun. Wenn unser Sehvermögen in einer Weise verändert würde, dass wir die mikroskopische Welt mit bloßem Auge erkennen könnten, hätte dies vielleicht zur Folge, dass wir mittelgroße Objekte nicht mehr wahrnähmen. Wenn Sie drei Wünsche frei hätten, und sie erbäten sich die Fähigkeit, das Körper-Geist-Problem zu lösen, endeten Sie womöglich als intellektuelles Monster oder als Freak, der zu nichts anderem mehr in der Lage ist, als seinen Innenansichten zu frönen und das Wirken seines eigenen Geistes zu beobachten. Ich wüsste sehr gerne, wie es ist, eine Fleder-

maus zu sein, aber ich wäre nicht bereit, eine Fledermaus zu *werden*, um meine Neugier zu befriedigen.

7. Nichts von dem, was ich gesagt habe, hindert uns daran, eine erfolgreiche Phänomenologie, das heißt die systematische Beschreibung und Klassifizierung des Bewusstseins *per se*, zu betreiben. Wir können den Inhalt von Träumen analysieren, die mit bestimmten Sinneseindrücken verbundenen Empfindungen, Emotionen, Wünsche und so weiter. Die phänomenologische Tradition innerhalb der Philosophie, die sich mit dem Bewusstsein an sich auseinander setzt, ist durch meine Blockade-These nicht bedroht. Eine interessante Spielart dieser Disziplin ist die vergleichende Phänomenologie, die Untersuchung des Bewusstseins verschiedener Tierarten. Wir können dieses interessante und viel zu vernachlässigte Thema durchaus verfolgen, ohne erklären zu können, wie Bewusstsein aus Gehirngewebe hervorgeht.
8. Manchmal ist es gut, einfach die eigenen Einschränkungen zu akzeptieren und nicht so zu tun, als habe man sie nicht. Sich selbst etwas vorzumachen über das, was man erreichen kann oder nicht, kann nur zu Frustration und Verzweiflung führen. Natürlich sollten Sie nie zu bald aufgeben, aber ein kluger Mensch weiß, wann er geschlagen ist. Das Leben ist schließlich kurz – man verschwendet es besser nicht an unmögliche Wolkenkuckucksheim-Projekte.
9. Der nächste Punkt ist eng verknüpft mit Punkt 6. Die Schwäche des Geistes auf einem Gebiet ist im typischen Falle ein Nebenprodukt seiner Stärke auf einem anderen. Das menschliche Sprachvermögen erwiese sich vermutlich als schwach im Erwerb marsianischer Sprachen, aber nur deshalb, weil es über eine reichhaltige innere Struktur verfügt, die es befähigt, sich menschliche Sprachen leicht anzueignen. Es könnte sein, dass genau die

Fähigkeiten, die uns auf den Gebieten der Physik so ungemein erfolgreich sein lassen, unseren Geist ungeeignet machen, Bewusstsein zu verstehen. Diese Fähigkeiten sind zutiefst verflochten mit einem räumlichen und kombinatorischen Bild von der Wirklichkeit, und genau diese Vorstellung ist es, die so hoffnungslos zu versagen scheint, wenn sie an das Bewusstsein gerät. Das aber bedeutet, dass der Ruhm der Wissenschaft durch die Einschränkung derselben erkauft ist. Mit anderen Worten, unserer Wissenschaft sind nur deshalb Grenzen gesetzt, weil wir wissenschaftlich begabt sind. Der Flügel des Adlers eignet sich nur sehr beschränkt als Organ zum Gehen, aber nur weil er in so genialer Weise dafür gebaut ist, auf ihm durch die Lüfte zu segeln. Aus dieser Perspektive betrachtet, sind meine Überlegungen über die natürlichen Grenzen, die unserem Erkennen gesetzt sind, keine düstere Schlussfolgerung, sondern lediglich eine Folge dessen, wie der Geist funktionieren muss, wenn er überhaupt etwas Sinnvolles vollbringen soll.

10. Hiermit tut sich ein ganz neues Forschungsgebiet auf: die Untersuchung unserer kognitiven Stärken und Schwächen. Psychologen haben sich bereits seit langem mit den Grenzen und Fehlleistungen von Wahrnehmung, Aufmerksamkeit und Gedächtnis beschäftigt; nun können wir anfangen, Grenzen und Reichweite menschlicher Intelligenz zu untersuchen, dies ist als Gebiet psychologischer Forschung nicht minder legitim als alles andere. Dieses Studium steckt noch in den Kinderschuhen, wird es doch stets gebremst durch die – explizit formulierte oder unausgesprochen vorhandene – Gewissheit unserer eigenen Allwissenheit. Bewusstsein ist ein Gebiet, auf dem unsere kognitiven Talente rasch in Treibsand geraten, ein gutes Gebiet also, um danach zu fragen, wodurch die Richtung unserer intellektuellen

> Kapazitäten bestimmt wird. Psychologen verwenden optische Täuschungen, um zu verstehen, wie Sehen grundsätzlich funktioniert; genauso könnten wir intellektuelle Trugbilder verwenden, um etwas über die Struktur menschlicher Intelligenz herauszufinden. Wir können uns daran machen, die „Grammatik" menschlichen Verstehens aufzudecken. Wir könnten anfangen, eine Karte der Hoch- und Tiefpunkte menschlicher intellektueller Funktionen anzufertigen. Daraus würden sich womöglich sogar Möglichkeiten ergeben, menschliche Intelligenz so umzuformen, dass sich ihre gegenwärtigen Einschränkungen überwinden ließen. Der erste Schritt nach vorne besteht immer darin, die eigenen Grenzen zu erkennen und ihre Ursachen zu verstehen; dann können die Schritte unternommen werden, die notwendig sind, um diese Einschränkungen zu überwinden. Vielleicht finden Sie heraus, dass Ihr Tennisspiel über ein bestimmtes Niveau nicht hinauskommt, weil Ihr Schlag einfach nicht kraftvoll genug ist, um Ihren Gegner in Verlegenheit zu bringen. Abhilfe schafft da ein bisschen Hanteltraining zur Erhöhung Ihrer Muskelkraft. Das aber werden Sie niemals einschätzen können, wenn Sie nicht zuvor erkannt haben, dass Ihre athletische Grundkonstitution gewisser Veränderungen bedarf.

Genauso besteht wahrscheinlich die einzige Möglichkeit, wie wir zu gewissen Fortschritten im Hinblick auf das Körper-Geist-Problem kommen können, darin zu akzeptieren, dass wir gegenwärtig relativ unfähig sind, damit irgendwie voranzukommen. Wie ich im siebenten Kapitel darlegen werde, mag so etwas wie die Gentechnologie die einzige Möglichkeit sein, eine Intelligenz zu schmieden, die mit dem Thema Bewusstsein zurechtkommt. In jedem Falle ist eine Kenntnis der eigenen Grenzen in vielen Fällen ein wertvolles und nützliches Wissen, das entweder zu gelassener Resignation oder zu einer besseren Strategie zur Überwindung des Problems führt. Den Kopf in den Sand zu stecken und auf der eigenen kognitiven Vollkommenheit zu beharren, ist schwerlich eine sinnvolle Antwort auf die eigene fühlbare intellektuelle Unzulänglichkeit. Ein klarsichtiges Eingeständnis eigener Unwissenheit ist nie von Schaden.

3

Gott, die Seele und parallele Universen

Ursprünge

Bis hierher habe ich mir in diesem Buch eine durch und durch solide naturalistische Sicht des Universums zu Eigen gemacht. Es hat keine ernsthaften Betrachtungen über Gott und die Welt des Spirituellen, über die unsterbliche Seele und Ähnliches gegeben. Doch viele Denker sind und waren der Ansicht, dass solche übernatürlichen Kräfte zum Verständnis der Natur des Bewusstseins unentbehrlich sind, zumindest im menschlichen Falle. In diesem Kapitel möchte ich die Möglichkeit untersuchen, ob sich das Bewusstsein mit Hilfe Gottes und des Übernatürlichen erklären lässt. Ich finde solche Ansätze lehrreich zur Vertiefung unseres Gefühls für das Problem, wenn auch letztlich nicht überzeugend als Erklärung dafür, wie die Dinge in der Welt wirklich liegen.

Das Universum enthält vier grundlegende Arten von Daseinsformen: unbelebte Gegenstände wie Steine, Planeten und Wolken, lebende Organismen wie Pflanzen, Würmer und Bakterien, konstruierte Artefakte wie Uhren, Autos und Computer, fühlende oder bewusste Wesen wie Fledermäuse, Menschenaffen und Menschen. Wie sind alle diese Arten von Dingen und Wesen entstanden? Was führte dazu, dass solche Objekte auf der Bildfläche erschienen? Jedes natürliche Objekt hat eine Herkunft, und wir können danach forschen, wie sein Ursprung ausgesehen hat. Wenn wir das tun, suchen wir nach einer besonderen Art von Erklärung, danach, wie Dinge angefangen haben. Darwin schrieb ein Buch mit dem Titel *Die Entstehung der Arten*, doch ein ähnlich betiteltes Buch könnte über jede der vier von uns hier erwähnten Kategorien geschrieben werden.

Allerdings wird nicht für alle vier dieselbe Erklärung gelten bezüglich dessen, wie sie entstanden sind. In meinem Arbeitszimmer befinden sich im Augenblick Beispiele von Gegenständen aus jeder der vier Sparten – ein paar Mineralien, ein Kaktus, ein Telefon und ich selbst. Jedes dieser Dinge hat seine eigene unverwechselbare Geschichte, seinen eigenen Entstehungs- oder Geburtsvorgang. Eines der großen Projekte der Wissenschaft betraf die Frage, wie das Universum mit jeder dieser vier Arten von Dingen – um im Bild zu bleiben – schwanger geworden ist. Die Wissenschaft will die natürlichen Ereignisse und Mechanismen aufdecken, die zur Entstehung dessen geführt haben, was um uns herum existiert. Aber es hat stets rivalisierende Erklärungsversuche für solche Schwangerschaften gegeben, in denen Gott eine essenzielle, befruchtende Rolle spielte. In solchen Erklärungen erwarten wir, eine *über*natürliche Ursache für das Sein zu finden.

Man hat einst angenommen, Gott habe das physikalische Universum vor etwa 4000 Jahren in einem plötzlichen Ausbruch kreativer Energie mehr oder weniger so geschaffen, wie wir es heute vor uns sehen. Diese Ansicht hat die moderne Kosmologie verdrängt. Heute wissen wir, dass das Universum vor vielen Millionen Jahren in einem Urknall seinen Ausgang nahm und dass sich seine Form und Zusammensetzung mit der Zeit erheblich verändert haben. Die gesamte Materie des Universums entstand in dieser Megaexplosion, und die Gewalt des Explosionsdrucks trieb sie mit einer sich stetig ausbreitenden Welle nach außen, die noch immer nicht zum Stillstand gekommen ist. Wenn wir wissen wollen, wie der Planet Erde entstanden ist, so ist dies der Ort, danach zu fragen; wir müssen nicht annehmen, dass Gott sie mit Haut und Haar an einem seiner wohlmeinenderen Tage erschaffen hat. Obendrein findet sich an der inneren Struktur reiner Materieklumpen nichts, was einen göttlichen Ursprung nahe legte. Wenn wir einen Stein unter dem Mikroskop betrachten, erhascht unser Auge keine Spur von Göttlichem. Asteroiden und Schwarze Löcher zeigen keinerlei verräterische Anzeichen für die Aktivität eines göttlichen Schöpfers. Deshalb ist noch niemand auf die Idee gekommen zu argumentieren, dass wir die Existenz Gottes aus den Eigenschaften eines Schwarzen Loches herleiten können. (Neue Theologie: Gott *ist* ein Schwarzes Loch, wenn auch ein intelligentes und gütiges. Dass wir so wenig über Ihn wissen, liegt daran, dass sein Gravitationsfeld alles zurückhält.)

Mit einer ähnlichen Situation haben wir es bei menschlichen Artefakten zu tun. Telefone existieren, weil wir sie erfunden und gebaut haben; so einfach ist das. Wir nehmen Materiestücke und formen sie so, dass sie eine bestimmte Funktion erfüllen. Der Urheber der Technologie sind wir. Stolperten wir über einen Gegenstand, der über eine komplexe Struktur verfügt, wie man sie in der unbelebten Welt nicht findet, und wären uns sicher, diesen nicht selbst erschaffen zu haben, so müssten wir vernünftigerweise annehmen, dass eine andere Art von intelligentem Wesen ihn geschaffen haben muss. Angenommen, wir stellen fest, dieses Artefakt versetzte uns in die Lage, Kleider ohne Wasser waschen zu können, und überdies kämen die Kleider noch angenehm duftend aus der Prozedur. Wir würden annehmen, es handle sich um eine Waschmaschine, die eine außerirdische, uns überlegende Intelligenzform erfunden hat. Doch in der Realität stammen alle komplexen Artefakte, die wir je zu Gesicht bekommen haben, aus Menschenhand, also bestünde für uns kein Grund, einen solchen außerirdischen Schöpfer zu postulieren.

Und nun betrachten Sie lebende Organismen. Genau wie menschliche Artefakte verfügen sie über komplexe Baupläne, und ihre Teile erfüllen bestimmte Funktionen, die allesamt daran beteiligt sind, den Organismus gesund und am Leben zu erhalten. Organismen sind der Umwelt, in der sie sich befinden, auf wundervolle Weise angepasst. Es besteht kein Zweifel, dass wir sie nicht gemacht haben – schließlich gehören wir ja selbst dazu. Auch kann ihre Existenz nicht allein durch die physikalischen Gesetze und Vorgänge erklärt werden, die Steine und Planeten entstehen lassen. Dieses Mysterium führte zu dem berühmten Designargument, das William Paley im 19. Jahrhundert vertrat. Ein exzellentes Design setzt einen intelligenten Designer voraus, argumentierte Paley. Organismen weisen ein brillantes Design auf. Wir haben sie nicht entworfen. Also müssen wir annehmen, dass eine fremde Intelligenz das getan hat. Nennen wir diese Intelligenz „Gott". Deshalb existiert Gott.

Dieses Argument ist uns bis heute erhalten geblieben, und auf ihm basiert in der Hauptsache die Lehre des Kreationismus. Das Argument ist keineswegs dumm. Es ist in der Tat schwer zu verstehen, wie Organismen entstanden sein sollten, ohne dass irgendein sehr spezifischer Gestaltungsprozess ihnen die Charakteristika verlieh, die ihnen eigen sind. Der letzte Schritt, die Forderung nach der Existenz Gottes, steht zugegebenermaßen auf wackligen Beinen, denn auch eine *andere* Art von Intelligenz hätte das notwendige intelligente Design vollbringen können – Außerirdische aus einer fremden Galaxie vielleicht. Wer kann sagen, dass es nicht andernorts im Universum hervorragende biologische Ingenieure gibt? Aber das Argument ist sicher darüber erhaben.

Das Problem an dieser Beweisführung ist, dass wir heute dank Darwin wissen, dass die Exzellenz eines Designs keinen intelligenten Designer voraussetzt, denn es gibt eine andere Möglichkeit, wie die Natur Design hervorbringen kann, nämlich vermittels der Evolution durch natürliche Selektion.[1] In knappen Worten besagt die fundamentale Idee von der natürlichen Selektion, dass Zufallsmutationen durch die Umwelt selektioniert werden, und zwar je nachdem, ob sie Organismen hervorbringen, die im Kampf um ihr Überleben und ihre Fortpflanzung erfolgreich sind oder nicht. Wenn eine Mutation von Vorteil ist, wird sie mit großer Wahrscheinlichkeit auf die Nachkommen der fraglichen Organismen weitergegeben. Wenn nicht, dann nicht. Diese Überlegung vermag offenbar jedes vermeintlich intelligente Design zu erklären und ist inzwischen durch empirische Beobachtungen hinreichend bestätigt worden. Dank Darwin ist uns nunmehr klar, dass Organismen hoch organisierte Materie darstellen, die durch natürliche Selektionsprozesse geformt wird, so dass keine Notwendigkeit mehr besteht, die Hypothese von einem intelligenten Designer ins Spiel zu bringen. Paleys Argument für die Existenz Gottes ist damit unterlaufen. Wichtiger noch als das: In der wissenschaftlichen Welt ist eine große Erklärungslücke geschlossen worden. Der Darwinismus hält an einer durch und durch mechanistischen Sicht des Universums fest, in dem ein zufälliger Prozess zu überraschenden Ergebnissen führt, wenn er nur lange genug ablaufen kann. Das Vorhandensein von Design im Universum zwingt uns daher nicht, für unser Naturverständnis ein übernatürliches Element zu bemühen.

Wenden Sie sich nun aber der vierten Art von Existenz zu, dem bewussten Geist. Können wir erklären, wie *er* entstanden ist? Es ist wichtig, sich zu vergegenwärtigen, dass die Darwinsche Theorie die Existenz eines bewussten Geistes *nicht* erklärt. Und dies nicht deshalb, weil Bewusstsein eine besondere Art von Design aufweist, die sich nicht durch das blinde Wirken der natürlichen Selektion erklären ließe. Das Problem liegt tiefer. Es ist nicht besonders schwer einzusehen, wie Materie die Attribute eines Designs annehmen kann; ein Auto oder ein Telefon sind eindeutig aus Materie gemacht, die kunstvoll arrangiert wurde, um in bestimmter

Weise zu funktionieren. Und so ziemlich das Gleiche trifft auf Herzen und Nieren zu. Paleys Argument besagte daher nicht, dass es prinzipiell unmöglich sei, Materie zu einem komplexen Organismus zusammenzufügen – schließlich konnte Gott das seiner Ansicht nach problemlos tun. Sein Argument hieß, dass Design einen Designer voraussetzt, nicht, dass Materie nicht zu lebenden Organismen zusammengefügt werden könnte. Das Problem mit dem bewussten Geist aber ist, dass schwer zu verstehen ist, wie irgendein Prozess – sei er nun natürlich oder göttlich gelenkt – Materie überhaupt zu Geist formen könnte. Selbst wenn wir einräumen, dass die natürliche Selektion das Vorhandensein tierischen Designs erklärt, bleibt das Problem bestehen, wie Geist aus Materie hervorgehen sollte. Das scheint aus Prinzip unmöglich. Damit kann der Theist durchaus der Aussage beipflichten, dass Darwins Theorie das alte Designargument über Bord geworfen hat, und trotzdem weiterhin darauf bestehen, dass es in der Welt etwas gibt, das diese Theorie nicht erklären kann, und dieses Etwas ist das Bewusstsein.

Damit rückt für uns ein neues Argument für die Existenz Gottes in den Bereich des Möglichen – wir könnten es vielleicht als das Empfindungsargument bezeichnen. Empfindung lässt sich mit den Mitteln der Darwinschen Prinzipien und der Physik nicht erklären, denn wenn die natürliche Selektion erklären will, wie Empfindungen durch das Wirken der natürlichen Selektion auf materielle Dinge entstehen sollen, muss es *möglich* sein, Geist aus Materie zu formen. Mit anderen Worten, die darwinistische Erklärung des Bewusstseins funktioniert nur, wenn das Bewusstsein materialistischen Prinzipien gehorcht. Aber wir haben bereits gesehen, dass dem nicht so ist. Es sieht also so aus, als müsse ein neues schöpferisches Prinzip im Universum zugelassen werden. Nennen wir das Prinzip „Gott". Deshalb existiert Gott. Einfach ausgedrückt, lautete das neue Argument wie folgt:

Materie kann nicht die Ursache von Empfindungen sein, aber Empfindungen müssen eine Ursache haben, also ist ihre Ursache etwas, das wir „Gott“ nennen. Dieses einfache Argument lässt sich dann noch durch die Überlegung ergänzen, dass die Ursache von Empfindungen so beschaffen sein muss, dass sie Empfinden auch erklären kann und dass nur eine andere Form von Bewusstsein hinreicht, Bewusstsein zu erklären. Somit muss die Ursache von Bewusstsein ein anderes Bewusstsein sein und damit ein bewusstes Wesen von hinreichend beeindruckender Beschaffenheit. Wenn wir den Ursprung von Empfindungen nicht mechanistisch, als Ergebnis der Rekonfiguration von Materie, erklären können, dann muss er einen völlig anderen Ursprung haben; die beste Hypothese bezüglich dieser anderen Ursache ist die, dass es sich selbst um ein bewusstes Wesen handeln muss. Also existiert Gott, und er ist der Ursprung unserer Existenz als bewusste Wesen. Hier haben wir es mit einer Art von mentalem Kreationismus zu tun, der sich des althergebrachten Kreationismus bedient, den Darwins Theorie zugegebenermaßen ausgehöhlt hatte.

Wunder

Die Schlussfolgerung dieses Arguments ist natürlich ungeheuer vertraut. Seit den Tagen der Antike hat man geglaubt, dass Bewusstsein und Gottheit eins sind. Gott ist Schöpfer der Seele, und die Seele ist ebenso übernatürlich wie ihr Schöpfer. Wenn Sie Ihren Geist introspektiv untersuchen, begegnen Sie einer Entität, an deren Schöpfung Gott ganz besonders innig Hand angelegt hat. Das Bild besagt, dass Gott Ihre Seele geschaffen und für die Dauer Ihrer Sterblichkeit Ihrem Körper beigegeben hat. Im Tode kann die Seele ihre Existenz fortführen, da sie von Anfang an nicht auf die Existenz des Körpers angewiesen war. Jede Seele für sich ist ein lokales Wunder, ein Zeichen von Gottes übernatürlicher Macht über die empirische Welt. So, wie Jesus Christus Wasser in Wein verwandelte und auf wundersame Weise Brot und Fisch vermehrt hat, erschafft Gott routinemäßig Seelen aus dem Nichts und deponiert diese in menschlichen Körpern. Auf dieser Basis formen wir unsere Vorstellung von einer spirituellen Welt, von Geistern, Reinkarnation, Unsterblichkeit und so weiter. Das Übernatürliche ist die natürliche Heimat des Geistes. Das Gehirn ist lediglich Organ oder Werkzeug des Bewusstseins, nicht seine Ursache oder sein Ursprung. Dieser Art von theistischem Dualismus zufolge ist das Gehirn ein Vermittler, den die Seele benutzt, um die Bewegungen des Körpers zu beeinflussen. Die Seele selbst ist ein Ding für sich.

Vielleicht ist es an diesem Punkt angebracht, dass ich meine Karten auf den Tisch lege: Ich glaube nicht an Übernatürliches, in welcher Form auch immer. Aber ich muss zugeben, dass das Empfindungsargument nicht als pure Verirrung abgetan werden kann. Ich gebe auch zu, dass es keine der Darwinschen vergleichbare Theorie gibt, die sich heranziehen ließe, um die Art von Erklärung zu liefern, nach der wir suchen. Was also lässt sich sagen, um die Theorie des Übernatürlichen in puncto Geist zu entkräften? Sind wir gezwungen, sie ernst zu nehmen, unabhängig davon, wie sehr wir es vorziehen würden, das nicht zu tun?

Hier kommt der Punkt, an dem die in Kapitel 2 geäußerten Ideen nützlich sein können. Denn wir haben gelernt, dass ein Rätsel nicht mit einem Wunder zu verwechseln ist. Es ist in der Tat ein großes Rätsel, wie Empfinden aus dem Gehirn hervorgeht, aber daraus folgt nicht, dass wir für unsere Welt objektive Wunder fordern müssen. Wenn ein Rätsel unseren kognitiven Grenzen entspringt, dann ist es irrig zu versuchen, die Erklärungslücke zu schließen, indem man

Gott ins Spiel bringt. Stellen Sie sich einen klugen Menschenaffen vor, der versucht, das Wachstum von Pflanzen zu verstehen. Er mag versucht sein anzunehmen, Gott sei die treibende Kraft hinter diesem Phänomen, weil er die theoretischen Grundlagen der Fotosynthese nicht verstehen kann. Vernünftiger aber wäre es für ihn, den Schluss zu ziehen, dass seine Schwierigkeiten bei der Erklärung des Beobachteten durch einen kognitiven Mangel seinerseits zu Stande kommen und eben nicht durch Magie innerhalb der Pflanze. Genauso können wir uns als Alternative zu unserer Geschichte vom Übernatürlichen auf die Grenzen unserer Erkenntnisfähigkeiten berufen. Ich sage damit nicht, dass unsere beschränkte Erklärungsfähigkeit *beweist*, dass die theistische Theorie falsch ist; ich sage nur, dass sie nicht beweist, dass sie wahr ist. Der Punkt ist, dass immer die Möglichkeit besteht, dass da etwas ist, was wir nicht verstehen, wenn unsere Erklärungsmöglichkeiten an Grenzen stoßen. Statt zu dem Schluss zu kommen, dass Gott eine Rolle spielen *muss*, wenn man Wahrnehmung erklären will, können wir uns immer selbst daran erinnern, dass es sein *kann*, dass an der Geist-Gehirn-Verknüpfung etwas ist, was wir von Grund auf nicht verstehen. Bevor Darwins Theorie aufkam, hätte die richtige Antwort auf Paley gelautet, es könnte einen Designmechanismus geben, dessen Natur wir nicht verstehen und der vollbringen kann, was dem Designargument zufolge nur Gott vollbringen kann. Und das wäre in diesem Falle richtig gewesen, wie wir gesehen hätten, sobald die Darwinsche Theorie vorgestellt und bestätigt war.

Wenn nun behauptet wird, dass wir *nie* verstehen werden, wie das Gehirn Bewusstsein hervorbringt, und deshalb die Gottestheorie beschworen werden müsse, so lautet meine Antwort, dass ein ewiges Rätsel hingenommen werden kann, ohne übernatürliche Geschehnisse anzunehmen, indem man kognitive Einschränkungen unsererseits postuliert. Es gibt also nichts, was uns zwingt, übernatürliche Erklärungen zum Thema Bewusstsein zu akzeptieren, selbst dann nicht, wenn der menschliche Geist sein Geheimnis prinzipiell nicht zu lösen vermag. Menschliche Unwissenheit ist eben genau das: Unwissenheit und nicht etwa ein Beweis dafür, dass die Antwort übernatürlich sein muss. Das Empfindungsargument ist somit oberflächlich plausibel, letztendlich aber ungültig.

Probleme des Dualismus

Dennoch, ich habe nicht notwendigerweise gezeigt, dass ein theistischer Dualismus eine schlechte Theorie ist. Ich stelle nur fest, dass das Empfindungsargument diese Theorie nicht zur Wahrheit erhebt. Kann die Theorie für sich in Anspruch nehmen, erklären zu können, was sich in schlüssiger, glatter und natürlicher Weise erklären lassen muss? Ich vertrete die Ansicht, dass sie das nicht kann, und zwar auf Grund dreier Schwachstellen. Erstens nimmt die Theorie die Existenz eines bewussten Agens als gegeben, das die Existenz aller anderen bewussten Agenzien erklären soll. Aber wenn es ein Problem ist, wie die bewussten Wesen entstanden sind, die wir um uns herum sehen, dann ist es nicht minder ein Problem, wie eben dieses bewusste Wesen entstanden ist, das jedes dieser anderen bewussten Wesen erschaffen hat. Wir können nicht ein weiteres bewusstes Wesen fordern, um dieses zu erklären, denn das würde zu einer unendlichen Regression führen. Damit müssen wir die Existenz dieses Wesens als gegeben nehmen. Aber wenn wir dessen Bewusstsein unerklärt lassen können oder eine andere Art von Erklärung dafür vorschlagen, dann können wir dasselbe mit all den anderen uns vertrauten bewussten Wesen tun. Die vermeintliche Theorie nimmt in Wirklichkeit genau das als gegeben, was sie zu erklären vorgibt. Mit einem ähnlichen, wenn auch selten wahrgenommenen Problem ist auch Paleys Designargument behaftet. Der göttliche Schöpfer muss selbst ein Design aufweisen, er ist das komplexe Wesen *par excellence*. Er kann mit Sicherheit nicht durch Zufall entstanden sein. Aber Design setzt einen Designer voraus, wir benötigen ein Wesen, das Gott erschaffen kann! Also gut, lassen Sie uns ein solches Wesen annehmen, einen Supergott. Aber halt, dieser Supergott selbst weist ein Design auf und benötigt daher einen Super-Supergott, der *ihn* erschaffen hat. Und so geht es unendlich weiter. Die Hypothese vom göttlichen Eingreifen verlagert die Frage einfach zurück, zum einen, weil dieser Gott selbst über ein komplexes Design verfügt, zum anderen, weil er selbst ein bewusstes Wesen ist. Die vorgeschlagene Erklärung setzt schlicht und einfach voraus, was sie zu erklären beabsichtigte.

Das zweite Problem ist, dass die Theorie ja ganz wunderbar klingt, wenn wir menschliches Bewusstsein mit dem Begriff „Seele" adeln, aber, wie wir in den vorangegangenen Kapiteln gesehen haben, ein gewisses Empfindungsvermögen ist keineswegs nur menschlichen Wesen eigen. Der Rattengeist ist nicht minder schwer zum Rattengehirn in Bezug zu setzen wie der menschliche Geist zum menschlichen Gehirn. Müssen wir deshalb zu dem Schluss kommen, dass Ratten eine Seele haben, die ihnen auf wundersame Weise durch direktes göttliches Wirken eingegeben worden ist? Und warum hätte Gott entscheiden sollen, Ratten eine Seele zu verleihen, Würmern hingegen nicht? Für Ratten und andere Tiere ist moralische Lebensführung vermutlich nichts übermäßig Erstrebenswertes, so dass es kaum sein kann, dass Gott ihnen Seelen verleiht, um ihren moralischen Wert auf die Probe zu stellen. Erinnern Sie sich, dass das Bewusstsein ein ziemlich ursprüngliches biologisches Phänomen darstellt und nicht den Höhepunkt aller Schöpfung. Wie seltsam dann aber, dass wir Gott benötigen, um seine Gegenwart in

Tieren zu erklären, nicht aber, um andere komplexere Merkmale von Tiere zu erklären. Die Gotteshypothese beginnt willkürlich zu wirken und an Erklärungswert zu verlieren.

Das dritte Problem besteht darin, dass der Geist eines Organismus offenkundig in einer kausalen Beziehung zu dessen Gehirn steht, so schwer es auch sein mag, die Natur dieser Abhängigkeit zu erfassen. Bedenken Sie das Zutagetreten des Geistes im Laufe der Individualentwicklung. Erst wenn das Gehirn ein bestimmtes Niveau an physiologischer Integrität erreicht hat, wird Bewusstsein mit ihm assoziiert, hernach wird alles, was im Bewusstsein vor sich geht, minutiös von den Aktivitäten des Gehirns kontrolliert. Warum ist das so, wenn Existenz und Natur des Bewusstseins allein von Gottes Willen abhängig sind? Warum beeinträchtigt ein Gehirnschaden einen Teil des Geistes oder den Geist insgesamt, wenn das Gehirn nicht tatsächlich die Voraussetzung für die Existenz von Geist bildet? Es ist ja nicht so, als hindere ein Hirnschaden meinen anderweitig intakten Geist daran, mit meinem Gehirn zu kommunizieren, denn die Opfer solcher Schädigungen machen nicht den Eindruck, als seien sie geistig völlig unversehrt und nur nicht in der Lage, entsprechend zu reagieren. Das Problem am theistischen Dualismus besteht darin, dass er die Kluft zwischen Geist und Gehirn maßlos übertreibt. Der Geist ist weit abhängiger vom Gehirn, als diese Theorie anerkennt. Stellen Sie sich vor, Sie seien ein primitiver Mensch und würden mit einer modernen Stereoanlage konfrontiert. Unfähig zu verstehen, wie der Klang aus den Lautsprechern herauskommt, wären Sie womöglich versucht anzunehmen, der glitzernde Kasten vor Ihren Augen habe mit der Erzeugung des Klangs überhaupt nicht zu tun. Das aber wäre ein Fehler Ihrerseits. Und Sie würden diesen Fehler rasch erkennen, wenn Sie das Gerät mit dem Hammer bearbeiteten und die anschließende Veränderung des ausgestrahlten Klangs bemerkten.

Tatsache ist, wir wissen, *dass* das Gehirn Bewusstsein hervorbringt, wir wissen nur nicht, *wie* es das macht. Wenn Sie nun entgegnen sollten, dass wir uns, wenn wir uns dem theistischen Dualismus anschließen, zumindest nicht zu derartiger Unwissenheit bekennen müssten, so lautet die Antwort darauf, dass wir dennoch nicht umhin könnten, dies zu tun, denn es nicht minder rätselhaft, wie Gottes Wirken bewussten Geist entstehen lässt. Wenn wir das Wort „Gott“ hören, sind wir darauf programmiert, Mysterien als selbstverständlich hinzunehmen. Verwendet Gott irgendwelche Rohmaterialien, um Bewusstsein entstehen zu lassen? Wenn ja, welche? An welchem Plan orientiert er sich? Wie lange braucht er? Verwendet er einen Ofen oder eine Drehbank? Die Theorie ersetzt lediglich ein Rätsel durch ein anderes und fügt dem Wirken des Universums überdies eine Ebene des Mirakulösen hinzu. Sicher ist an dieser Geschichte nicht *weniger* Mysteriöses als an der naturverpflichteten „Mysteriums-These“, für die ich plädiere.

Dualismus ohne Gott

Ist es möglich, Gott aus einem dualistischen Bild herauszulassen, auf dass Bewusstsein sich weiterhin von der materiellen Welt radikal abgekoppelt sehen lässt und dennoch keine übernatürliche Welt göttlicher Schöpfungen heraufbeschworen werden muss? Können wir eine nichttheistische Version des Dualismus formulieren? In diesem Kapitel diskutiere ich zwei Versuche, ebendies zu tun. Beide sind erschreckend extravagant, aber selbst dass schützt sie nicht vor ziemlich weltlichen Problemen. Die erste Theorie nenne ich *Hyperdualismus*, die zweite *Panpsychismus*.

Stellen Sie sich vor, zur Zeit des Urknalls habe es in Wirklichkeit zwei Universen gegeben: das materielle Universum, wie wir es kennen, und ein anderes, zeitweilig parallel existierendes Universum, das nur aus Bewusstsein bestand.[2] Da Sie von diesem zweiten Universum vermutlich noch nicht allzu viel gehört haben, werde ich Ihnen mit einer kurzen Beschreibung seiner Eigenschaften ein bisschen auf die Sprünge helfen. Es enthält keine Materie, nicht einmal Raum im gewöhnlichen Sinne. Es besteht aus einer Art Weltgeist, einem weiten Meer bewusster Empfindungen. Dieses Geistesmeer ist unorganisiert; es gibt kein Selbst, keinen individuellen Geist, wie wir ihn kennen. So wie das junge physikalische Universum aus einer chaotischen Ansammlung von Gasen bestand, bis die Schwerkraft jene Zusammenballungen verursachte, die wir heute sehen, soll auch das mentale Universum zu diesem frühen Zeitpunkt undifferenziert und homogen sein. Wir könnten uns vorstellen, es enthielte Arten von elementaren Bewusstseinspartikeln, Grundbausteine dessen, was später zu Geist werden wird. Diese Partikel gehorchen bestimmten Gesetzen – vor allem in Bezug auf ihre Fähigkeit, sich zu interessanteren Arten von mentalen Strukturen zu kombinieren. Für dieses immaterielle Universum gilt ein Analog der Quantentheorie.

Zu Beginn sind die beiden Universen voneinander getrennt, und das, was im einen geschieht, hat keine Auswirkungen auf das, was im anderen geschieht. Wenn wir wissen wollen, wie das geistige Universum entstanden ist, fordern wir einen mentalen Urknall (oder vielleicht eher ein gedämpftes Raunen). Oder wir nehmen an, es existiere bereits seit aller Ewigkeit in einem Gleichgewichtszustand. Die Äonen vergehen, und das materielle Universum verändert sich auf alle mögliche Weise, während das mentale Universum in seinem ursprünglichen formlosen Zustand verharrt. Dann geschieht im materiellen Universum ein Ereignis von großer Tragweite: Die Evolution bringt Gehirne hervor. Auf Grund einer speziellen Eigenschaft, die nur Gehirne haben und sonst nichts, passiert etwas höchst Bemerkenswertes und Unvorhergesehenes: Es wird ein „Tunnel“ zum mentalen Universum hinüber geschlagen. Die Gehirne beginnen wie Radioempfänger zu wirken, Signale aus diesem bislang isolierten Bereich der Wirklichkeit aufzufangen, und nun kommt es zu einer kausalen Interaktion zwischen diesen beiden Universen. Obendrein besitzen Gehirne die Fähigkeit, die Bestandteile des mentalen Universums zu organisieren und ihnen eine Struktur zu verleihen, die sie nie zuvor gehabt hatten. Sobald die Gehirne komplex genug werden, beginnen sie, mentale Bestandteile zu organisiertem Geist zusammenzufügen. Infolgedessen entstehen psychophysische Organismen wie Ratten, Adler und Menschen. Der Geist dieser Organismen existiert im materiellen Universum nicht; er ist nur vermittels jener Hirnempfänger mit diesem Universum verknüpft. Physiker spekulieren, wenn sie die Quantentheorie verstehen wollen, häufig darüber, dass es womöglich viele Universen gibt. Die hyperdualistische Theorie verdoppelt die Anzahl der Universen, um die Körper-Geist-Beziehung zu erklären. Das Entscheidende am Hyperdualismus ist seine Absage an die Vorstellung, dass Gehirne Bewusstsein hervorbringen. Das Gehirn ist nicht generativ; es ist lediglich transduktiv. Statt Bewusstsein von sich zu geben, lauscht das Gehirn dem Bewusstsein gewissermaßen. Der Hyperdualismus versucht das strittige Problem – die Frage, wie das Gehirn Bewusstsein entstehen lässt – zu überwinden, indem er schlichtweg leugnet, dass es überhaupt existiert.

Diese Art von Dualismus kommt im Prinzip ohne Gottes Eingreifen aus und versucht der Tatsache Rechnung zu tragen, dass die Entwicklung des Geistes mit der des Gehirns parallel verläuft. Der theistische Dualismus sieht den Geist als etwas, das einzig und allein von Gott geschaffen wird, ohne dass das Gehirn bei diesem Prozess eine konstruktive

Rolle spielt. Der Hyperdualismus lässt zu, dass das Gehirn an der Entstehung des Geistes beteiligt ist, aber er lässt diesen Prozess an Materie angreifen, die selbst nicht physikalischer Natur ist. Wenn ein Maurer eine Wand errichtet, sind die Backsteine kein Teil von ihm, wenngleich es allein seiner Aktion zu verdanken ist, dass die Steine am Ende jenes komplexe Gefüge bilden. Auf vergleichbare Weise konstruiert das Gehirn den Geist aus dessen mentalen Komponenten, ohne dass diese Komponenten Teil des Gehirns sind, ja sie sind nicht einmal Teil desselben Universums. Es mag so aussehen, als schaffe das Gehirn den Geist *ab initio*, doch in Wirklichkeit ist seine Rolle rein organisatorisch. Das Gehirn enthält keine unbekannte Eigenschaft, das es in die Lage versetzt, Bewusstseinszustände ins Dasein zu rufen, sondern es tritt vielmehr mit den Elementen des parallelen immateriellen Universums in Kontakt und arrangiert diese zu neuen Gesamtheiten. Der Hyperdualismus bildet somit eine Alternative zu der von mir verteidigten Mysteriums-These. Ist er eine plausible Alternative?

Sicher, er stellt eine verrückte und absonderliche Hypothese dar, doch viele Theorien haben zunächst so gewirkt und sich dann doch als richtig erwiesen (die Relativitätstheorie und die Quantentheorie beispielsweise). Lassen sich an ihm Mängel auffinden? Wo liegt der verhängnisvolle Irrtum? Das Problem liegt in seinem Kausalitätsbegriff. Das mentale Universum soll angeblich keinerlei Materie enthalten, und doch sollen Ereignisse und Gegebenheiten in diesem Universum auch im anderen Universum Dinge geschehen lassen. Damit wird vorausgesetzt, dass körperloses Bewusstsein im Stande sein soll, den Gang der Ereignisse zu beeinflussen. Das wirft zwei große Fragen auf: Wie kann ein körperloses Bewusstsein Ursache von etwas sein? Und: Wie kann die physikalische Ereignisfolge im materiellen Universum durch etwas gestört werden, das im anderen Universum vor sich geht? Ursache und Wirkung in der materiellen Welt setzen einen wie auch immer gelagerten Energietransport voraus: die Übertragung von Bewegungsenergie oder von elektrischer Energie oder die Wirkung der Schwerkraft. Doch bloßes Bewusstsein allein könnte keine dieser Arten von Energie abgeben, wie also kann es Veränderungen bei irgendetwas verursachen? Wie streckt es die Hand aus und berührt etwas? Was vermittelt die ihm zugeschriebenen kausalen Kräfte? Es scheint keine Antwort auf diese Frage zu geben, uns wird einfach mitgeteilt, dem sei so. Wenn wir Bewusstsein am Gehirn festmachen, haben wir zumindest eine gewisse Vorstellung davon, wie mentale Kausalität funktioniert – vermittels der physischen Merkmale des Gehirns, seiner elektrochemischen Eigenschaften. Ein radikaler Dualismus wie der soeben betrachtete gibt darauf keine Antwort.

Schlimmer noch: Mentale Ereignisse sollen den Gang der Dinge im materiellen Universum von außen verändern. Das aber muss heißen, dass es physikalische Ereignisse gibt, die keine materiellen Ursachen haben. Angenommen, meine Hand zuckt vor einer Flamme zurück, weil ich deren Hitze als Schmerz empfinde. Dann veranlasst der Schmerz meinen Körper, sich entsprechend zu bewegen. Wenn aber der Schmerz jenem anderen immateriellen Universum zugehörig ist, dann ist das physikalische Ereignis meines Zurückzuckens durch ein nichtphysikalisches Ereignis verursacht worden. Also muss es physikalische Ereignisse – Armbewegungen beispielsweise – geben, die nichtphysikalische Ursachen haben. Das aber bedeutet, dass Physik nicht prinzipiell den Hergang physikalischer Ereignisse im Universum erklären kann. Gleichzeitig können wir das Muster an Abläufen, das die Muskeln eines Menschen kontrahieren lässt, wenn er Schmerzen empfindet, ins Gehirn zurückverfolgen. Es gibt also eine physikalische Ursache für Armbewegungen und dergleichen. Wir sitzen in der Patsche. Und der Weg hinaus besteht darin festzustellen, dass Bewusstseinsereignisse für sich genommen, ohne die helfende Hand physikalischer Kausalität, eben keine physikalischen Veränderungen verursachen können.

Stellen Sie sich vor, der Hyperdualist hätte feierlich verkündet, Ereignisse im parallelen mentalen Universum vermöchten Vulkanausbrüche in unserem Universum zu verursachen. Das würde bedeuten, dass Vulkanausbrüche nichtphysikalische Ursachen haben. Dann aber wäre unsere Physik zutiefst unvollständig. Wir wissen aber, dass sie das nicht ist, denn wir wissen, dass Vulkanausbrüche durch unterirdische Druckverhältnisse der verschiedensten Art zu Stande kommen. Also muss die Forderung nach einer rein mentalen Kausalität von Vulkanausbrüchen falsch sein. Für die Bewegungen unseres Körpers liegen die Dinge nicht wesentlich anders; auch sie sind physikalische Ereignisse mit physikalischen Ursachen. Wir dürfen die mentale Kausalität nicht von der physikalischen Kausalität trennen, wie es der Dualismus zu tun versucht.

Ein nichttheistischer Dualismus steht daher nicht besser da als ein theistischer Dualismus. Das grundlegende Problem am radikalen Dualismus besteht weniger darin, dass wir Gott als Rädchen im kosmologischen Getriebe postulieren müssen, auch wenn dies etwas ist, vor dem ein wissenschaftlich ausgerichteter Denker von Natur aus zurückscheut. Das tiefer gehende Problem besteht darin, dass der Dualismus – ob mit oder ohne Gott – die mentale Kausalität nicht nachweisen kann.

Darüber hinaus gibt es auch noch ein zweites, weniger augenfälliges Problem, und zwar: In welcher Beziehung stehen Bewusstseinszustände zu der immateriellen Substanz, in der sie verankert sein sollen? Das immaterielle Universum soll aus etwas bestehen, das Bewusstseinszuständen substanzlose Substanz verleiht, ein Etwas, dem solche materiellen

Eigenschaften wie räumliche Ausdehnung, Masse, Schwerkraft und dergleichen abgehen. Sie muss aber irgendeine Beschaffenheit haben, diese angenommene Seelensubstanz, und nun haben wir das Problem, wie eine Substanz dieser Beschaffenheit Bewusstseinszustände hervorbringen kann. Ist das nicht schlicht und einfach wieder das alte Körper-Geist-Problem, diesmal bezogen auf die *im*materielle Seite der Frage? Denken wir uns jene immaterielle Substanz nicht im Grunde vielleicht als eine besondere Sorte von gasförmiger Materie? Was ist der tatsächliche positiv formulierte Inhalt unserer Vorstellung von immaterieller Substanz überhaupt? Wovon reden wir eigentlich in Wirklichkeit, wenn wir mit der Phrase von der „immateriellen Substanz“ um uns werfen? Allein die profunde Unklarheit bezüglich dieser Frage gibt uns die Möglichkeit, sich im Hinblick auf die Relation zwischen Bewusstsein und einer immateriellen Basis um ein ausgewachsenes Körper-Geist-Problem herum zu mogeln. Dass irgendeine angenommene immaterielle Substanz Bewusstsein entstehen lassen sollte, leuchtet kein bisschen mehr ein, als es dies im Falle einer materiellen Substanz täte. Somit bringt es uns also keinen Schritt weiter, eine Substanz einzuführen, der materielle Eigenschaften abgehen, was immer das im Einzelnen heißen mag.

Panpsychismus

Vielleicht wäre es eher angebracht, den Geist in die materielle Welt zurückzuverlagern, den Materialismus dabei jedoch zu umgehen. Hier bietet sich die Position des Panpsychismus an.[3] Vor einigen Jahren gab es einen Popsong mit dem Titel „Elvis is everywhere“, in dem es um die Omnipräsenz des großen Sängers in unserer Welt ging, die auch noch nach seinem Tode fortbesteht. Der Panpsychimus besagt, dass Bewusstsein überall ist und – vermutlich Seite an Seite mit Mr. Presley – durch das All wabert. Das heißt, alle Materie, nicht nur die Gehirnsubstanz, auch Steine, Plankton, Elektronen und Sterne, tragen eine Spur von Bewusstsein in sich. Und das ist es, was Gehirne fähig macht, Bewusstsein entstehen zu lassen: Die materiellen Bestandteile des Gehirns schleppen bereits jeweils ihr eigenes, spezielles Bewusstseinspäckchen mit sich. Sie und ich verfügen über ein Bewusstsein, weil unsere Neurone darüber verfügen, und diese wiederum verfügen über ein Bewusstsein, weil die Atome, aus denen sie aufgebaut sind, das tun, und immer so weiter bis hinunter zu den kleinsten Bausteinen der Materie. Ein voll ausgereifter Geist ist daher so etwas wie ein Konglomerat aus diesen elementareren mentalen Entitäten. Materie ist von Kopf bis Fuß mit Bewusstsein ausgestattet.

Dem Panpsychismus zufolge bringt uns die Frage, wie das materielle Gehirn Bewusstsein entstehen lässt, nur deshalb in Verlegenheit, weil wir so hartnäckig die Tatsache ignorieren, dass Bewusstsein die Natur auf jeder Ebene durchdringt. In Materie jeglicher Gestalt pulsiert ein Bewusstsein; das Gehirn schraubt lediglich das mentale Volumen hoch genug, um sein Vorhandensein auch für uns wahrnehmbar zu machen. Hier eine Analogie: Wir fragen uns vielleicht, wie ein Gebäude die Festigkeit aufbringt, aufrecht zu stehen und sich nicht im Wind zu biegen. Die Antwort lautet, dass es aus lauter Elementen – Backsteinen, Beton und Stahl – besteht, die selbst von fester Konsistenz und überdies so arrangiert sind, dass ihre Festigkeit sich in der Gebäudeform erhält. Das Gehirn ist eine Art biologisches Gebäude, in dem die mentalen Eigenschaften jedes seiner Bausteine nach oben, an das Gesamtgehirn also, weitergegeben werden. Die Form des Gehirns bestimmt die Form des Geistes, mit dem Sie – egal, ob Ratte oder Mensch – am Ende gesegnet sein werden, doch das Bauwerk kommt nur zu Stande, weil die

Bestandteile ihre jeweils eigene primitive Geistigkeit in sich tragen. Der Panpsychismus unterscheidet sich damit insofern von unserer Mysteriums-These, als er behauptet, wir *wüssten*, welche Eigenschaften des Gehirns Bewusstsein entstehen ließen: sprich, das Bewusstsein der einzelnen Bausteine des Gehirns. Mein Gehirn lässt mich Schmerz empfinden, weil die Neuronen in meinem Gehirn ihre individuellen Eigenschaften kombinieren, um in mir diese Empfindung hervorzurufen.

Was sollen wir zu dieser Theorie sagen? Lassen Sie uns damit anfangen, dass wir eine weiche und eine harte Version des Panpsychismus fordern. Die harte Version steht auf dem Standpunkt, alle Materie verfüge in derselben geradlinigen Weise über Bewusstseinszustände, wie sie auch Organismen zu Eigen ist: Die Neuronen in meinem Gehirn fühlen buchstäblich den Schmerz, sehen Gelb, denken ans Abendessen – und dasselbe tun auch Elektronen und Sterne. Das heisst, Bewusstseinszustände, wie wir sie in uns selbst erfahren, finden sich in der gesamten belebten und unbelebten Natur. Es ist sehr schwer, diese harte Version der Theorie ernst zu nehmen, und es bestehen eine Menge entschiedener Einwände gegen sie. Erstens lässt reguläre Materie jegliches Zeichen solcher Bewusstseinszustände vermissen: Dinge verhalten sich einfach nicht so, als fühlten sie Schmerz oder lechzten nach einem Schluck Wasser. Ihr Innenleben müsste extrem verborgen, durch keinerlei Manifestation im Verhalten der sie beherbergenden Gegenstände erkennbar sein. Ein Stein komponiert vielleicht still vor sich hin, aber sein Verhalten legt auch nicht das geringste Zeugnis davon ab.

Zweitens haben Physiker bislang keinerlei Grund gesehen, Atomen und Sternen Gedanken und Empfindungen zuzuschreiben. Sie kommen wunderbar zurecht, ohne dass man mutmaßen muss, dass in Materie im Allgemeinen ein Geist vor sich hin tickt. Wenn Elektronen über geistige Eigenschaften verfügen, dann haben diese zumindest keinerlei Einfluss auf die Gesetze, von denen die Elektronen gelenkt werden. Man könnte darauf entgegnen, dass geistige Eigenschaften über keinerlei Kausalkräfte verfügen, weshalb es nicht verwunderlich sei, dass Physiker diesen allgegenwärtigen Aspekt von Materie bisher nicht haben zur Kenntnis nehmen müssen. Die Bahn eines Teilchens oder eines Gestirns wird nicht von dem beeinflusst, was es denkt oder fühlt, weil Geisteszustände nichts beeinflussen können. Das Problem an diesem Einwand ist, dass er *unseren* Geist damit ebenso als Epiphänomen dastehen lässt, da unser Geist sich angeblich aus all den Geisteszuständen zusammensetzt, die der Materie eigen war, bevor sie zu unserem Gehirn geformt wurde. Unser Geist beeinflusst nun aber unser Verhalten, weshalb wir alle Anzeichen dafür aufweisen, dass wir ein Innenleben haben.

Drittens, wenn alle Materie ausgewachsene Gedanken und Gefühle hätte, warum benötigen Organismen dann Nervensysteme, um denken und fühlen zu können? Warum nicht ein einfaches Teilchen in meinem Gehirn installieren und an den übrigen Körper anschließen? Sicher sind Komplexität und Form des Gehirns nötig, um einen Geist im umfassenden Sinne entstehen zu lassen. Das aber ist schwer in Einklang zu bringen mit der Vorstellung, dass selbst Steine Gedanken und Gefühle haben wie Sie und ich. Somit kann es wirklich nicht sein, dass der Panpsychismus in seiner harten Version zutrifft. Die Idee aber ist drollig, oder?

Wie aber steht es mit der Theorie in ihrer weicheren Version? Klar, dass Atome nicht über genuine Geisteszustände verfügen, aber könnten sie nicht so etwas wie Geisteszustände in verdünnter Form oder auf niedrigerer Stufe innehaben? Das Problem ist, dass schwer zu definieren ist, was das bedeuten soll. Blasse und fließende Bewusstseinszustände von der Art, wie Sie sie empfinden, wenn Sie sich zum Schlafen niederlegen, können damit nicht gemeint sein, denn dieser Ansatz läuft in Wirklichkeit wieder auf die harte Version der Theorie hinaus und bringt damit auch alle Probleme von eben wieder mit sich. Wir können kaum mutmaßen, dass Steine (manchmal? immer?) leichte Schmerzen empfinden und verschwommen ans Essen denken, wohingegen wir intensiven Schmerz spüren und scharf umrissene Gedanken hegen. Nein, die Vorstellung wird sein müssen, dass Steine über etwas verfügen, was manchmal als *protomentale* Zustände bezeichnet wird, Zustände, die Bewusstsein ergeben können, selbst aber keine Bewusstseinszustände sind.

Dieses handliche Etikett bringt das Kunststück fertig, dass die fraglichen Zustände sowohl als geistig als auch als *prä*geistig zu gelten haben. Sie sind nicht voll ausgebildet, aber sie sind so beschaffen, dass sie in geeigneter Kombination Geistigkeit entstehen lassen. Als protomentale Eigenschaft wird eine Eigenschaft definiert, die fähig ist, geistige Eigenschaften hervorzubringen, ohne selbst – voll und ganz, im eigentlichen Sinne des Wortes – geistig zu sein. Diese Eigenschaften tragen das Potenzial für Geistigkeit, ihren Keim, in sich. Ein Stein fühlt demnach keinen echten Schmerz, aber er verfügt über die entsprechenden Eigenschaften, um Schmerz entstehen lassen zu können, wenn und sobald seine Materie in einem richtigen Gehirn angesiedelt wird. Wenn ein Atom aus einer Kartoffel nach dem Verdauungsprozess seinen Weg in Ihr Gehirn findet, dann wird es dort zum Bewusstsein beitragen auf Grund von Eigenschaften, die es bereits besaß, bevor es Teil Ihres Hirngewebes wurde. Das Bild, das sich somit ergibt, ist Folgendes: Materie aus der unbelebten Welt findet ihren Weg in das Gehirn eines Organismus und produziert dort Bewusstsein auf Grund von protomentalen Eigenschaften, die sie hatte, bevor sie dort gelandet ist, wobei protomentale Eigenschaften definiert sind als jede Eigenschaft von Materie, die Bewusstsein ermöglicht.

Die Problematik an dieser Sicht der Dinge sollte leicht einleuchten: Die Theorie ist leer. Wir wissen, wo wir standen, als uns die harte Version des Panpsychismus präsentiert wurde: Die alles durchdringenden mentalen Eigenschaften entsprachen ganz gewöhnlichen geistigen Eigenschaften. Es ist wenig glaubhaft, dass alle Materie mit geistigen Gaben ausgestattet sein soll. Die weiche Version aber besagt, dass Materie *die eine oder andere* Eigenschaft besitzt, die als „protomental" zu bezeichnen und für die Emergenz von Bewusstsein aus Gehirn verantwortlich ist. Das aber ist natürlich wahr! Es ist nur eine andere Art zu sagen, dass Bewusstsein nicht durch Magie zu Stande kommt; es muss irgendeine materielle Basis haben. Aber wir wissen nichts über das *Wesen* dieser Eigenschaften. Noch wird uns gesagt, wie sie Bewusstsein hervorbringen. Natürlich muss Materie die Fähigkeit haben, Bewusstsein entstehen zu lassen, denn das tut sie unablässig. Doch diese Binsenweisheit liefert uns keine Theorie des Bewusstseins; sie wiederholt nur das Problem. Genaugenommen ist die weiche Version des Panpsychismus kaum zu unterscheiden von der Mysteriums-These, die ich hier verteidigt habe. Auch ich behaupte, dass es unbekannte Eigenschaften von Materie gibt, durch die sich Bewusstsein erklären lässt; die weiche Version des Panpsychismus sagt im Großen und Ganzen dasselbe, mit Ausnahme dessen, dass er unangebrachterweise das Wort protomental benutzt, um seinen Erklärungsnotstand zu beheben. Ob diese Eigenschaften *erkennbar* sind, ist eine andere Frage, die der Panpsychismus so oder so beantworten kann. Worin beide Theorien sich einig sind, ist, dass Bewusstsein sich auf bislang unidentifizierten Eigenschaften von Materie gründet. Gut und schön, aber lassen Sie uns dieses Eingeständnis unserer Unwissenheit nicht zu einer Pseudotheorie hochstilisieren.

Es bleibt immer noch genug Raum für Uneinigkeit bezüglich der generativen Kräfte des Gehirns. Einem Standpunkt zufolge spielt das Gehirn bei der Aktivierung des latent vorhandenen Bewusstseins von Materie eine minimale Rolle, es fungiert nur als eine Art Auslöser. Eine andere Betrachtungsweise schreibt ihm eine weit aktivere Rolle zu, hier bedient sich das Gehirn der Eigenschaften von Materie und *verwandelt* sie kraft seiner besonderen Struktur in Bewusstsein. Ich tendiere zu dieser zweiten Sichtweise. Alle Materie muss das Potenzial haben, Bewusstsein mitzubegründen, denn an der Materie, aus der Hirngewebe aufgebaut ist, findet sich nichts wirklich Besonderes. Letztlich lassen sich alle Materiespuren bis zum Urknall zurückverfolgen, einem Zeitpunkt, an dem Bewusstsein noch nicht einmal ein Wunschtraum war. Irgendetwas am Gehirn aber organisiert dieses Potenzial zu genuinem Bewusstsein. Das Gehirn spielt eine positiv schöpferische Rolle bei der Freisetzung der verborgenen Kräfte von Materie. Wir können die Unterschiede zwischen den beiden Standpunkten grob als den Unterschied zwischen den potenziellen Eigenschaften einer chemischen *Mischung* und einem *Gemisch* beschreiben. Wenn Wasserstoff und Sauerstoff sich mischen, reagieren sie zu Wasser – wozu keines von beiden allein in der Lage ist –, und damit ergeben sich viele neue Eigenschaften, die in den beiden Bestandteilen vor der Reaktion nicht vorhanden waren. Doch einfach zwei Chemikalien zu einem Gemisch zusammenzugeben, so dass diese zwar dicht beieinander, aber dennoch voneinander getrennt bleiben – beispielsweise, wenn Sie Salz und Pfeffer in dasselbe Gefäß schütten –, ist eine andere Sache. In diesem Falle übertreffen die Eigenschaften der Kombination die der Ausgangschemikalien nicht. Die Vermischung ist eine weniger „schöpferische“ Prozedur als die Reaktion. Ich glaube, das Gehirn funktioniert eher so, dass es die latenten Eigenschaften von Materie reagieren lässt und sie nicht einfach nebeneinander anordnet wie Sardinen in der sprichwörtlichen Büchse. Das

Gehirn verfügt über mehr Möglichkeiten als die rein räumliche Nebeneinanderlagerung. Das muss so sein, sonst fänden wir im Gehirn nicht jene besagte Art von *Novität*.

Diese Behauptung impliziert, dass es in unserem Denken über Geist und Materie in Wirklichkeit zwei Bereiche gibt, an denen wir an unsere kognitiven Grenzen stoßen. Zum einen kennen wir die *allgemeinen* Eigenschaften von Materie nicht, die sich bei ihrer Zusammenführung in einem funktionierenden Gehirn an der Bildung von Bewusstsein beteiligen. Zweitens wissen wir nichts über die *speziellen* Eigenschaften des Gehirns, die diese unbekannten allgemeinen Eigenschaften freizusetzen vermögen. Schließlich setzen Nieren und Herzen diese allgemeinen Eigenschaften der fraglichen Materie nicht frei, obwohl die Materie diese Eigenschaften auch dann noch besitzen muss, wenn sie Herzen und Nieren bildet. Gehirne müssen demnach sehr spezielle Reaktionsbedingungen liefern. Wir kennen die Beschaffenheit dieser Bedingungen nicht, und wir wissen auch nicht, auf welche Materie sie wirkt.

Unsere Unwissenheit konzentriert sich also um zwei Brennpunkte beziehungsweise die Unkenntnis derselben. Erstens folgt daraus, dass die Physik – erklärtermaßen die allgemeine Wissenschaft von der Materie – unvollständig ist; denn die allgemeinen Eigenschaften von Materie, auf die sich das Gehirn stützt, um Bewusstsein hervorzubringen, sind derzeit noch nicht bekannt. Daraus folgt zweitens auch, dass die Neurophysiologie – die detallierte Erforschung des Gehirns – unvollständig ist; denn die spezifischen Merkmale des Gehirns, die es ihm und nur ihm gestatten, Bewusstsein aus Materie hervorgehen zu lassen, sind gegenwärtig ebenfalls unbekannt. Und wenn die These richtig ist, dass unserem Erkennen naturgegebene Grenzen gesetzt sind, und ich glaube, das ist sie, dann ist unserer Unwissenheit auf beiden Gebieten nicht abzuhelfen. Beide, Physik und Neurophysiologie, liegen teilweise außerhalb der Reichweite des menschlichen Fassungsvermögens.

Nichts als Geist

Ich habe in diesem Kapitel Wert darauf gelegt, einige der etwas abwegigeren Theorien über die Verknüpfung zwischen Geist und Gehirn vorzustellen. Meine etwas wissenschaftlicher gesinnten Kollegen werden solche Theorien als reinen Aberglauben, Märchen, Überbleibsel aus vorwissenschaftlicher Zeit betrachten. Ich jedoch empfinde sie als verständliche – wenn auch fehlgeleitete – Antworten auf ein sehr tief gehendes und schwieriges Problem. Also habe ich versucht, ihre Stärken darzustellen und sie so ernst zu nehmen, wie ich kann, wobei ich sie letzten Endes unbefriedigend finde. Ich glaube, die Mysteriums-Perspektive versteht ihre Anziehungskraft und lehnt gleichzeitig ihren Inhalt ab. Diese Theorien mögen extravagant, ja verrückt sein, aber sie sind keineswegs unbegründet. Es gibt schließlich motivierte Extravaganzen.

Lassen Sie mich also das Kapitel beschließen mit der abwegigsten Theorie von allen – so abwegig, dass sie meines Wissens weder Namen noch Adresse hat. Diese Theorie besagt, dass *alles* durch und durch geistig ist. Sie ist nicht zu verwechseln mit der Vorstellung, dass allem und jedem neben seinen physikalischen Eigenschaften auch geistige Eigenschaften zukommen, sondern sie besagt, dass *sämtliche* Eigenschaften geistiger Natur *sind*. Diesem Standpunkt zufolge ist die Eigenschaft, ein Quadrat oder ein Elektron zu sein, eine rein mentale Angelegenheit. Auch existieren diese Eigenschaften nicht in unserem Geist, wie es einstmals der Idealismus behauptet hatte. Vielmehr existieren sie unabhängig von und lange vor unserem Geist; sie sind unabhängige geistige

Eigenschaften. Der Materialismus besagt, dass mentale Eigenschaften in Wirklichkeit physikalische Eigenschaften sind; dieser Standpunkt besagt, dass physikalische Eigenschaften in Wirklichkeit mentale Eigenschaften sind. Für ein Elektron ist sein Spin eine besondere Art von mentaler Eigenschaft. Nur um dem Kind einen Namen zu geben, lassen Sie uns diese Sichtweise als „Universalmentalismus" bezeichnen. Es ist sehr schwierig, genau zu formulieren, was der Universalmentalismus besagt. Was könnte es bedeuten zu sagen, dass so genannte physikalische Eigenschaften in Wirklichkeit geistiger Natur sind? Fühlen sich Elektronen irgendwie spinnig und elektronenartig? Was für eine Art von Gefühl könnte das sein? Und was wird aus unserer Auffassung vom Mentalen, wenn wir damit derart wahllos um uns werfen?

Aber lassen Sie uns einen Moment mit der Theorie fortfahren und fragen, ob sie die Erklärungsarbeit leisten kann, die sie zu leisten versucht. Das Motiv besteht eindeutig darin, das Universum von der Dualität unvereinbarer Eigenschaften zu befreien. Wenn alles geistig ist, dann sind reguläre Bewusstseinszustände keine Anomalien mehr, die einer speziellen Behandlung bedürfen; sie sind lediglich Teil einer allgemeinen mentalen Wirklichkeit. Wenn es von Anfang an überhaupt keinen Körper gibt, kann es auch kein Körper-Geist-Problem geben. Das Gehirn selbst ist eine ganz und gar geistige Entität, seine Neuronen geistig bis hinunter in ihre subatomaren Bestandteile. Es gibt keine psychophysische Kluft zu überbrücken. Sämtliche Kausalbeziehungen sind „psychopsycho" (entschuldigen Sie, Herr Hitchcock).

Es scheint möglich, dass diese Theorie unser Problem löst, aber traurigerweise ist sie rein rhetorisch und ohne Substanz. Denn das Problem bleibt genau dasselbe, außer dass es in eine neue Terminologie übersetzt wird. Nun muss man erklären, wie die geistige Eigenschaft, ein Neuron zu sein, die geistige Eigenschaft, Schmerz zu fühlen, oder die geistige

Eigenschaft, Gelb zu sehen, erklären kann. Lassen Sie uns als sicher annehmen, dass alle Gehirneigenschaften in der Tat geistiger Natur seien (was immer das heißen mag). Das setzt uns in keine günstigere Lage, wenn wir verstehen wollen, wie jene geistigen Eigenschaften die uns vertrauten Eindrücke und Empfindungen hervorbringen, die wir introspektiv untersuchen. Die Erklärungslücke ist so breit wie eh und je, nur beschließen wir nun, beide Seiten als geistig zu „bezeichnen". Noch immer müssen wir irgendeine *weitere* Eigenschaft am Gehirn ausfindig machen, wenn wir dessen neuronale und mentale Eigenschaften miteinander verknüpfen wollen. Bloße Korrelationen zwischen Schmerz und der vermeintlich geistigen Eigenschaft feuernder C-Fasern im Großhirn sind noch immer betrüblich unzulänglich in Bezug auf das, was wir suchen. Die Geographie des Themas ändert sich durch den universalen Mentalismus keinen Deut. Die Theorie ist in Wirklichkeit überhaupt keine erklärende Theorie der Körper-Geist-Beziehung, sondern eine metaphysische Sicht der Beschaffenheit von Materie. Selbst wenn sie also richtig und wahr wäre, stellte sie keinerlei Fortschritt bezüglich dessen dar, wie sich ein bewusster Geist innerhalb einer materiellen Welt verstehen lässt, gleichgültig, als wie geistig die materielle Welt sich erweist.

Das Problem mit dieser wie mit allen anderen in diesem Kapitel erörterten Theorien ist nicht so sehr, dass sie wild, unsinnig und nicht nachvollziehbar ist, wenngleich all dies zutrifft. Das Problem ist weit ernster: Sie erfüllt nicht die erklärerische Aufgabe, die sie sich vorgenommen hat. Und das ist eine Lehre, die sich aus dieser Diskussion mitnehmen lässt. Erklärungsvermögen ist letztlich das (höchste) Kriterium für den Erfolg einer Theorie. Wenn eine Theorie eine umfassende Erklärung der Verknüpfung zwischen Geist und Gehirn lieferte, wäre es völlig gleichgültig, wie verrückt sie uns vorkäme. Das Problem ist, dass wir, welche Verrücktheiten

ten wir uns auch immer gestatten, die grundlegenden Fakten des Bewusstseins niemals erklären können. Also können wir genauso gut geistig gesund bleiben. Ich behaupte, dass die Mysteriums-Perspektive es uns ermöglicht, bei Sinnen zu bleiben. Unwissenheit ist besser als Spinnerei.

4

Geist und Raum

Raumdenken

Der Dualismus ist durchdrungen von dem Gedanken, dass der Geist etwas ist, was sich außerhalb der gewöhnlichen räumlichen Welt materieller Gegenstände befindet. Das Gehirn ist ein dreidimensionales Objekt, das einen bestimmten räumlichen Bereich einnimmt, der Geist aber scheint sich nicht in dieser Weise räumlich definieren zu lassen. Wie kann dieser Geist dann mit dem Gehirn identisch sein? Diese Überlegung entspringt einer zwingenden Erkenntnis: Raum und Bewusstsein hängen sonderbar eng zusammen. In diesem Kapitel untersuche ich die Relation zwischen Bewusstsein und Raum, wobei ich den Wahrnehmungseindruck, auf den sich der Dualismus gründet, ernst nehmen, die dualistische Theorie der Verknüpfung zwischen Gehirn und Geist jedoch zurückweisen möchte.

Unsere Welt ist eine räumliche Welt.[1] Wir werden in den Raum hineingeboren, wir leben unser Leben im Raum, und wir sterben im Raum. Der Raum ist das Medium, in dem sich unser Sein und Handeln abspielt. Der menschliche Körper selbst ist ein Objekt im Raum, ein Objekt, das andere Objekte berührt und von dem durch ihn selbst eingenommenen Raum ausschließt. Leben ist seinem Wesen nach eine Reihe räumlicher Handlungen und Entscheidungen: welche Nahrung ich meinem Körper zuführen, welchen Objekten ich nahe kommen und um welche ich herumsteuern will. Die Räumlichkeit unserer Existenz ist so unausweichlich wie ihre Zeitweiligkeit. Wir existieren notwendigerweise in der Zeit, besessen vom *wann*, aber die Zeit bestimmt erst im Bezug zum Raum unsere Existenz. Ich mag rechtzeitig zur Kirche gehen müssen, damit sich meine Hoffnung auf Eheglück erfüllt, aber meine Pünktlichkeit wird sinnlos, wenn ich in der falschen Kirche aufkreuze. Es ist alles eine Frage dessen, wann man wo zu sein hat. Die richtige Konstellation ist alles. Das Leben ist eine Serie von Örtlichkeiten auf der Reise des Körpers durch den Raum. Raum und Zeit sind die Grundkoordinaten sterblicher Existenz. Engel mögen diesen Koordinaten nicht unterworfen sein, aber wir sind nun einmal keine Engel.

Es überrascht daher nicht, dass unsere Erfahrung die einer räumlich-zeitlichen Welt ist. Wir *existieren* nicht nur im Raum, wir nehmen die Welt auch als räumlich wahr. Die Räumlichkeit der Welt ist etwas, das unseren Eindrücken niemals fehlt; sie ist beinahe jeder unserer Erfahrungen eingegraben. Wenn Sie am Morgen Ihre Augen aufschlagen, werden Sie auf der Stelle konfrontiert mit dem Raum und den Gegenständen, die er enthält. Diese Tatsache ist so augenfällig und vertraut, dass wir kaum darauf achten. Hier, wenige Zentimeter von Ihrem Kopf entfernt, steht der Nachttisch, das Bett befindet sich direkt unter Ihrer horizontal gelagerten Gestalt, das Fenster zeigt eine Welt in der Ferne, voller Bäume und Türme. Ihre Position im Raum ist Ihren Sinnen augenblicklich offenbar. *Hier bin ich*, ist Ihnen allgegenwärtiges Empfinden.

Die räumliche Wahrnehmung ist Grundbestandteil allen menschlichen (und tierischen) Bewusstseins. Es fällt schwer, sich Eindrücke ohne sie vorzustellen. Sehen ist der Sinn, der uns auf unmittelbarste Weise mit dem Raum vertraut macht. Wir können in weite Ferne blicken und über einen großen Sektor des Raumes um uns herum die relativen Positionen von Gegenständen einschätzen. Der Berg befindet sich rechts vom Meer, die Ziege auf halber Höhe des Berges, das Meer ist größer als beide, all das und mehr offenbart ein einziger visueller Eindruck. Der Tastsinn ergänzt die visuelle räumliche Wahrnehmung und wird manchmal benutzt, um zu überprüfen, ob der visuelle Eindruck von einer Entfernung korrekt ist. Spiegel können das Auge zum Narren halten und es einen Gegenstand an einer Stelle sehen lassen, wo er sich in Wirklichkeit gar nicht befindet, einen Spiegel für die Hände aber gibt es nicht. Der Tastsinn ist für Spiegeltricks nicht empfänglich, denn Berührung macht uns nicht über reflektiertes oder emittiertes Licht mit Gegenständen vertraut, sondern durch den direkten räumlichen Kontakt mit dem fraglichen Objekt. Sehen bedient sich des Lichtes, um uns große Rauminhalte zu erschließen, weit größere, als sie uns durch den direkten physischen Kontakt mit Gegenständen zugänglich wären, aber dafür ist es den Launen umhertanzenden Lichtes unterworfen.

Hören, Riechen und Geschmack sind ebenfalls vom Raum abhängig, wenn auch nicht so massiv wie Sehen und Tasten. Wir hören ein Geräusch von links oder in weiter Ferne. Gerüche sind in der Nase zu Hause, Geschmack haben wir im Mund. Jeder Sinn berichtet uns auf seine ganz eigene Weise etwas über den Raum. Und jeder Sinn arbeitet, indem er die räumlichen Relationen zwischen dem Körper und dem Objekt seiner Wahrnehmung mit einbezieht. Licht wird von einem Gegenstand zum Auge zurückgeworfen, durchläuft auf seinem Weg leeren Raum. Gegenstände drücken – angenehm oder unangenehm – auf unsere Haut. Moleküle dringen in unsere Nasenmuscheln oder unseren Mund ein und reizen die dort vorhandenen Rezeptoren. Die Sinnesorgane befähigen uns, Gegenstände *im* Raum *vermittels* des Raumes wahrzunehmen. Weil unser Körper sich im Raum in räumlicher Relation zu anderen Dingen befindet, können unsere Sinnesorgane Raum darstellen. Das Auge ist sowohl ein Objekt im Raum als auch das Organ, das uns befähigt, Objekte im Raum zu sehen.

Auch unsere Emotionen sind vom Raum beeinflusst. Reisen erregt Gefühle der verschiedensten Art: Angst, Erwartung, Optimismus, Abenteuerlust. Mit den unsterblichen Worten des Vorspanns von *Raumschiff Enterprise*: „Der Weltraum, unendliche Weiten. Wir schreiben das Jahr 2200. Dies sind die Abenteuer des Raumschiffs Enterprise ..." Manche von uns leiden unter raumassoziierten Phobien: Angst vor geschlossenen Räumen, Angst vor freien Räumen, Höhenangst. Diese Gefühle haben bestimmte räumliche Relationen zum Gegenstand, die von bestimmten, Unbehagen erzeugenden Phänomenen begleitet sind. Ich selbst bin einigermaßen anfällig für Höhenschwindel, weiß also, wie es ist, wenn eine bestimmte Art von räumlicher Relation intensive Angst heraufbeschwört. Skilifte sind mir ein Gräuel, obwohl ich gerne Ski laufe; durch den Raum zu sausen ist prima, aber in ihm zu hängen ist das reine Elend. Für diese Gefühle gibt es vermutlich irgendeine evolutionäre Erklärung von einer gewissen Vorhersagekraft. Ein Sturz auf die Erde aus großer Höhe verläuft schließlich häufig tödlich, ebenso das Gefangensein an einem geschlossenen luftlosen Ort, und freies Land bietet keine Möglichkeit, sich vor Feinden oder Raubtieren zu verstecken. Unsere Einstellung zum Raum ist ebenso wie unsere Wahrnehmung von ihm zweifellos durch unsere Bedürfnisse als biologische Organismen bestimmt. Ein Tier mit einer unterentwickelten räumlichen Wahrnehmung, das sich der in seinem engsten räumlichen Umfeld lauernden Gefahren nicht gewahr ist, wird in einer räumlichen Welt wahrscheinlich nicht lange überleben.

Amorpher Geist

Nun aber stoßen wir auf etwas, das wie ein merkwürdiges Paradox wirken kann: Unsere Welt ist durch und durch räumlich, aber *wir* sind es nicht. Ich meine damit nicht, dass unsere Körper nicht räumlich wären, das sind sie einfach. Ich meine, dass unser *Bewusstsein* nicht räumlich ist. Widerspricht das nicht dem, was ich soeben über die Räumlichkeit unserer Wahrnehmung gesagt habe? Nein, denn wir müssen eine Unterscheidung treffen zwischen dem Objekt unserer Wahrnehmung und der Wahrnehmung selbst. Wenn ich im Skilift sitze und in Anbetracht der Entfernung zwischen mir und dem Erdboden Angst verspüre, dann ist der Gegenstand meiner Furcht ein räumliches Faktum: mein Abstand zum Erdboden. Nicht, dass die Angst selbst eine räumliche Angelegenheit wäre – *sie* ist keine dreißig Meter weit! Meine Angst hat den Raum zum Gegenstand, aber das, was diesen zum Gegenstand hat – der Bewusstseinszustand der Furcht –, ist mit seinem Objekt nicht zu verwechseln. Die Angst ist eine Sache, was sie repräsentiert, eine andere. Betrachten wir folgende visuelle Erfahrung: Sie sehen in einer Entfernung von sechzig Zentimetern eine rote Kugel mit einem Durchmesser von fünfzehn Zentimetern. Das Objekt dieser Wahrnehmung ist offensichtlich ein räumliches, und es hat räumliche Eigenschaften, die Seherfahrung selbst aber hat diese Eigenschaften nicht: Sie befindet sich nicht sechzig Zentimeter von Ihnen entfernt und hat auch keinen Durchmesser von fünfzehn Zentimetern. Der Empfindung ist in Ihnen, wovon sie kündet, ist in der Welt draußen. Sobald uns diese Trennung klar ist, wird deutlich, dass die Räumlichkeit, die unserer Wahrnehmung der Welt eigen ist, zum Objekt der Wahrnehmung gehört und nicht zur Wahrnehmung selbst.

Wenn wir über die Wahrnehmung selbst nachdenken, geht uns auf, dass ihr jedwede räumlichen Eigenschaften fehlen. Unser visueller Eindruck der Farbe Rot oder meine Angstgefühle haben keine besondere Form und Größe. Auch stehen sie nicht in räumlicher Relation zu anderen Eindrücken und Empfindungen. Ihr Rot-Eindruck liegt nicht, sagen wir, neben Ihrer Wahrnehmung für Pfeiftöne, auch nicht vier Zentimeter von ihr entfernt oder hinter dieser. Es hat keinen Sinn zu fragen, wie groß der Abstand zwischen zwei Erfahrungen ist. In dieser Hinsicht verhalten sich Bewusstseinszustände wie Zahlen. Wir können nicht sinnvoll fragen, wieviel Raum die Ziffer Zwei in Relation zur Zahl Siebenunddreißig beansprucht. Es entspricht wohl kaum der Wahrheit, dass eine Zahl umso mehr Raum beansprucht, je größer sie ist. Auch stehen Zahlen nicht in räumlicher Relation zueinander, wenngleich ihre mathematische Beziehung untereinander außer Frage steht. Zahlen räumliche Attribute zuzuordnen ist ein Beispiel für das, was Philosophen als Kategorienfehler bezeichnen, als den Versuch, etwas als einer Kategorie zugehörig zu behandeln, obwohl es dort gar nicht hineingehört. Nur konkrete Dinge verfügen über räumliche Eigenschaften, abstrakte Dinge wie Zahlen oder geistige Erfahrungen wie das Erleben der Farbe Rot nicht. Zahlen und Bewusstsein *können* keine räumlichen Eigenschaften haben, sie sind nicht die *Art* von Ding, die sich räumlich charakterisieren ließe. Das ist es, was hinter dem unmittelbaren Eindruck steht, dass der Geist kein „Ding" ist, keine raumfüllende Substanz, nichts, was Platz beansprucht. Auf dem Parkplatz eine Lücke für den Geist suchen zu wollen, ist unnötig.

Materielle Gegenstände konkurrieren zudem um Raum, das gehört zur Eigenschaft eines Festkörpers. Sie können nicht zwei Sachen zur selben Zeit an denselben Ort stellen, sie machen einander den Platz streitig. Wäre dem nicht so, hätte man die Bevölkerungsprobleme der Welt längst gelöst. Ein Bummel durch die Straßen von New York City, der Stadt, in der ich lebe, kommt einer permanenten Erinnerung daran gleich, dass physikalische Objekte wie der menschliche Körper in einen konstanten Kampf um mehr Platz verwickelt sind. Es ist jedoch wenig sinnvoll zu behaupten, dass Bewusstseinszustände um mehr Platz ringen. Wollten sie das tun, müssten sie von fester Konsistenz sein, und es entspricht einem Kategorienfehler, wollte man einer Bewusstseinserfahrung Festigkeit zuschreiben. Wenn Sie sich fragen, ob Ihr Rot-Erlebnis genau denselben Raumabschnitt einnehmen kann wie Ihr Gelb-Erlebnis, werden Sie feststellen, dass Ihr Verstand ins Trudeln kommt. Und der Grund dafür ist der, dass Sie ohnehin keine Vorstellung davon haben, was es für eines von beiden hieße, Raum einzunehmen. Man möchte sagen: „Also, da keines der beiden Raum einnimmt, nehme ich an, dass sie zur gleichen Zeit am gleichen Ort sein können – nur hieße dass, dass sie überhaupt an einem Ort sein müssen, und das ist unmöglich." Angenommen, wir fragen: Könnte es in einer nichträumlichen Welt bewusstes Denken geben? Diese Frage scheint nicht unmittelbar sinnlos, denn Gedanken sind keine räumlichen Gegebenheiten, während es ziemlich absurd wäre, sich materielle Gegenstände wie Gehirne in einer nichträumlichen Welt vorzustellen. Es gibt keine Geometrie des Geistes, jedenfalls nicht im wörtlichen Sinne. Ihr Geist hat keine Oberfläche, keine Seitenanzahl, keine Innenwinkel – ganz im Gegensatz zu Ihrem Gehirn, das über die liebliche Geometrie eines zerknautschten Badeschwamms verfügt.

Da ist also diese seltsame Ungereimtheit in den Beziehungen zwischen Geist und Welt: Die Außenwelt ist ihrem Wesen nach räumlich, und jede unserer Wahrnehmungen gibt sie dergestalt wieder, doch unsere Erfahrung von ihr ist ihrem Wesen nach selbst nicht räumlich. Es sieht so aus, als müsse der Geist, um einer räumlichen Welt gerecht werden zu können, selbst außerhalb des Raumes existieren. Um einen Akt der Bewusstmachung zu leisten, muss der Geist nichträumlich sein, dennoch ist sein Gewahrwerden von Räumlichkeit durchsetzt, der Räumlichkeit dessen, wessen der Geist gewahr wird. Damit hängt der Geist von der räumlichen Welt in Gestalt des Gehirns ab, er repräsentiert eine räumliche Welt und weigert sich bei alledem standhaft, selbst einen Fuß in den Raum zu setzen. Er geht dort einfach nicht hin. Was den Geist betrifft, so wäre dies unter seiner Würde.

Sie mögen denken, diese Feststellung sei ein bisschen übertrieben: Können wir nicht sagen, dass mein Geist sich in der Nähe meines Körpers und Gehirns befindet und der Ihre in der Nähe Ihres Körpers und Gehirns? Können wir nicht sogar sagen, dass meine Wahrnehmung der Farbe Rot in der Nähe meines visuellen Cortex abläuft, während meine Gedanken in Nachbarschaft zu meinem Stirnhirn ablaufen, den beiden Standorten des zu Grunde liegenden neuronalen Apparats? Ja, wir können diese Aussagen machen, so etwa jedenfalls, der Grund dafür ist jedoch, dass zwischen meinem Bewusstsein und meinem Gehirn eine gewisse *kausale* Abhängigkeit besteht. Meine Empfindungen sind direkt kausal mit meinem Gehirn verknüpft, so wie die Ihren mit Ihrem Gehirn verknüpft sind, und unsere Gehirne sind ohne Zweifel räumlich klar lokalisierbare Einheiten. Aber andererseits ist auch klar, dass die Lokalisierung mentaler Einheiten auf diese Art völlig von der Lokalisierung der zugehörigen Gehirnzustände abhängt. Der Geist hat keine primäre Relation zum Raum, er hat eine sekundäre Relation zu ihm. Mein Rot-Erlebnis zum Beispiel ist nichts, was dank seiner Eigenschaft als Erfahrung einen speziellen Platz innehat, vielmehr hängt seine Lokalisation einzig von der Tatsache ab, dass es mit einem Zustand meines Gehirns korreliert ist, der sich direkt lokalisieren lässt – an meinem Hinterkopf womöglich. Gedanken haben ihren Sitz nicht in der Nähe des Stirnhirns, weil das dank irgendwelcher ihnen innewohnenden Eigenschaften nun gerade der Ort ist, an dem sie sich kundtun, sondern sie sind dort, weil die Stirnlappen für ihre Existenz direkt kausal verantwortlich sind. Geisteszustände verdanken ihre Lokalisation ihrer kausalen Basis im Gehirn und nicht ihren speziellen Eigenschaften. Deshalb wird uns die grobe Lokalisierung, von der wir gerade sprechen, keine zusätzlichen Details über die räumlichen Eigenschaften von Geisteszuständen bescheren. Wir können nicht nach Größe, Form und Festigkeit von Geisteszuständen fragen, die wir in derartiger Abhängigkeit lokalisiert haben.

Auch lässt sich der Geist nicht im Raum festmachen, indem wir beispielsweise Schmerzen in unseren Händen oder ein Kitzeln unter den Achseln spüren. Erstens sind körperliche Empfindungen wie diese nur eine kleine Unterklasse von bewussten Ereignissen, weshalb dem Rest unserer bewussten Ereignisse diese Art von räumlicher Lokalisierung abgeht. Zweitens aber befinden sich Schmerzen und Kitzeln nicht wirklich in den Körperteilen, in denen sie gefühlt werden, jedenfalls nicht so wie Blut und Knochen. Wenn Sie Ihren Arm verlieren, verlieren Sie mit ihm das Blut und die Knochen, die sich in Ihrem Arm befunden haben. Aber Sie können einen Arm verlieren und dennoch Schmerzen im Arm empfinden, beim Phantomschmerz ist dies der Fall. In Wirklichkeit findet der Schmerz, wenn überhaupt, in Ihrem Gehirn statt, er wird nur in Ihren Arm projiziert. Es ist aber nicht so, dass Ihr Schmerzempfinden wirklich und tatsächlich einen Teil Ihres Armes besetzen würde. Wenn wir fragen, wie groß Ihr Schmerz ist, so gibt es auf diese Frage keine Antwort, wiewohl wir durchaus fragen können, wie groß der Teil Ihres Körpers ist, an dem Sie den Schmerz verspüren: Schmerzen haben keine räumliche Ausdehnung im eigentlichen Sinne. Hätten sie die, müsste der Patient mit den Phantomschmerzen einen Schmerz verspüren, der sich über das gesamte Volumen ausdehnt, das früher seinen Arm beinhaltet hat!

Die Nichträumlichkeit von Bewusstsein ist mit einem anderen seiner Merkmale verknüpft, und zwar mit seiner Nichtwahrnehmbarkeit. Bewusstsein befähigt uns, die Welt wahrzunehmen, ist seinerseits aber kein wahrnehmbares Ding. Sie können das Bewusstsein eines anderen nicht sehen oder mit Ihren Händen fühlen, nicht einmal, wenn das fragliche Bewusstsein Ihr eigenes ist. Sie können jemandes Bewusstsein mehr oder weniger vage aus seinem Verhalten herleiten, und Sie können Ihr eigenes Bewusstsein introspektiv unter die Lupe nehmen, doch keiner dieser Zugangswege hat die Form einer Sinneswahrnehmung. Wenn Ihre Freundin etwas Grünes anstarrt, können Sie ihr die Grünheit Ihrer Erfahrung nicht ansehen. Die Beschaffenheit von Bewusstsein schließt solcherlei Vertrautheit aus. Es handelt sich hier nicht um eine zufällige Tatsache; Bewusstsein ist *zwangsläufig* nicht wahrnehmbar. Wir können uns die Art von Sinnesorgan nicht einmal vorstellen, die uns befähigte, Bewusstsein wahrzunehmen. Unsere Augen könnten niemals eine Sehschärfe erreichen, die uns fähig machte zu sehen, was wir nun nur mutmaßen können. Dieses Merkmal von Bewusstsein hängt mit seiner Nichträumlichkeit zusammen. Die Sinne reagieren mit Hilfe räumlicher Bezüge auf räumliche Gegebenheiten. Der Geist aber ist nicht räumlich, also können die Sinne prinzipiell nicht auf ihn reagieren. Und auch die Introspektion funktioniert nicht so, dass der Geist mit dem introspektiven Vermögen unsererseits in Kontakt tritt, so wie Licht mit der Retina in Kontakt kommt oder Gegenstände unsere Haut berühren. Wenn wir unsere Geisteszustände untersuchen, ist es nicht so, dass der Geist sich auf irgendeine Weise in die Reichweite unserer Fähigkeit zur Introspektion begibt, wie dies im Falle unserer fünf äußeren Sinne der Fall wäre. Es gibt einfach keine kohärente räumliche Vorstellung von dem, wie unsere Fähigkeit zur Introspektion auf das reagiert, was im Geist vor sich geht.

Sicher ist das zum Teil der Grund für die berüchtigte Unkorrigierbarkeit der Introspektion: Sie können bezüglich Ihrer Bewusstseinszustände nicht fehlgehen, denn die Vorstellung, dass diese sich der Reichweite der Introspektion entziehen sollten, ergibt keinen Sinn. Auch ist es nicht so, dass Ihre Bewusstseinszustände immer und unbedingt Ihre inneren Rezeptoren berührten, auf dass Sie nie in die Verlegenheit kämen, sich zu irren. Diese Vorstellung von Berühren und Nichtberühren ergibt vielmehr keinen Sinn. Die Zahl 5 ist in der Reihe der ganzen Zahlen die nächstfolgende Zahl nach der Zahl 4 – ihr arithmetischer Nachbar sozusagen –, aber die Behauptung, dass die beiden einander *berühren*, ist ebenfalls sinnlos. Körper können sich berühren – zum Guten oder Schlechten –, Geisteszustände und Zahlen nicht, jedenfalls nicht buchstäblich. Die Nichträumlichkeit und die Nichtwahrnehmbarkeit des Geistes gehen also Hand in Hand. Ich kann Ihren Geist aus demselben Grunde nicht sehen, aus dem ich ihn nicht einfangen kann: Er ist ohne Masse und Konsistenz, ohne Größe und Gestalt. Er ist nicht einmal räumlich amorph wie eine Wolke, ein Kraftfeld oder ein Spritzer Wasser. Er ist kein Geschöpf des Raumes.

Das Raumproblem

Diese mangelnde Räumlichkeit des Geistes stellt ein massives und entmutigendes Problem da: Wenn das Gehirn räumlich organisiert ist, ein Stück Materie im Raum, und der Geist nichträumlich, wie um alles in der Welt kann dann der Geist aus dem Gehirn *hervorgehen*? Wie kann der Schoß des Gehirns etwas hervorbringen, das sich so radikal von ihm selbst unterscheidet? Kurz gesagt: Wie leiten wir das Nichträumliche aus dem Räumlichen her? Wie brachten es jene kleinen, räumlich organisierten Neuronen damals, an jenem Punkt der Evolution, an dem das Bewusstsein – von Gehirnaktivität eskortiert – erstmals auf der Bildfläche erschien, fertig, nichträumliche Empfindungen entstehen zu lassen? Das

Ganze scheint ein Wunder, ein Bruch in der natürlichen Ordnung. Und wie brachte es das Bewusstsein fertig, nachdem es derart ins Leben gezaubert worden war, mit dem Gehirn zu interagieren? Wie kann ein nichträumliches Ding eine enge kausale Beziehung zu einem räumlichen eingehen? Offenbar nicht vermittels räumlicher Kontakte und auch nicht mit Hilfe der Schwerkraft. Die offenkundige Nichträumlichkeit des Geistes zieht damit ein Problem der Emergenz und ein Problem der Interaktion nach sich. Diese Probleme scheinen nicht minder schwierig zu verstehen als die entgegengesetzte Hypothese: dass das Räumliche aus dem Nichträumlichen hervorgehen und mit diesem interagieren könnte. Was, wenn man uns erzählte, das nichträumliche Bewusstsein sei letzte Ursache und Fundament räumlicher Materie? Das schiene uns mit Sicherheit ganz und gar unglaubwürdig. Und doch haben wir im Falle des Gehirns jeden Grund zu der Annahme, dass das Umgekehrte möglich ist, denn das Gehirn präsentiert sich in jeder Hinsicht als Ursache und Fundament des Geistes. Was lässt sich vorbringen, um uns den Eindruck von Magie zu nehmen, der uns angesichts dieser Tatsache zunächst einmal beschleicht?

Auf diese Frage gibt es zwei Standardantworten, beiden sind wir bereits begegnet: Materialismus und Dualismus. Der Materialismus antwortet darauf, indem er schlichtweg leugnet, dass Bewusstsein nicht räumlich sei. Da dem Materialismus zufolge der Geist gleichzusetzen ist mit dem Gehirn und da das Gehirn der Standardausgabe eines dreidimensionalen Festkörpers gleichkommt, muss auch der Geist ein dreidimensionaler Festkörper sein: Er ist geformt wie eine große Walnuss und hat eine unregelmäßige Oberfläche mit vielen Falten und Furchen. Spezielle Geisteszustände, wie die Wahrnehmung eines roten Gegenstands, haben dieselbe Form und Größe wie die neuronalen Zellarrangements, die mit ihnen korrelieren. Wenn die neuronale Aktivität, die meinem Gedanken an Miami entspricht, auf meinem Cortex einen Bereich von fünf Quadratzentimetern beansprucht, dann hat auch mein Gedanke eine Fläche von fünf Quadratzentimetern. Das mag der Intuition zuwiderlaufen, aber der Materialist ist rasch bei der Hand mit der Versicherung, dass gute Wissenschaft häufig der Intuition zuwiderzulaufen scheint – wenn damit gemeint ist, dass es unserem gesunden Menschenverstand zu widersprechen scheint. Unser Alltagsbild begreift physikalische Gegenstände als durchgehend solide Einheiten, die Wissenschaft aber hat uns gezeigt, dass sie vor allem aus leerem Raum zwischen winzigen diskreten Partikeln bestehen. Die Sonne sieht aus, als ginge sie im Osten auf, in Wirklichkeit aber kommt die Bewegung von der Erde. Aus unserer Sicht sieht die Erde flach aus, in Wirklichkeit aber ist sie rund. In ähnlicher Weise sagt uns die Introspektion, unser Geist sei nicht räumlich, aber, so der Materialist, in Wirklichkeit ist er nicht weniger räumlich organisiert als das Gehirn. Damit soll das Problem gelöst sein, denn das, woraus sich das Problem ergibt, wird auf die Ebene bloßen Anscheins verwiesen.

Ich habe diese Form des Materialismus bereits erörtert und zurückgewiesen, daher will ich hier nur anmerken, dass es Grenzen gibt, bis zu denen man Alltagserfahrungen ins Reich des Scheins verweisen kann, ab einem gewissen Punkt muss man sich den Vorwurf gefallen lassen, man verschließe schlicht seine Augen vor den Tatsachen. Wenn Beobachtungen sich nicht mit der Theorie vereinbaren lassen, kann man immer beschließen, die Beobachtungen zu verwerfen. Aber es kann gut sein, dass es die Theorie ist, die falsch liegt. Alles hängt davon ab, wie zuverlässig die Beobachtungen und wie zwingend die Theorie ist. Wenn es eine andere Theorie gibt, die die Dinge ebenso gut erklärt, aber nicht von uns verlangt, dass wir die Beobachtungen über Bord werfen, dann sollte man diese Theorie vorziehen. Ich behaupte, dass es eine andere Möglichkeit gibt, das Entstehen von Bewusstsein zu erklären, dass wir uns mit der Verleugnung der beobachteten Nichträumlichkeit durch den Materialisten nicht abfinden müssen. Und weil ich glaube, dass der Eindruck von Nichträumlichkeit auf *sehr* sicheren Beinen steht, glaube ich, dass dies der bessere Weg ist. Mit Sicherheit stimmt etwas nicht an der unverblümten Behauptung, der Geist verfüge über Form, Größe und Festigkeit des Gehirns. Das erscheint nicht glaubhafter als die Behauptung, er habe die räumlichen Eigenschaften der Nieren oder von mir aus auch die des Eiffelturms.

Der Dualismus, das muss man ihm lassen, nimmt die Tatsachen ernst und würdigt sie in angemessener Weise. Er sagt: Der Geist verfügt in der Tat über keine räumlichen Dimensionen; er ist eine Substanz ohne Ausdehnung und etwas ganz anderes als das Gehirn. Demzufolge kann er auch nicht aus dem Gehirn hervorgehen, vermutlich interagiert er noch nicht einmal mit ihm. Der Geist verdankt seine Existenz einer ganz anderen Kraft, vermutlich der Gottes. Der Geist als die ausdehnungslose Substanz, die er nun einmal ist, *könnte* gar nicht aus dem Gehirn hervorgehen; allein die Idee ist ein Angriff auf die Vernunft. Die mentale Substanz existiert neben dem Gehirn und in Harmonie mit diesem, aber das hat nichts damit zu tun, dass sie dem Gehirn seine Existenz verdankt. Materie ist etwas Räumliches, Geist nicht; die Vorstellung, dass Letzterer aus Ersterem hervorgehen solle, ist sinnlos.

Auch den Dualismus habe ich bereits ausführlich diskutiert und für mangelhaft befunden. Der Standpunkt, den ich im dritten Kapitel entwickelt habe, besagt, dass irgendeine Form generativer Beziehung zwischen Geist und Gehirn unvermeidlich ist, und damit wird der Dualismus unhaltbar, gleichgültig, wie sehr er unserem Verständnis auf den ersten Blick auch entgegenkommen mag. Aber der Dualismus versucht zumindest, das Augenfällige zu respektieren. Was gebraucht wird, ist eindeutig eine Position, die bezüglich der nichträumlichen Beschaffenheit von Bewusstsein mit dem Dualismus im Einklang steht, dem Materialismus jedoch darin beipflichtet, dass Geist irgendwie aus Materie hervorgeht. Eine solche Position mag wie eine Unmöglichkeit klingen, aber ich gebe zu bedenken, dass eine Menge für sie spricht. Um das zu erkennen, müssen wir allerdings ein paar radikal spekulative Purzelbäume vollführen. Der Schlüssel hierzu ist die Einsicht, dass das Gehirn selbst nicht die simple räumliche Gegebenheit ist, für die wir es halten. Statt die Nichträumlichkeit des Geistes zu leugnen, stelle ich im Grunde die Räumlichkeit des Gehirns in Frage, wozu es einiger Erklärungen bedarf.

Der Ursprung des Raumes

Denken Sie darüber nach, wie das Universum vor dem Urknall ausgesehen haben mag.[2] Kosmologen erklären uns, dies sei der Punkt gewesen, an dem Raum und Materie ihren Anfang nahmen. Eine unendlich dichte „Singularität" entlud sich in einer gewaltigen Explosion, die Materie nach allen Richtungen schleuderte und so zwangsläufig auch den Raum entstehen ließ. Das physikalische Universum wurde und war zu großen Dingen auserkoren. Ich weiß, dass viele Kosmologen es nicht gerne haben, wenn Leute das sagen, aber wir können nicht umhin, uns zu fragen, wie die Dinge gelegen haben, *bevor* Materie und Raum auf diese Weise geschaffen wurden. Für mich sieht es so aus, als müsse der Urknall eine Ursache gehabt haben und als läge diese Ursache in einem Stadium der Realität, das dem der Erschaffung von Raum und Materie vorausging. Ich sehe keinen triftigen Grund zu bestreiten, dass das Universum vor dem Urknall in einem womöglich ganz anderen Zustand existiert haben könnte. Schließlich hat es sich seit jenen frühen ersten Sekunden dramatisch verändert, Sterne und Galaxien, Lebensformen und Bewusstsein entstehen lassen. Warum also nicht die Möglichkeit zulassen, dass es in einem früheren Stadium existiert haben könnte, in dem sein Inhalt in nichts dem ähnelte, was wir heute um uns herum beobachten? Vielleicht entwickeln die Kosmologen eines Tages Theorien darüber, wie dieses prämaterielle Universum ausgesehen haben könnte. Es ist schwer vorstellbar, woher man Hinweise auf so etwas bekommen könnte, aber es war einst auch schwer vorstellbar, dass wir jemals Hinweise haben würden, die uns etwas über den Urknall mitteilen.

Wie auch immer, konzentrieren Sie Ihren Geist auf das Universum vor dem Urknall. Wenn die Kosmologen Recht haben, kann dieses kein räumliches Universum gewesen sein, da Raum zusammen mit Materie erst im Nachhall des Urknalls entstanden ist. Das aber würde bedeuten, dass die Ursache von Raum selbst nicht von räumlicher Beschaffenheit gewesen sein muss, so wie die Ursache von Materie nicht materieller Natur gewesen sein kann, zumindest nicht mit dem zu vergleichen, wie Materie heute aussieht. Das Räumliche ist irgendwie aus dem Nichträumlichen oder Prä-Räumlichen hervorgegangen.

Das ist eine Art Umkehrung zu der Entstehung von Bewusstsein aus dem Gehirn. Das Universum hatte gewisse Eigenschaften und gehorchte bestimmten Gesetzen, die dazu führten, dass sich an einem bestimmten Punkt eine Singularität bildete und das Ergebnis in Raum und Materie bestand. Wenn das richtig ist, dann wissen wir, dass das Universum im Stande ist, eine Art von Transformation des Nichträumlichen in das Räumliche zu vollziehen, und das sollte uns für die Idee einer umgekehrten Überführung im Falle von Gehirn und Bewusstsein empfänglicher machen. Derartig gewaltige Strukturtumulte gehören zur Tagesordnung des Universums; aus kosmologischer Sicht sind sie womöglich gar nicht so aufregend. Ich habe keine Ahnung, wie die Transformation stattgefunden hat oder von was sie ausgegangen ist, aber es scheint, als gäbe es Grund zu der Annahme, dass so etwas tatsächlich geschehen ist. Wer weiß, vielleicht ist der Raum im Laufe der unvorstellbar langen Geschichte des Universums unzählige Male entstanden und wieder vergangen.

Vielleicht hat das Bewusstsein sich jener nichträumlichen Merkmale des vor dem Urknall bestehenden Universums bedient, um sich selbst zum Sein zu verhelfen. Das Universum hatte in seiner „Prä-Urknall-Phase“ eine nichträumliche Dimension, und diese blieb in irgendeiner Form bestehen, als der Urknall die Beschaffenheit des Universums von Grund auf veränderte. Physikalische Größen bleiben im Allgemeinen erhalten, und dieses Prinzip der Erhaltung stellte sicher, dass der frühere Zustand des Universums nicht völlig ausgelöscht wurde. Er wurde durch Raum und Materie überdeckt, blieb aber im Hintergrund erhalten und wartete, bis seine Zeit gekommen war. Schließlich hatten Gehirne ihren epochalen Auftritt. Sie gerieten an diese vorräumliche Dimension und wandelten sie, vielleicht zusammen mit anderen Naturgegebenheiten der Welt, in Bewusstsein. Die nichträumliche „Dimension“ wurde, wenn man so will, durch das Gehirn zu neuem Leben erweckt und bewegte sich fortan im Kleid des Bewusstseins. Das Gehirn ist bekannt für seine Nutzung der Elektrizität, einer Kraft, die bereits lange vor der Existenz von Gehirnen vorhanden war. Mit ihrer Hilfe betreibt es sein Geschäft und geht der Regelung von Geistesangelegenheiten nach. Vielleicht bedient es sich auch der nichträumlichen Eigenschaften des frühen Universums, um einen nichträumlichen Geist entstehen zu lassen. Bis Gehirne im Spiel waren, ruhten diese Eigenschaften, das Gehirn aber erweckte sie wieder zum Leben und bescherte der Welt damit den bewussten Geist. Das würde bedeuten, dass Geist trotz alledem ein Aspekt von Materie ist, allerdings einer, der der normalen Vorstellung von Materie nicht entspricht. Jene urtümlichen vorräumlichen Eigenschaften wären somit Ursache sowohl von Materie als auch von Geist, denn sie erklären den Urknall *und* die Emergenz von Bewusstsein. Sie haben einen gewissen Anspruch darauf, als *die* grundlegendste Realität zu gelten. Sie sind das, was zum Zeitpunkt des Urknalls in Materie transformiert wurde, und sie sind das, was Materie in Gestalt von Hirngewebe in die Lage versetzt, Bewusstsein entstehen zu lassen.

Selbstverständlich habe ich keinerlei Vorstellung davon, wie diese Dimension der Realität aussieht, woraus sie besteht und nach welchen Gesetzen sie funktioniert. Ich habe nur, höchst spekulativ zwar, deduziert, dass in Anbetracht dessen, was wir sonst noch über das Universum wissen, irgendetwas Derartiges zutreffen muss. Wenn Sie einen elektrischen Schlag bekommen, wissen Sie, dass es in der Welt eine Kraft gibt, die eine solche Wirkung hat, aber Sie sind vielleicht nicht in der Position, sagen zu können, woraus die Kraft besteht. Wissenschaftler mutmaßen oft, dass die Wirklichkeit irgendeine neue Einheit oder Kraft beinhalten *muss*, bevor diese Einheit oder Kraft identifiziert und untersucht ist. Wenn die gegenwärtigen Spekulationen zutreffen (und sie sind nicht mehr als Spekulation), dann kommen wir zu dem seltsamen Ergebnis, dass womöglich die beste Möglichkeit, den Urknall zu verstehen, über unser heutiges Bewusstsein führt, denn das Bewusstsein muss Remineszenzen an jene fern zurückliegende Zeit in sich tragen. Bewusstsein ist sozusagen ein Fossil des frühen Universums, aus einer Zeit noch, bevor der Urknall sein transformierendes Werk vollbrachte, Spur einer Zeit und Wirklichkeit, die nicht mehr ist. Das nichträumliche Universum wurde ausgelöscht, als der Urknall die Dinge durcheinander wirbelte, doch seine

Überreste und Echos überlebten in Gestalt menschlichen und tierischen Bewusstseins bis in die heutige Zeit.

Das ist sicher ein eigenwilliger Gedanke mit einer eigenen, seltsamen Logik. Er erhebt das innere Wirken des Bewusstseins zu einem fundamentalen Faktum des Universums, hoch hinaus über das Niveau eines relativ jungen Nebenprodukts evolutionärer Prozesse. In gewissem Sinne lässt er Bewusstsein zu etwas Urtümlicherem werden als Raum und Materie, zumindest was seine Grundbausteine betrifft. Kein Zweifel, dass etwas hinzugefügt werden musste, um zu einem ausgewachsenen Bewusstsein zu gelangen, aber der nichträumliche Kern des Geistes erweist sich als wirklich uralt. Die Bausteine des Geistes mögen nicht so alt sein wie Zahlen, die seit aller Ewigkeit existieren, aber sie lassen Raum und Materie im Vergleich recht jung aussehen.

Ob ich Sie feierlich auffordere, all das zu glauben? Nein. Ich stelle eine vage Spekulation an, die auf ihr Für und Wider zu prüfen ist. Vielleicht werden wir niemals in der Lage sein, Beobachtungen oder Experimente anzustellen, die uns in die Lage versetzen werden, diese Theorie zu bestätigen, das aber heißt nicht, dass sie nicht wahr oder nicht zumindest ein Schritt in die richtige Richtung ist. Im Falle des Bewusstseins ist es vonnöten, dass wir die radikalsten Ideen ersinnen, verfeinern und überprüfen. Sie vermögen uns vielleicht eine gewisse Vorstellung davon zu vermitteln, wie die Welt beschaffen sein muss, damit Bewusstsein möglich wird, selbst wenn wir unsere Forschung nie weiter betreiben können als bis zu einem kurzen, voreingenommenen Blick auf das, was diesem verblüffenden Aspekt der Wirklichkeit zu Grunde liegen könnte. Spekulation hat etwas für sich, solange man sie nicht mit harten Fakten verwechselt.

Die vorangegangene Spekulation geht davon aus, dass wir im Großen und Ganzen richtig liegen mit unserer Beurteilung, was für ein Ding Raum ist: ein dreidimensionales Reich voller voluminöser Objekte. Damit ergibt sich das Problem, wie sich dem Bewusstsein ein Platz in der Welt zuordnen lassen sollte, wenn sich dieses doch nicht in einem Raum mit solchen Eigenschaften dingfest machen lässt. Aber es gibt noch einen anderen Ansatz zu bedenken, einen radikaleren vielleicht noch als den vorigen, und zwar den, dass wir womöglich mit unserer Einschätzung dessen, was Raum wirklich ist, völlig falsch liegen. Damit wäre das Problem doch nicht der Umstand, dass Bewusstsein *nicht*räumlich ist, sondern vielmehr der Umstand, dass Raum etwas ganz anderes ist, als wir glauben, und so ließe sich Bewusstsein vielleicht wunderbar mit der *wirklichen* Natur des Raumes vereinbaren. Wenn ich also wiederholt erklärt habe, dass der Geist keine räumlichen Eigenschaften besitzt, muss man dies so verstehen, dass ich damit habe sagen wollen, dass er nicht die Eigenschaften hat, die wir dem Raum *zuordnen*. Das aber steht im Einklang mit der Aussage, dass er möglicherweise über Eigenschaften verfügen könnte, die dem Raum *objektiv* zu Eigen sind. Denn Raum ist objektiv betrachtet womöglich etwas ziemlich anderes als das, was wir uns unter ihm vorstellen. So gesehen ist das Wort „Raum" nur ein Etikett für *etwas* da draußen, ein Medium, in dem sich alle Dinge befinden: Es transportiert keine inhaltliche Aussage über die *Eigenschaften* des von ihm benannten Mediums. Demzufolge pflegen wir womöglich eine sehr voreingenommene – oder gar grundfalsche – Sicht der wahren Natur des Raumes, und Bewusstsein lässt sich nur in Relation zu diesem unzulänglichen Bild des Räumlichen nicht als regulärer Bestandteil des

Raumes fassen. Der Geist verfügt nicht über Länge, Breite und Höhe, wie wir sie normalerweise wahrnehmen, doch sind dies vermutlich bestenfalls oberflächliche kurze Eindrücke von dem, was Raum seinem objektiven Wesen nach wirklich ist. Wir erfahren Raum vermittels unserer Sinne auf eine bestimmte Weise, und auf diese Weise denken wir über ihn, aber das sagt womöglich nichts darüber aus, wie der Raum an sich wirklich beschaffen ist. Vielleicht verfügt der Raum objektiv über eine Struktur, die ihn in die Lage versetzt, Geist und Materie auf einfache und natürliche Art zusammen in sich zu vereinen, die Art dieser Zusammenführung aber entzieht sich unserem gegenwärtigen Verständnis von Raum.

Im Bild der vorherigen Spekulation ausgedrückt, wäre dann die richtige Art, den Übergang vom Prä-Urknall zum Post-Urknall zu beschreiben, eine Transformation des Raumes selbst. Nach dem Urknall wuchsen dem Raum die Eigenschaften zu, die wir ihm heute zuschreiben, wobei ihm sein Vorläufer im tiefsten Inneren seines Wesens erhalten geblieben ist. Der Raum hat also überdauert, ist jedoch irgendwie modifiziert worden. Sein Wesen ist nach dem Urknall gleich geblieben, und dieses verknüpft ihn mit Bewusstsein, aber er hat ein anderes Äußeres. Unter diesem Äußeren ist der Raum dem Bewusstsein gegenüber ganz und gar aufgeschlossen, schmiegt das Bewusstsein sich seinen Gegebenheiten perfekt an. Das Äußere aber lässt es für uns so *aussehen*, als sei er mit dem Bewusstsein unvereinbar. Wenn wir nur einen besseren Begriff vom wirklichen Wesen des Raumes hätten, bis hinunter ins Allerkleinste seiner Ultrastruktur, dann würden wie einsehen, dass Bewusstsein etwas ebenso Räumliches ist wie Äpfel, Felsen und Kontinentalplatten. Mit anderen Worten: Es ist nur unsere Unkenntnis des Raumes, die uns glauben lässt, Bewusstsein sei etwas Nichträumliches. Richtig ist vielmehr, dass es nur *in Bezug* auf unsere gegenwärtige Vorstellung von Raum nichträumlich ist. Angenommen, unsere Vorstellung von Raum gestünde diesem nur zwei Dimensionen zu. Dann hätten Sie Schwierigkeiten mit der Vorstellung, dass ein dreidimensionaler Gegenstand wie ein Apfel ein räumliches Objekt ist: Mit seiner herausragenden Extradimension passt er einfach nicht in einen zweidimensionalen Raum. Das ist jedoch kein Grund, Äpfel an sich für nichträumlich zu erklären. Es zeigt nur, dass unsere Vorstellung von Raum in diesem Falle zu dürftig ist, um die Realität des von einem Apfel eingenommenen Raumes zu erfassen. In ähnlicher Weise passt der Geist nicht in die dreidimensionale Welt solider Festkörper, das aber heisst nicht, dass er nicht in eine umfassendere Vorstellung von einer räumlichen Welt passen würde. Womöglich verfügt Raum über eine bisher nicht wahrgenommene, unerkannte und unvorstellbare Struktur, die dem Bewusstsein ein bequemes Zuhause bietet. Und es braucht ein Zuhause. Irgendwo.

Naiver und realer Raum

Ehrlich gesagt, mir gefällt diese Spekulation. Der Grund dafür ist, dass sie so gut zur historischen Entwicklung unseres Denkens über den Raum passt. Woher nehmen wir unsere Vorstellung vom Raum? Wir haben eine Art Alltagsmeinung über den Raum, eine Sicht, mit der wir aufgewachsen sind und die wir als gegeben nehmen. Sie basiert auf den Auskünften unserer Sinne, des Sehens vor allem, und reflektiert unsere spezielle Betrachtungsweise von Raum: die Sichtweise von Lebewesen, die auf der Oberfläche eines kleinen Planeten umherstromern, der in einem entlegenen Winkel eines Furcht erregend großen Universums seine Kreise zieht. Als Kinder schon schnappen wir diese Alltagsmeinung auf, oder vielleicht entwickelt sie sich auch spontan in uns, wir stellen ihre objektive Richtigkeit nie in Frage. Uns kommt es vor, als stehe die Erde unter unseren Füßen fest im Raum, während wir uns auf ihr bewegen. Sonne und Sterne scheinen über unseren Häuptern dahinzuwandern, während die Erde gelassen in Ruhe verharrt. Gegenstände fallen durch den Raum auf die Erde, als gäbe es keine andere Möglichkeit, wohin sie fallen könnten. Raum erscheint uns als dreidimensional und zeitunabhängig. Die Geometrie, die wir in der Schule lernen (das Euklidsche Erbe), scheint uns die korrekte Darstellung der Formen, aus denen die Dinge im Raum bestehen. Unser Gewicht ist das, was uns auf der Erde hält, und es scheint keine Kraft von außen zu geben, die uns gleichzeitig nach oben zerrt. Geschosse verlangsamen ihre Bewegung und fallen von selbst zur Erde. Es ist ein erdzentrischer Raum mit dem Menschen im Ruhezentrum aller Dinge, und uns gefällt das so. Raum fühlt sich an wie ein Feriendorf, schön eingerichtet für die menschliche Benutzung.

Doch wie wir heute wissen, ist das meiste davon falsch. Die Erde ist nicht flach, mag die Krümmung von unserem Standpunkt auf ihrer Oberfläche aus auch so sachte sein, dass das menschliche Auge sie nicht wahrnimmt, und sie steht auch nicht still. Vielmehr dreht sie sich mit gleich bleibender Geschwindigkeit im Tagesrhythmus, wobei Trägheit uns mit dieser Bewegung Schritt halten lässt. Außerdem bewegt sie sich, allem Schein zum Trotz, dem zufolge es die Sonne ist, die tagtäglich den Himmel zu durchschreiten scheint, in Wirklichkeit selbst um die Sonne. Schwerkraft zieht uns der Erdoberfläche entgegen, wenngleich wir auch den Gravitationseinflüssen der Sterne und Planeten um uns herum unterworfen sind, die allerdings zu schwach sind, um uns abheben zu lassen. Der Relativitätstheorie zufolge stehen Zeit und Raum in enger Beziehung zueinander, und der Raum ist

– in Verletzung aller Euklidischen Prinzipien – gekrümmt. In manchen Theorien der Quantenwelt gibt es weit mehr als drei räumliche Dimensionen und auch sehr viel mehr Räume insgesamt als den einen, in dem wir existieren (beispielsweise in der „Many Worlds"-Hypothese der Quantenmechanik). In der Quantentheorie ist sogar die Rede von räumlich getrennten Ereignissen, die kurzzeitig und ohne die Hilfe eines Mediums zur Interaktion kausale Einflüsse aufeinander ausüben (so genannte *non locality effects*). Tatsache ist jedenfalls, dass wir mit unserer Alltagsmeinung vom Raum bereits wiederholt auf dem Trockenen saßen. Auf keinen Fall liefert sie uns einen wahrheitsgetreuen, unvoreingenommenen Blick auf das, was Raum wirklich ist. Sie reflektiert unsere kleinkarierte menschliche Perspektive, unseren speziellen Blick auf die Welt in Abhängigkeit von unserer Funktion und unseren sensorischen Beschränkungen. Zu den größeren Revolutionen innerhalb der Physik hat eine gründliche Revision unseres naiven Blicks auf die Natur des Raumes gehört. Das war bei Kopernikus so, bei Galilei, Newton, Einstein und anderen. Abnorme Phänomene werden beobachtet, die der vorherrschenden Sicht der Welt nicht entsprechen, und diese lassen sich nicht handhaben ohne radikale Revisionen unserer Vorstellung von Raum. Wir scheinen von Natur aus anfällig dafür, Raum falsch zu interpretieren, und die Wahrheit wird uns nur langsam und schmerzlich offenbar.

Ich habe den Verdacht, dass der bewusste Geist ein weiteres dieser abnormen Phänomene darstellt. Auch sie stellen unsere Vorstellung von Raum auf den Prüfstand, lassen es unmöglich erscheinen, dass Raum und Bewusstsein koexistieren können. Geist aber ist, anders als Zahlen, kausal mit Materie im Raum korreliert, also kann er sich nicht völlig *außerhalb* des Raumes befinden. Wenn Raum nun aber etwas ist, was alle kausal verknüpften Dinge enthält, dann muss der bewusste Geist in *irgendeinem* Sinne im Raum vorhanden sein. Die Art und Weise dieses Vorhandenseins aber entzieht sich uns. Wir benötigten eine neue Vorstellung von Raum, um begreifen zu können, wie Geist in dessen gastliche Nischen schlüpfen kann, aber diese neue Vorstellung liegt gegenwärtig jenseits unseres Verständnisses. Wir wissen, sie kann Raum nicht einfach als Aufbewahrungsort und Tummelplatz von Gegenständen mit Gestalt, Größe und Festigkeit sehen, denn Bewusstsein ist etwas anderes. Raum muss geräumig genug sein, um auch Entitäten von anderer Beschaffenheit ein komplettes Zuhause zu bieten. Er muss sozusagen zwei Abteilungen haben, eine für Materie, eine für Geist – diese beiden Abteilungen aber müssen auf irgendeine Weise miteinander verbunden sein. Sie müssen kontinuierlich ineinander übergehen. Gehirne existierten somit sowohl in dem einen Kompartiment als auch im anderen, was heißen soll, dass sie *im gegenwärtigen Sinne des Wortes* nicht ganz und gar räumlich sind. Sie müssen Eigenschaften haben, die sie für das Kompartiment geeignet machen, in dem Bewusstsein zu Hause ist, weil sie Bewusstsein hervorbringen, und sie müssen Eigenschaften haben, die sie mit Tischen und Bergen in eine Reihe stellen. Mit anderen Worten, sie (die Gehirne) müssen räumliche Eigenschaften besitzen, die sie anderen räumlichen Dingen wie Tischen und Bergen ähnlich machen. Vielleicht stehen andere materielle Objekte mit diesem zusätzlichen Aspekt des Raumes in keiner engeren Beziehung, weil ihre Eigenschaften keine weiteren Aspekte des Raumes voraussetzen als die, die uns gegenwärtig bekannt sind. Gehirne aber müssen einen Fuß in beiden Kompartimenten haben, denn ihre Aufgabe ist es, etwas hervorzubringen, dessen ganzes Wesen durch jenen Aspekt des Raumes definiert ist, der für gewöhnliche materielle Gegenstände ohne Belang ist. Geist gründet sich auf tiefere Aspekte des objektiven Raumes als diejenigen, die in gewöhnlichen Objekten zum Tragen kommen, daher müssen Gehirne diesen Aspekten auch in irgendeiner Weise zugänglich sein.

Kurz, Gehirne sind nicht nur Bewohner des gewöhnlichen physikalischen Raumes. Unseren Sinnen scheint es so, weil unsere Sinne nur auf die Aspekte des Raumes geeicht sind, die sich in gewöhnlichen Gegenständen bemerkbar machen, aber in diesem Punkt täuschen uns unsere Sinne. Am Gehirn ist nicht nur mehr dran als uns – metaphorisch gesprochen – ins Auge fällt; das Gehirn existiert überdies in einer räumlichen Sphäre, die für das Auge buchstäblich unsichtbar ist. Das ihm eigene Wesen ist damit weit entfernt von dem gewöhnlicher Gegenstände wie Felsen, Nieren, Galaxien. Dramatisch formuliert: Gehirne sind Gegenstände, die ihren eigenen Raum in sich tragen; sie besitzen räumliche Attribute, die nur ihnen eigen sind. Das heißt aber nicht, dass sie in ihrem eigenen Raum existieren und abgeschnitten sind vom gewöhnlich wahrnehmbaren Raum, denn sie stehen mit anderen materiellen Gegenständen nun einmal in räumlicher Beziehung. Vielmehr existieren alle Objekte in einem Raum, wobei dieser Raum als das definiert wird, was alle Gegenstände enthält, Gehirne aber bedienen sich aktiv gewisser Aspekte des Raumes, die von anderen Objekten ignoriert werden. Andere Gegenstände sind einfach nicht gezwungen, sich mit den tieferen Aspekten des Raumes abzugeben, weil ihnen nicht die Verantwortung auferlegt ist, jenes räumlich abnorme Phänomen namens „Bewusstsein“ hervorzubringen.

Raumblindheit

Es ist ungemein schwer, seinen Verstand für das Bild zu gewinnen, das ich hier zu zeichnen versuche. Wir befinden uns am Rande des Sagbaren. Ich kann mich in der Regel auf diese Gedanken nur ein paar Minuten pro Monat einlassen.

Ich hoffe aber, genug gesagt zu haben, um Ihnen einen Eindruck davon zu vermitteln, wie die Welt beschaffen sein müsste, damit Bewusstsein einen erklärbaren Platz darin finden kann. Und sie muss einigermaßen seltsam sein – gemessen am Stand der heutigen Kosmologie zumindest. Dennoch müssen wir uns, wie ich bereits mehr als einmal angemerkt habe, vielleicht mit ein paar eigenwilligen Spekulationen herumschlagen, wenn wir versuchen wollen, etwas zu verstehen, was sich konventionellen Verständnismethoden entzieht.

Der Weg vorwärts, so denken Sie jetzt vielleicht, wird in dem Versuch bestehen, jene neue Vorstellung von Raum zu entwickeln, von der ich gesagt habe, dass sie notwendig ist. Lassen Sie uns also mit dem fröhlichen Geschäft des Theorienaufstellens beginnen! Wie viele räumliche Dimensionen werden vonnöten sein? Welche Art von Geometrie ist geeignet? Welche ausgeklügelten Krümmungen und chaotischen Subprozesse werden erforderlich werden? Doch hier muss ich meine schon gewohnte pessimistische Äußerung von mir geben, denn es gibt wirklich keinen Grund zu der Annahme, dass wir die benötigte neue Theorie des Raumes werden entwickeln *können*. Es ist eine Sache zu sagen, dass wir eine neue Theorie des Raumes benötigen, um Bewusstsein zu erklären, eine ganz andere ist es zu fordern, dass eine solche Theorie dem Menschen zugänglich sein soll. Die Frage ist wie immer, ob unser Erkenntnisvermögen, mit dem die Evolution uns ausgestattet hat, hinreicht, die radikal neue Vorstellung von Raum zu entwickeln, von der ich behaupte, dass sie zum Verständnis von Bewusstsein notwendig ist.

Unsere kognitiven Fähigkeiten dienten ursprünglich einem unbarmherzig pragmatischen Zweck: Sie hatten dazu beizutragen, unseren Körper zur richtigen Zeit an den richtigen Ort zu bugsieren, auf dass dies unsere Chancen auf die Weitergabe unserer Gene erhöhe. Verschiedene Tierarten ließen sich in der Tat anhand ihrer charakteristischen Bahn im Raum definieren: Fische durchziehen, von Flossen angetrieben, den Raum auf einer Art Wasserweg; von Flügeln getragen, durchstreifen Vögel die Lüfte mit ihrem jeweils ganz eigenen, speziellen Muster; Maulwürfe graben mit ihren kurzen Vorderbeinen endlose Tunnel durch das Erdreich, Menschen stolzieren auf zwei bizarr verlängerten Gliedmaßen auf der Erdoberfläche einher – manchmal unter Zuhilfenahme seltsamer mechanischer Gerätschaften wie Hochgeschwindigkeitszügen. Die sensorischen und kognitiven Systeme der unterschiedlichen Arten entsprechen den unterschiedlichen räumlichen Anforderungen, die an sie gestellt werden. Das Sehen auf große Entfernungen beispielsweise ist beim Adler besser ausgebildet als beim Maulwurf, ein Adler muss seine Beute aus großer Höhe erspähen, während Maulwürfe überhaupt keine gute Sicht benötigen. Solche Brillanz verleiht dem Adler jedoch keinerlei besonderes Talent im Hinblick auf sein wissenschaftliches Verständnis vom Raum. Das Leitsystem des Adlers, über Jahrmillionen durch die natürliche Selektion geformt, passt perfekt zu seiner Lebensweise. Dieses System aber ist nicht geeignet für die Lösung theoretischer Probleme über den Raum; sein Ziel ist vor allem praktisch. Die Adler warten noch auf ihren scharfschnäbligen Newton, ihren gefiederten Einstein. Dasselbe gilt für Tierarten im Allgemeinen: Sie verstehen den Raum gut genug für ihre Zwecke, zu diesen Zwecken aber gehört nicht die Erforschung der Geheimnisse des Universums. Warum sollte es bei uns anders sein? Unsere Auffassung von Raum ist bedingt durch unsere menschliche Physiologie, unsere speziellen Sinne, unsere charakteristische Muskulatur. Wenn das Leben auf der Erde sich in erster Linie um Fressen, Flucht und Fortpflanzung dreht, dann wird unsere Wahrnehmung des Raumes darauf ausgelegt sein, ebendiesen Aktivitäten entgegenzukommen. Das ist meilenweit davon entfernt, ein theoretisches Verständnis vom Wesen des Raumes erwerben zu wollen, in dem auch das Bewusstsein erfasst wird.

Man mag einwenden, dass wir in unseren räumlichen Vorstellungen nicht gar so beschränkt sind, wie dieses rohe biologische Bild es vermuten lässt. Schließlich haben wir in unserem Verständnis des Raumes große Fortschritte zu verzeichnen, und ein Großteil davon hat keine eindeutig biologische Erklärung. Ist nicht gerade die Wissenschaft etwas, was uns in die Lage versetzt, uns über das biologische Gebot unserer Art hinwegsetzen zu können? Das ist wohl wahr, aber man muss es auch richtig sehen. Es ist eben nicht so, dass Wissenschaft sich auf geistige Fähigkeiten stützt, die haushoch über unseren evolutionären Anlagen stehen, so als habe Gott uns zum Ausgleich für unsere dürftigen biologischen Ressourcen einen Teil seiner selbst überlassen, wobei er diese Großzügigkeit Adlern, Maulwürfen und Haien jedoch vorenthalten hat. Vielmehr sind die uns von der Biologie verliehenen Fähigkeiten im Dienste von etwas ausgewählt und geformt worden, was nicht zu den Gründen ihrer Existenz gehört. Wie ich in Kapitel 2 erklärt habe, ist der Spitzentanz ein Nebenprodukt von motorischen Fähigkeiten, die aus anderen Gründen existieren, und nicht etwa eine Eingebung aus irgendeinem Reich hinter dem Monde. In ziemlich ähnlicher Weise ist Wissenschaft ein Nebenprodukt von Fähigkeiten, deren Daseinsgrund nicht darin besteht, „Wissenschaft zu betreiben“. Vom Standpunkt der Gene aus betrachtet, missbrauchen wir eigentlich unsere geistigen Fähigkeiten, wenn wir sie in den Dienst von Kunst und Wissenschaft stellen, denn solcherlei unwichtiges Treiben lenkt uns nur von dem ernsthaften Geschäft ab sicherzustellen, dass sie – die Gene – als Kopien in die nachfolgenden Generationen hineingelangen. Es gibt sogar ein paar „unverantwortliche“ Menschen, die sich dafür entscheiden, auf Kinder zu *verzichten* und ihr Leben der Kunst und der Wissenschaft zu weihen. Die Gene mögen diese Tendenz unter den Menschen zu Beginn des 21. Jahrhunderts beklagen, aber sie haben in unseren Köpfen jenen Apparat geschaffen, der sich im Dienste derart verwerflicher Ziele einsetzen lässt. Jedes Werkzeug lässt sich für Zwecke missbrauchen, für die es nicht vorgesehen ist, und genau das ist es, was wir mit den intellektuellen Werkzeugen tun, die uns von jenen erfinderischen (aber kurzsichtigen) Genen in unser Gehirn gepflanzt worden sind. Das aber bedeutet, dass wir den ursprünglichen Zweck der in unseren Köpfen installierten Instrumente niemals transzendieren können. Stets werden wir durch ihre Struktur und Funktion eingeschränkt werden, wir können uns drehen und wenden, wie wir wollen.

Wie ich bereits erörtert habe, gibt es gute Gründe für die Annahme, dass wir bei der Lösung des Körper-Geist-Problems von unseren kognitiven Grenzen behindert werden. Wenn wir diese Ansicht jedoch mit anderen in diesem Kapitel diskutierten Aspekten zusammennehmen, gelangen wir zu der Schlussfolgerung, dass wir auch im Hinblick auf die wahre Natur des Raumes an die Grenzen unseres Erkenntnisvermögens stoßen. Es gibt Gegebenheiten an der objektiven Beschaffenheit des Raumes, für deren Handhabung die kognitiven Werkzeuge in unseren Köpfen nicht geeignet sind. Genauso, wie wir nicht jede Facette des Raumes sehen, können wir auch nicht alles an ihm verstehen. Unser Verständnis ist so bruchstückhaft wie unsere Wahrnehmung von ihm. Und ich glaube, es ist deutlich geworden, dass die zur Erfassung von Bewusstsein notwendige Ausweitung oder Erneuerung unserer Sicht des Raumes recht weit außerhalb von allem liegt, was wir derzeit begreifen oder uns vorstellen können. Vielleicht wird es sich, so könnte ich mir vorstellen, als möglich erweisen, irgendeine Art rein formales oder mathematisches Raummodell zu entwerfen, mit dem sich Bewusstsein umschreiben ließe. Doch dies wird sich nicht in eine intuitive Vorstellung von dem verwandeln lassen, was mit ihm modelliert wird. Und selbst das kommt mir eher als unbegründete Hoffnung vor denn als reale Aussicht. Natürlich sollte ich an der Endgültigkeit unseres Unwissens in diesem Falle nicht dogmatisch festhalten, aber ich hege den starken Verdacht, dass unser gegenwärtiger Zustand der Verwirrung eine große Lücke in unserem Vermögen signalisiert, die Welt darzustellen. Unser Geist steht einer korrekten Theorie des Raumes so ähnlich gegenüber wie der Geist eines Adlers der Relativitätstheorie.

In einer Episode der Fernsehserie *Star Trek: Voyager* versuchte Captain Janeway dem in die falsche Zeit geratenen Leonardo da Vinci zu erklären, weshalb es ihm so schwer fällt, die Hightechwelt um ihn herum zu verstehen. Sie fragt ihn, wie er die Welt sehen würde, wenn er nur ein bescheidener Spatz wäre. Er antwortet ihr, dass er dann auf einem Zweig sitzen, nach einem Weibchen tschilpen und seinen Kopf ganz gewiss nicht mit solchen theoretischen Fragen belasten würde. Die Welt wäre *klein*, grübelte er. Die Kommandantin fragt ihn daraufhin ein bisschen wie Sokrates, ob dasselbe nicht auch für den menschlichen Geist gelten könnte, wenn man ihn aus größerer Perspektive betrachtete. Leonardo hielt einen Moment inne und antwortet dann, großer Mann, der er nun einmal war, dass er ein Narr wäre, ließe er diese Möglichkeit nicht zu. Wir alle sind Geschöpfe mit Grenzen, jeder auf seine Art, selbst Genies wie Leonardo. Er fing an, seinen eigenen Mangel an Verständnis zu verstehen. Das ist es, was ich über Raum, Bewusstsein und menschliches Verständnis sagen will. Offen gestanden, würde es mich nicht überraschen, wenn dieser Austausch zwischen Janeway und Leonardo auf mich zurückfiele. Die Macher der Serie durchstöbern Wissenschaftsartikel nach neuen Ideen, die sich in ein Weltraumdrama umsetzen lassen, und in

Scientific American gab es vor ein paar Jahren einen Artikel, in dem ich als der „wohl radikalste der so genannten Mysteriker" tituliert wurde. Die Analogie zwischen menschlichem und tierischem Geist ist, wie der geneigte Leser bemerkt haben wird, ein Dauerthema von mir. Wie dem auch sei, es wäre ein schöner Gedanke, dass meine Formulierungen zur These von den kognitiven Grenzen unseres Naturerkennens ein *Star-Trek*-Motiv abgegeben hätten. Auf jeden Fall habe ich beifällig genickt, als ich die beiden Darsteller über die Unausweichlichkeit kognitiver Grenzen beim Menschen diskutieren hörte. Wer weiß, vielleicht wird Seven of Nine, die kurvenreiche gezähmte Borgfrau, eines Tages selbst zur Mysterikerin.

Bewusstsein und Raum sind zwei der selbstverständlichsten Dinge der Welt. Unser Bewusstsein ist uns in jedem Moment unseres Wachseins (und auch in unseren Träumen) gewärtig; wir können ihm nicht entfliehen, selbst wenn wir das manchmal am liebsten täten. Raum ist überdies ein allgegenwärtiges Merkmal der Welt, er durchdringt jede unser Wahrnehmungen; ihm lässt sich ebenso wenig entfliehen wie dem Bewusstsein. Wir sind daher versucht anzunehmen, dass wir einen räumlich privilegierten Einblick in die wahre Natur von Bewusstsein und Raum genießen. Wir glauben, Bewusstsein direkt, ohne Vermittlung, in seiner nackten, unverfälschten Form zu untersuchen. Wir sehen den Raum vor uns ausgebreitet, erfassen intuitiv die räumlichen Relationen der Gegenstände zueinander. Es trifft uns wie ein Schock, wenn man uns sagt, dass wir nicht wirklich verstehen, was diese Dinge eigentlich sind, dass wir ihren innersten Eigenschaften zutiefst unwissend gegenüberstehen. Aber im Grunde ist gar nichts so Befremdliches an der Vorstellung, dass das Vertraute geheimnisvoll sein kann, denn vertraut sind wir mit Dingen immer nur unter einem gewissen Aspekt, aus einer bestimmten Perspektive. Dieser Aspekt oder Blickwinkel garantiert nicht, dass er uns alles über das fragliche Ding sagt, und es kann sein, dass die verwirrendsten Fragen zu Raum und Bewusstsein nicht aus der Perspektive beantwortet werden können, die wir normalerweise diesen Dingen gegenüber einnehmen. Unsere normale Wahrnehmung von Raum und Bewusstsein ist für das Verstehen tief gehender theoretischer Fragen darüber nicht gerüstet, wie diese beiden Dinge in Beziehung zueinander stehen, sondern nur für die effiziente Begegnung mit unserer Welt. Von diesem Standpunkt aus betrachtet wäre es bemerkenswert, wenn wir das Körper-Geist-Problem tatsächlich zu lösen vermöchten. Es ist erstaunlich, dass wir den Stand der wissenschaftlichen Leistung erreicht haben, an dem wir uns gegenwärtig befinden, aber es gibt sicher Grenzen, über die unser Geist nicht hinauskann. Gäbe es diese nicht, wäre unser Geist eine wundersame Einheit, kein natürliches biologisches Produkt.

Es gibt ein klassisches Buch von Edwin A. Abbott mit dem Titel *Flächenland*, in dem flache Geschöpfe eine zweidimensionale Welt bewohnen und keinerlei Vorstellung von einem Raum haben, der höher ist als der ihre.[3] Der Held, A. Square, wundert sich über Phänomene, die nach einer zusätzlichen Dimension verlangen, beispielsweise, als er von Lord Sphere besucht wird, ist aber unfähig, die Idee von einer Extradimension zu formulieren. Für die Flächenländer ist *ihre* Welt *die* Welt; sie beziehen sich auf die Welt ihrer eingeschränkten Wahrnehmung, um die Wirklichkeit erschöpfend zu beschreiben. Wir dreidimensionalen Wesen aber wissen, dass ihnen eine ganze Dimension fehlt, ohne die die Welt, wie wir sie kennen, unmöglich wäre. Eine der Botschaften in Abbotts Buch lautet, dass eine verarmte Vorstellung von Raum ein Riesenmeer an Unwissen mit sich bringt, weil Raum ein so fundamentales Merkmal des Universums ist. Wenn Sie nicht viel über Zebras wissen, wird Ihr Unwissen nicht sehr tief gehend oder schwerwiegend sein, aber wenn Sie nicht wissen, dass Raum mehr als zwei Dimensionen hat, verpassen Sie eine ganze Menge. Die Flächenländer sind blind für die Struktur der objektiven Realität.

Ich will damit sagen, dass wir auf unsere Art Flächenländler sind: Es gibt grundlegende Eigenschaften des Raumes, die wir nicht registrieren. Ich kann Ihnen allerdings nicht erzählen, welche Dimension das ist, die Ihnen entgeht, denn ich weiß auch nichts darüber (nicht einmal, ob „Dimension" das richtige Wort dafür ist), und meine Worte werden Ihnen ohnehin nicht allzu viel bedeuten. Alles, was ich sagen kann, ist, dass es irgendetwas am Raum gibt, auf das Sie nicht geeicht sind: Ihr eigenes Bewusstsein. Ein Teil von Abbotts Absicht war es, uns die Augen dafür zu öffnen, dass ein Flächenländler zu sein ein relativer Zustand ist und dass wir selbst womöglich geistig ein Land bewohnen, welches für eine höhere Form von Intelligenz flach aussieht. Unser Unwissen ist vielleicht genauso Mitleid erregend und komisch, wie wir das der zweidimensionalen Flächenländler finden, und genauso fundamental. Diese Feststellung ist nicht herabsetzend gemeint, sondern soll lediglich zu einer angemessenen Demut unserer Stellung im Universum gegenüber auffordern. Schließlich ist niemand alberner als ein Ignorant, der sich benimmt, als sei er allwissend.

5

Geheimnisse des Ichs

Jenseits des Scheins

Richten Sie Ihre Aufmerksamkeit für einen Moment nach innen. Konzentrieren Sie sich auf den gegenwärtigen Stand Ihres Bewusstseins. Listen Sie auf, was Sie dort finden: einen Eindruck von Röte vielleicht, den Geruch von Toastbrot, einen leichten Schmerz in Ihrem linken Bein. Sie verwenden Ihre Fähigkeit zur Introspektion, um den Bewusstseinszustand zu überprüfen, in dem Sie sich gerade befinden. Haben Sie das Gefühl, dass Sie das Feld damit abdecken? Haben Sie den Eindruck, dass die Introspektion Ihnen ein vollständiges Bild von dem vermittelt, was sich gegenwärtig in Ihrem Bewusstsein abspielt? Ich nehme an, dass Sie antworten werden, dass Introspektion in dieser Hinsicht vollständig *ist*; alles, was sich im Inneren Ihres Bewusstseins tut, wird an Ihr Introspektionsvermögen übermittelt. Sie sind allwissend im Hinblick auf das, was gegenwärtig in Ihrem bewussten Geist vor sich geht. Wenn der Scheinwerfer der Introspektion eingeschaltet wird, entgeht nichts in Ihrem Bewusstsein seinem suchenden Strahl. Wenn Sie bei *Der Preis ist heiß* zu Gast wären und hätten Fragen aus der Kategorie „Mein Bewusstsein" zu beantworten, lägen Sie bei jeder richtig (und Sie wären dermaßen schnell mit Ihrem Summer). Bewusstsein scheint für das Subjekt des Bewusstseins *durchsichtig*. Die Frage lautet: Ist dieser Eindruck korrekt? Ist es wirklich wahr, dass alles im Inneren Ihres bewussten Geistes für die Introspektion transparent ist?

Das ist nicht zu verwechseln mit der Frage, ob alle *Ursachen* Ihres bewussten Zustandes für die Introspektion transparent sind. Dem ist sicher nicht so, denn jene Ursachen können aus Bereichen hervorgehen, die sich weit außerhalb Ihres gegenwärtigen Wahrnehmungsfeldes befinden. Die Ursache für den Schmerz in meinem linken Bein war vielleicht ein Unfall beim Wasserski, er aber ist kein Ereignis im Inneren meines Bewusstseins: Er geschah vor einer Woche, weit draußen auf dem Meer. In ähnlicher Weise haben alle meine Bewusstseinszustände ihre Ursachen in der Materie meines Gehirns, aber ich kann das Wesen dieser Ursachen nicht durch Introspektion ergründen. Die Introspektion kann mir nicht einmal sagen, dass ich ein Gehirn *habe*. Doch die Frage lautete, ob am Wesen meines Bewusstseins wirklich alles transparent ist: Liegt jede Eigenschaft, die meinem Bewusstsein *innewohnt*, meinem Vermögen zur Selbsterkenntnis offen? Wir können diese Frage auch als Frage von Schein und Wirklichkeit stellen: Wird die Realität des Bewusstseins durch seine Erscheinung erschöpfend wiedergegeben? Ist es so, dass im Falle des Bewusstseins Schein und Wirklichkeit zusammenfallen, so dass zwischen beiden keine echte Trennung mehr besteht? Ich werde versuchen, Sie davon zu überzeugen, dass sie, im Gegensatz zum ersten Eindruck, *nicht* zusammenfallen. Im Bewusstsein gibt es eine Ebene der Wirklichkeit, die uns nicht zugänglich ist, die jenseits des Scheins liegt. Bewusstsein verfügt über eine verborgene Struktur, eine heimliche Kehrseite, ein verborgenes Wesen.

Lassen Sie uns zunächst feststellen, dass Bewusstsein, wenn es wirklich auf diese Weise völlig durchsichtig wäre, etwas in der Natur Einzigartiges darstellte. Alles andere in der Natur erlaubt eine Unterscheidung zwischen seinem äußeren Schein und seiner Wirklichkeit. Allgemein gesagt: Die Natur hat ihre unbeobachtete Seite. Denken Sie an mittelgroße Gegenstände wie Stühle und Steine: Unseren Sinnen erscheinen sie in einer bestimmten Weise, aber unsere Sinne erkennen nicht ihre chemische Zusammensetzung oder ihre atomare Struktur. Das ist etwas Verborgenes, das wir postulieren müssen. Die beobachtbare Welt verfügt über eine nicht wahrnehmbare Struktur. Ganz ähnlich stellt auch die genaue biochemische Struktur von Organismen etwas dar, was wir nicht einfach aus der Art und Weise ablesen können, wie Organismen aussehen. Dinge im Allgemeinen verfügen über ein objektives Wesen, das sich nicht unbedingt darin zeigt, wie sie sich den menschlichen Fähigkeiten präsentieren. Wenn das Bewusstsein also transparent wäre, bildete es eine Ausnahme von dieser allgemeinen Regel. Es wäre das *einzige* natürliche Phänomen der Welt, das keine Geheimnisse beherbergte. Das scheint unwahrscheinlich.

Die Frage, die wir stellen müssen, lautet somit, ob wir wirklich alles am Bewusstsein *erklären* können, ohne ihm ein unbeobachtbares Wesen zuzugestehen. Warum fordern wir im Falle von Materie und Organismen unbeobachtbare Einheiten und Prozesse? Warum postulieren wir Atome, Quarks und Gene? Weil wir andernfalls nicht in der Lage wären, das, was wir beobachten, zu erklären. Wir beobachten zum Beispiel, dass Merkmale über viele Generationen vererbt werden, also fordern wir die Existenz von Dingen namens „Gene“ als Mechanismen, die für diese unbeobachtbaren Wirkungen verantwortlich sind. Später gelingt es uns dann, die tatsächliche Beschaffenheit dieser postulierten Einheiten aufzuklären: zu Spiralen gewundene DNA-Moleküle. Das beobachtbare Verhalten von Dingen kann nur erklärt werden, wenn wir annehmen, dass an ihnen mehr ist, als es den Anschein hat. Wir schließen auf eine verborgene Struktur, um zu erklären, was sich unseren Sinnen darbietet; um den Schein zu wahren, tun wir einen Schritt über ihn hinaus. Wir tun das nicht nur zum Spaß, nicht, damit die Welt geheimnisvoller und interessanter wird. Wir tun es, weil wir nur dann ein wissenschaftliches Verständnis davon entwickeln können, wie die Dinge funktionieren, wenn wir unter die Ebene des äußeren Scheins hinabtauchen. Substanzen beteiligen sich beispielsweise an chemischen Wechselwirkungen, und diese können nur in Gesetze gefasst werden, wenn wir uns vorstellen, dass Gegenstände aus verschiedenen Arten von Molekülen zusammengesetzt sind, die ihrerseits aus verschiedenen Arten von Atomen bestehen. Freud zum Beispiel gelangte zu dem Schluss, dass der bewusste Geist nicht hinreicht, um alles Verhalten zu erklären, das er in der klinischen Praxis beobachtete. Also postulierte er ein Unbewusstes voller Geisteszustände, die dem Patienten nicht gewärtig sind. Versprecher zum Beispiel ließen sich demzufolge mit Bezug auf diese unbewussten Geisteszustände erklären, deren Vorhandensein der direkten Betrachtung nicht zugänglich ist. Die Geschichte der Wissenschaft ist in vieler Hinsicht die Geschichte der Entdeckung solcher neuer Unbeobachtbarkeiten. Die Wissenschaft führt uns über das unseren Sinnen zugängliche Erscheinungsbild der Welt hinaus, hinunter in deren innerste, verborgene Tiefen. Wir müssen daher fragen, ob wir irgendwelche neuen Unbeobachtbarkeiten postulieren müssen, um das Bewusstsein zu erklären. Müssen wir im Falle des Bewusstseins eine verborgene Realität postulieren? Ich plädiere dafür, dass dem so ist.

Wir müssen uns darüber klar sein, dass unsere Frage nicht lautet, ob es sowohl einen unbewussten als auch einen bewussten Geist gibt. Ich frage nicht nur, ob am Geist mehr dran ist, als im Bewusstsein offenbar wird. Ich frage, ob am bewussten Geist *selbst* mehr dran ist, als der Introspektion zugänglich ist. Die Vorstellung vom Unbewussten ist uns überaus vertraut geworden: ein System von Geisteszuständen, das getrennt ist von dem, was sich im Bewusstsein abspielt, aber dennoch manchmal zu Störungen des bewussten Geistes führen kann. Das Freudsche Unbewusste ist die prominenteste Version dieser Vorstellung von einer mentalen

Dualität. Es ist ein System von Geisteszuständen – Wünschen, Emotionen und Überzeugungen –, die hinter den Kulissen wirken, Einfluss auf das Verhalten einer Person ausüben und in den Strom des Bewusstseins eingreifen (nach Freud beispielsweise im Falle von Träumen). Diese Geisteszustände verlaufen, so glaubt man, parallel zu den bewussten Geisteszuständen, sind aber von diesen getrennt, gehören einem anderen geistigen Kompartiment an. Sie füllen die verstaubten geheimen Winkel des geistigen Kleiderschranks, bevölkern die stockfleckige unterste Schublade des Geistes. Man hat sie nicht als Aspekte bewusster Geisteszustände zu verstehen, genauso wenig wie Ihre Geisteszustände Aspekte der meinen sind. Im Freudschen Bild haben wir wirklich *zwei* Ausgaben von Geist in uns. Im Prinzip könnten Sie den einen verlieren und den anderen behalten.

Das Freudsche Unbewusste ist nicht die einzige Art von unbewusstem Geistesschauplatz, die anzuerkennen man uns gelehrt hat. Es gibt auch das, was man als *computationales* Unbewusstes bezeichnen könnte. Freud betonte unbewusste Wünsche und Emotionen – das affektive Unbewusste –, Wahrnehmungspsychologen postulieren überdies ein unbewusstes System mentaler Repräsentationen, die an der Ausführung verschiedener kognitiver Aufgaben beteiligt sind. Dieses computationale Unbewusste ist unter anderem an der Verarbeitung von Sprache und Gesehenem beteiligt. Wenn Licht auf Ihre Retina fällt und einen Strom von an Ihr Gehirn gerichteten Nervenimpulsen in Gang setzt, vollführt Ihr visuelles System an den erhaltenen Daten eine komplexe Sequenz von Berechnungen. Die Informationen über das Lichtmuster auf der Retina werden über eine Reihe von Stadien verarbeitet, an deren Ende als Ergebnis eine dreidimensionale Wahrnehmung der Außenwelt steht. Dies sind unbewusste symbolische Prozesse; Sie werden nur des endgültigen Ergebnisses – in Gestalt des Anblicks eines Tisches vielleicht – gewahr. Ganz ähnlich sind Sie mit einer informationsverarbeitenden Einheit ausgestattet, die Informationen über die akustischen Eigenschaften der an Ihr Ohr gelangenden Schallwellen in die Wahrnehmung dessen umsetzen, was jemand zu Ihnen sagt. All das geschieht unterhalb der Ebene Ihres Bewusstseins – was ein Heidenglück ist, denn es wäre überaus verwirrend, wenn das ganze Zeug Ihre geistigen Kapazitäten blockierte.

Dieses Daten verarbeitende Unbewusste ist jedoch nicht Teil Ihrer bewussten Wahrnehmung am Ende des Prozesses, sondern es gehört schlicht zum kausalen Hintergrund dieser Wahrnehmung. Man hat sich also nicht vorzustellen, dass Ihre bewusste Wahrnehmung aus diesen Berechnungen *besteht*, sondern sie ist nur deren Ergebnis. Was ich glaube, ist jedoch etwas ganz anderes und sehr viel Radikaleres: Ich glaube, Bewusstseinszuständen selbst muss ein verborgener Aspekt zugestanden werden. Die bewusste Wahrnehmung der Farbe Gelb beinhaltet mehr als nur die Art und Weise, wie diese für Sie aussieht. Wenn Sie sie aus einem anderen Blickwinkel als dem der Introspektion betrachteten, würden Sie feststellen, dass sie über Höhe, Tiefe und innere Komplexität verfügt. Bewusstsein ist ein Eisberg, seine Wasserlinie entspricht den Grenzen der Introspektion. In dem, was wir Geist nennen, gibt es in Wirklichkeit drei Ebenen: die Oberfläche des Bewusstseins, die verborgene Struktur des Bewusstseins und das dazugehörige Unbewusste (zu dem sowohl das affektive als auch das computationale Unbewusste gehören). Damit gibt es zwei voneinander getrennte Bereiche des Geistes, die sich der Introspektion verschließen: das dem Bewusstsein zugehörige Unbewusste und die Kehrseite des Bewusstseins selbst. Wenn Sie sich Ihrem gegenwärtigen Geisteszustand zuwenden, gibt es zwei Bereiche geistiger Wirklichkeit, die Ihnen entgehen: die unbewussten mentalen Prozesse, die in Ihnen ablaufen, *und* die verborgene Seite der

Bewusstseinszustände, derer Sie gewahr werden. Angenommen, Sie verspüren ein bewusstes Verlangen, jemandem eine Grobheit an den Kopf zu werfen. Vielleicht entspringt dieses einer Ihnen unbewussten Rivalität mit dem Betreffenden, die Sie kühn abstreiten werden – ein mentales Faktum, dessen Sie nicht gewahr werden. Das sehr bewusste Verlangen aber hat eine eigene verborgene Dimension, die Ihnen ebenso wenig offenbar wird. Die Introspektion leidet damit unter einer doppelten Blindheit bezüglich der ganzen Wahrheit über den Geist.

Logik und das Blindsight-Phänomen

Um diese Idee von einem verborgenen Aspekt bewusster Geisteszustände zu erklären, möchte ich zunächst etwas über die logische Form von Gedanken erzählen. Hierzu muss ich ein bisschen theoretische Logik einführen, aber ich will versuchen, dies so schmerzlos wie möglich zu gestalten. Nehmen wir den Satz: „Die Königin von Amerika hat eine Glatze." Es gibt keine Königin von Amerika, natürlich nicht, Amerika ist keine Monarchie (eines der Dinge, die mir an Amerika gefallen, ich bin englischer Abstammung und eingefleischter Antiroyalist). Damit steht der Begriff „Königin von Amerika" nicht für eine reale Person. Der Ausgangssatz aber hat unter Garantie eine Bedeutung. Wohl kann er keine Bedeutung haben, die mit der „Königin von Amerika" als etwas Realem zu tun hat. Dieser Ausdruck sieht jedoch wie etwas aus, das funktioniert, indem es für etwas steht: Er sieht nach dem grammatischen Subjekt des Satzes aus. Das Irreführende ist damit die Art und Weise seiner Bedeutung. Diese Art von Problem veranlasste den großen Philosophen und Mathematiker Bertrand Russell zu der Behauptung, dass „die Königin von Amerika" als Ausdruck selbst überhaupt keine

Bedeutung habe.[2] In seinen theoretischen Überlegungen über Beschreibungen wird unser Ausgangssatz übersetzt in so etwas wie: „Es gibt eine Königin von Amerika, und es gibt nur eine Königin von Amerika, und die hat eine Glatze." Die scheinbar zuweisende Phrase „*die* Königin von Amerika" kommt in dieser Übersetzung nicht vor. Die Übersetzung hat in grammatikalischer Hinsicht mit dem Original nicht mehr allzu viel gemein, was Russell dazu veranlasste zu erklären, dass Umgangssprache uns im Hinblick auf die korrekte logische Analyse von Aussagen irreführt. Wir müssen akzeptieren, dass sich hinter den Sätzen unserer Alltagssprache eine logische Form verbirgt, die von der oberflächlichen grammatikalischen Struktur abweicht.

Was ich aus diesem kurzen Geplänkel mit der logischen Semantik herausdestillieren möchte, ist die Feststellung, dass dieselbe Botschaft auch für die Struktur unserer *bewussten Gedanken* gilt. Wenn ich denke, „Die Königin von Amerika hat eine Glatze", und dabei fälschlich annehme, dass es eine solche gibt, entspricht die wahre logische Form meiner Gedanken Russells sperriger Umschreibung. Das heißt, die Oberflächengrammatik meines Gedankens verdeckt dessen zu Grunde liegende logische Form. Um ein anderes Beispiel zu geben, nehmen Sie an, ich hätte den Gedanken: „Niemand kann mich jetzt aufhalten." Das ist durchaus ein Satz mit Bedeutung (er könnte sogar wahr sein), aber er kann seine Bedeutung nicht daher beziehen, dass der Ausdruck „niemand" für etwas steht. Stünde er für etwas, dann wäre da etwas, was mich aufhalten könnte, nämlich jenes Etwas. Sagen Sie jetzt nicht, er stünde für eine Person namens Herr Niemand, denn wenn es Herrn Niemand gäbe, dann wäre da etwas, das mich aufhalten könnte. Der Ausdruck „niemand" sieht aus wie einer, der funktioniert, indem er für eine Einheit steht, so wie der Name in dem Satz „Michael Jordan kann mich aufhalten", aber er kann nicht wirklich so funktionieren. Und wir können den Satz in einen anderen übersetzen, in dem dieser irreführende Eindruck vermieden wird: „Es ist nicht der Fall, dass es eine Person gibt, die dergestalt geartet ist, dass diese Person mich aufhalten könnte." Wieder weicht die oberflächliche Gestalt des Gedankens von der ihm zu Grunde liegenden wahren Form ab. Mit anderen Worten, wenn wir die Aussagen, die wir bewusst denken, logisch analysieren, finden wir manchmal heraus, dass ihre Form recht weit von der oberflächlichen Erscheinung des Gedankens entfernt ist. Wir können die korrekte logische Analyse unserer bewussten Gedanken nicht einfach durch Introspektion verstehen, weshalb es einer Person von Russells logischem Talent bedurfte, um zur richtigen Analyse von Ausdrücken wie „die Königin von Amerika" zu gelangen. Unsere Gedanken zeigen eine Art von Dualität, die sich in der Kluft zwischen ihrer oberflächlichen, der Introspektion offenen Erscheinung und ihrer zu Grunde liegenden logischen Realität niederschlägt. Die logische Form eines Gedankens ist so etwas wie das Skelett im Inneren eines Organismus. Sie ist das, was Gedanken ihr Gerüst verleiht, aber sie ist der naiven äußeren Betrachtung nicht zugänglich. Sie wohnt Gedanken inne und ist für sie von essenzieller Bedeutung, aber sie ist für das innere Auge nicht sichtbar.

Die nächste Sorte von Hinweisen, die für die Idee von einer verborgenen mentalen Struktur sprechen, stammt von einem Phänomen, dem man den Namen *Blindsight-Phänomen* gegeben hat.[3] Es handelt sich dabei um ein mittlerweile recht gut bekanntes Syndrom, bei dem ein Mensch (oder Tier) eine Schädigung bestimmter Bereiche des visuellen Cortex (der Sehrinde) erleidet, durch die ihm seine Sehempfindungen abhanden kommen. So jemand bezeichnet sich selbst als blind, und er verhält sich unter normalen Umständen auch so, dass man ihn von einem Blinden nicht unterscheiden könnte, schließlich fehlen ihm die visuellen Eindrücke. Doch wenn ein Experimentator den Patienten auffordert, Vermutungen über verschiedene Gegenstände anzustellen, die man ihm vor Augen hält, so schneidet dieser weit besser ab, als man es bei rein zufälligem Raten vorhersagen würde. So vermag er beispielsweise die Formen der ihm präsentierten Gegenstände mit beeindruckender Richtigkeit zu benennen, obwohl er selbst von sich sagt, er tippe ins Blaue. Seine Vermutungen werden nicht durch bewusste Wahrnehmungen genährt, doch irgendwie erreichen ihn Informationen. Trotz seiner visuellen Blindheit speist die Umwelt weiterhin seine Fähigkeit, das, was um ihn herum vor sich geht, einzuschätzen. In gewissem Sinne ist er also sehend, in einem anderen hingegen blind, daher die Bezeichnung *Blindsight*-Phänomen (Blindsehen-Phänomen) – das Paradebeispiel für ein Oxymoron. Trotz der fehlenden visuellen Eindrücke arbeitet das visuelle System teilweise wie vor der Schädigung. Das Ganze ist ein bisschen so, als kniffen Sie fest die Augen zu, so dass Sie nichts mehr sehen können, und stellten dann fest, dass Sie noch immer sagen könnten, was sich direkt vor Ihnen befindet. Wir könnten uns in der Tat einen Menschen vorstellen, der auf die Umwelt mehr oder weniger reagiert wie ein Sehender, das heißt vermittels der Einwirkung von Licht auf seine Augen, ohne dabei eine visuelle Wahrnehmung zu machen; das Ganze geschieht, ohne zu einer bewussten Erfahrung geadelt zu werden.

Was sagt uns das Blindsight-Phänomen über die innere Struktur von Bewusstsein? Ich denke, es zeigt uns, dass es im normalen Sehen eine Erfahrungskomponente gibt, die der Introspektion nicht zugänglich ist. Wenn ich einen stacheligen grünen Kaktus blühen sehe, dann schließt diese Wahrnehmung mehr ein, als meinem introspektiven Auge zugänglich ist; sie beinhaltet ein verborgenes Kollektiv von Eigenschaften, die sich der Introspektion nicht preisgeben. So wie der Kaktus selbst mehr ist, als sich meiner Wahrnehmung erschließt (seine zelluläre Struktur zum Beispiel), so umfasst meine visuelle Wahrnehmung *von* diesem Kaktus mehr als das, was diese Wahrnehmung in meinem Inneren bewirkt. Die Wahrnehmung hat Eigenschaften, die über ihren phänomenalen Charakter hinausgehen. Die Begründung für diese Aussage lautet folgendermaßen: 1) Beim normalen Sehen beurteilen wir unsere Umgebung auf der Basis der in unserer Erfahrung enthaltenen Informationen; aber 2) beim Blindsight-Phänomen bleiben manche dieser Bewertungen intakt, obwohl der Introspektion keine neuen Wahrnehmungen präsentiert werden; also muss es 3) so sein, dass es beim normalen Sehen visuelle Verarbeitungsprozesse gibt, die der Introspektion nicht zugänglich sind. Beim Blindsight-Phänomen tritt kein *neues* System in Aktion, vielmehr sind die alten Mechanismen noch an ihrem Platz und funktionieren – wenn auch eingeschränkt – weiter. Doch da wir im Normalfalle eben gerade vermittels unserer visuellen Erfahrungen sehen, muss es so sein, dass diese Erfahrungen eine Komponente enthalten, die sich der Introspektion nicht erschließt. Mit anderen Worten: Wenn Sie einen Gegenstand betrachten und seine Eigenschaften beschreiben, enthält Ihre Wahrnehmung sowohl eine Komponente, die Sie durch Introspektion erfassen können, als auch eine, bei der dies nicht möglich ist – und Letztere überlebt in Fällen von Blindsight-Phänomen.

Im Folgenden soll eine etwas schräge Analogie versuchen, die Logik dieses Arguments zu verdeutlichen. Angenommen, Sie verlieren einen Arm und damit die Fähigkeit, Dinge aufzuheben. Aber Sie stellen fest, dass Sie, wenn es sein muss, beschließen können, Ihren verlorenen Arm zu bewegen, und dass sich – man höre und staune – Gegenstände vom Boden erheben, gerade so, als höben Sie sie selbst auf, nur erfolgt das Ganze nicht mehr ganz so effizient wie vor Ihrem Unfall. Der vernünftigste Schluss, der sich daraus ziehen lässt, lautet, dass ein Teil Ihres Arms irgendwie überlebt hat, auch wenn Sie ihn nicht sehen und fühlen können. Und das wiederum bedeutet, dass der Arm, den Sie vorher besaßen, eine sichtbare und eine unsichtbare Komponente beinhaltet haben muss. Im Falle des Blindsight-Phänomens müssen wir zu dem Schluss kommen, dass der visuelle Eindruck sowohl Informationen enthält, die der Introspektion nicht offen stehen, als auch solche, die ihr zugänglich sind. Am besten lässt sich das vielleicht vor Augen führen, wenn man sich vorstellt, dass visuelle Erfahrungen eine zusätzliche Kopie, eine Art Sicherheitskopie, von der Information enthalten, die sie der Introspektion vorlegen. Für Ihr bewusstes Erleben sieht ein Gegenstand aus wie ein Quader, Ihr mentales Erleben aber enthält die Information, dass es sich um einen Quader handelt, noch in einer weiteren Form, die Ihnen nicht bewusst wird. Beim Blindsight-Phänomen verlieren die Patienten das Erstgenannte, behalten aber das andere: Sie verlieren das Original, behalten aber das Duplikat in der unteren Schublade. Beim normalen Sehen schließt die Wahrnehmung beide Kopien ein. Und es ist wichtig festzuhalten, dass beide Kopien vom *selben* mentalen Prozess, der visuellen Wahrnehmung nämlich, transportiert werden, denn eben daraus ergibt sich die Vorstellung, dass Bewusstseinszustände einen verborgenen Inhalt haben müssen. Die Information verteilt sich somit auf zwei Ebenen visueller Erfahrung: die Ebene des Phänomenologischen, die sich durch Introspektion erfassen lässt, und eine Ebene der verborgenen Struktur. Das Blindsight-Phänomen zeigt, dass wir diese Dualität unserer Bewusstseinszustände akzeptieren müssen. Bewusstsein ist ein Doppelhaus.

Das war eine ziemlich verzwickte Argumentation, aber ich hoffe, das Bild, dass sich daraus ergibt, tritt nun klarer zu Tage. Bewusstsein ist mehr, als das introspektive Auge zur Kenntnis nimmt. In Ihrem Bewusstsein gehen Dinge vor, von denen Sie keine Ahnung haben. Bewusstsein hat, um es einmal als Paradoxon zu formulieren, eine Dimension, der Sie sich nicht bewusst sind. Introspektion lässt sich verstehen als Wahrnehmung dessen, was sich in Ihrem Bewusstsein (zweiter Ordnung) befindet, aber Ihr Bewusstsein umfasst mehr als das, was Ihnen durch Introspektion bewusst wird. An dieser Stelle ist es wiederum entscheidend wichtig, dass man das reflexive Bewusstsein – das auch unter dem Namen *Introspektion* geläufig ist – von den ihm zu Grunde liegenden Bewusstseinszuständen unterscheidet, die reflektiert werden – das Wahrnehmen der Farbe Rot beispielsweise, das Empfinden von Schmerz und der Gedanke an Miami. Die Behauptung, dass Bewusstsein eine verborgene Struktur besitzt, deckt sich exakt mit der Aussage, dass Bewusstsein erster Ordnung mehr sein muss, als das, was sich dem Bewusstsein zweiter Ordnung erschließt. Das Erleben der Farbe Rot beispielsweise umfasst mehr als das, was sich Ihnen darbietet, wenn Sie sich Ihrer Rotwahrnehmung in der Reflexion zuwenden. Bis hierher habe ich diese Zweigleisigkeit hinsichtlich der Struktur von Bewusstsein anhand von Betrachtungen zur Logik und dem Blindsight-Phänomen zu illustrieren versucht. Nun möchte ich die Diskussion zurück zu unserem Hauptthema, zum Körper-Geist-Problem, lenken.

Der verkörperte Geist

Eines von den Dingen, mit denen ich mich bis hierher befasst habe, war die Feststellung, dass unser Verständnis vom Gehirn beträchtlich und in einschneidender Weise eingeschränkt ist und wir deshalb mit dem Körper-Geist-Problem nicht vorankommen können. Der Punkt, den ich im Folgenden darlegen möchte, lautet, dass das Gleiche für unser Bewusstsein gilt. Genau genommen wissen wir genauso wenig über das Bewusstsein, wie wir über das Gehirn wissen, und deshalb können wir das Körper-Geist-Problem nicht lösen. Sicher, in beiden Fällen ist unser Unwissen nicht komplett; wir wissen einiges über die Physiologie des Gehirns, und wir wissen, was sich an der Oberfläche des Bewusstseins abspielt. Doch die mysteriöse Verbindung zwischen beiden verwirrt uns nach wie vor. Im Falle des Gehirns glauben wir längst nicht, alle Antworten zu wissen; was die Transparenz der Natur des Gehirns angeht, so erliegen wir keinerlei Illusionen. Doch es besteht ein tief verwurzelter Hang zu dem Gefühl, dass sich das Bewusstsein unserem Erkenntnisvermögen ganz und gar erschließt, dass wir sein Wesen durch und durch kennen. Das aber kann nicht stimmen, denn das Bewusstsein muss über ein Wesen verfügen, dass es ihm ermöglicht, dem Gehirn Verstehen einzuhauchen, dennoch vermittelt uns unsere introspektive Fassungskraft keinerlei Hinweis darauf, wie dieses Wesen beschaffen sein könnte. Wenn Sie einen runden Stift in ein rundes Loch stecken, passt die Sache wie angegossen. Wenn Ihr Begriff von dem Stift jedoch dessen Rundheit nicht einschließt, werden Sie nicht erkennen können, wie das Passen zu Stande kommt. Wenn das einzige, was Sie von dem Stift kennen, seine Farbe ist, werden Sie die geometrische Kongruenz nicht nachvollziehen können, mit der sich das Passen erklären lässt. Und wenn der Stift nun auch noch den Eindruck vermittelt, überhaupt nicht rund zu sein, wird Ihr Unverständnis nur umso größer. Genauso verhält es sich mit unserem Wissen und der Natur des Bewusstseins: Die oberflächliche Erscheinung des Bewusstseins vermittelt keinerlei Eindruck von der ihm zu Grunde liegenden Struktur, also verharren wir in Erstaunen darüber, wie es möglich ist, dass Bewusstsein aus Gehirnaktivität resultiert.

Laut der in Kapitel 4 angeführten Argumentation wird ein entscheidendes Gebiet unseres Unwissens von der Frage bestimmt, was für eine Beziehung zwischen Bewusstsein und Raum besteht. Die verborgene Struktur des Bewusstseins verankert dieses im Raum als einem allumfassenden Medium, dessen Wesen wir nicht begreifen können, und vernetzt es so mit der Welt der Materie. Die Introspektion aber berichtet uns nichts über die Beziehung dieser verborgenen räumlichen oder quasiräumlichen Struktur von Bewusstsein. Verlässt man sich auf die Introspektion, so ist Bewusstsein überhaupt nicht räumlich organisiert. Wir wissen, dass es eine solche verborgene Struktur geben muss, aber wir können die Eigenschaften nicht ausmachen, durch die sie definiert wird. Das ist wie weit entferntes Klopfen auf der anderen Seite einer verschlossenen Tür. Wir können schlussfolgern, dass es aus theoretischen Gründen existieren muss, aber wir verfügen nicht über die introspektiven Daten, dieses zu bestätigen. Wir sind so etwas wie prä-Einsteinsche Physiker, überzeugt davon, dass Raum und Zeit, wie Newton vermutete, nicht alles sein können, aber unfähig, mit einer neuen Theorie von Raum und Zeit aufzuwarten, in der jedes Ding plötzlich seinen Platz findet. Immerhin, wir sind zu einem bedeutsamen Ergebnis gekommen: Bewusstsein ist nicht die durchsichtige Membran, für die es landläufig gehalten wird: Es enthält seine eigenen Höhlen, seine eigenen unterirdischen Gewölbe. Vor allem hat es eine verborgene Struktur, die mit der unbekannten Struktur des Raumes überlappt. Irgendwie verstehen wir nicht, dass Bewusstsein von Raum durchdrungen ist, dass er dessen innerstes Wesen ausmacht. Wenn wir in die verborgene Struktur des Bewusstseins hineinblicken könnten, würde uns klar, wie Raum und Geist harmonisch miteinander verknüpft sein können.

Vielleicht wirkt die Vorstellung, dass Bewusstsein ein verborgenes Wesen hat, nicht mehr so überraschend auf uns, wenn wir uns daran erinnern, dass Bewusstsein genau wie Blut und Galle ein biologisches Produkt ist. Sämtliche Organe des Körpers verfügen über ihre eigene verborgene Struktur, ihre eigene Zusammensetzung und Architektur, ihre eigenen verdeckten Operationen. Blut sieht oberflächlich betrachtet nach einer ziemlich langweiligen roten Flüssigkeit aus, nicht aufregender als Tomatensaft (der im Übrigen auch weniger langweilig ist, als er aussieht), aber bei genauerem Hinsehen zeigt sich, dass es mit einem hoch komplexen inneren Wesen ausgestattet ist, das ihm die verschiedenen Funktionen verleiht, die es zu erfüllen hat. Blut muss Nährstoffe durch den Körper transportieren, in denen die Energie aus der aufgenommenen Nahrung enthalten ist. Es muss über ein erstaunlich eindrucksvolles Erkundungs- und Widerstandsvermögen verfügen, um das Immunsystem unterhalten zu können. Es enthält die notwendigen Hilfsmittel, um körperliche Schäden zu reparieren. Es muss die Gehirnzellen ausreichend bei Funktion halten, damit sie dem Bewusstsein dienen können. Es überrascht daher nicht, dass es aus einem hoch komplexen Arrangement von Zellen und Prozessen besteht und alles andere ist als der homogene Ketchup, als der es dem bloßen Auge scheint.

In ähnlicher Weise kann Bewusstsein auch nicht so einfach und transparent sein, wie es dem bloßen introspektiven Auge erscheint. Unter seiner oberflächlichen Erscheinung muss sich eine facettenreiche Struktur verbergen, die es in die Lage versetzt, alle ihm zugewiesenen Aufgaben zu erfüllen. Blut ist trotz seiner mangelnden Festigkeit ein Organ des Körpers, das Bewusstsein ebenfalls, und es ist sogar noch viel weniger fest. Beide Organe funktionieren vermittels verborgener Strukturen und Prinzipien. So ist das eben bei komplexen Organen, die sich im Laufe der Evolution zur Erfüllung komplexer Aufgaben gebildet haben. Wir wissen nicht, wie wir die verborgenen Strukturen und Prinzipien des Bewusstseins charakterisieren sollen, werden es vielleicht auch nie wissen, aber wir können zuversichtlich sein, dass sie irgendwo da drinnen sind und ihre unentbehrliche Arbeit verrichten.

Eine der grundlegenden unter dieser Aufgaben besteht darin, möglich zu machen, dass Bewusstsein im Gehirn verkörpert wird. Nichts an der Oberfläche des Bewusstseins deutet darauf hin, auf welche Weise es im Gehirn verwurzelt ist, doch muss seine Verankerung sich aus irgendeinem Attribut am Wesen des Bewusstseins ergeben. Die nahe liegende Vermutung wäre damit, dass Bewusstsein von ebenjenem verborgenen Aspekt des Bewusstseins vermittelt wird. Damit sich das Erleben der Farbe Rot beispielsweise in der Mechanik der Neurone verankern lässt, muss es über Eigenschaften verfügen, die über seinen unmittelbar erfahrbaren phänomenalen Charakter hinausgehen. Es muss Eigenschaften haben, die zwischen den Neuronen und seiner Erscheinung *vermitteln*. Vergleichen Sie das Verhältnis von Wasser und Eis. Sie können aus gefrorenem Wasser mittels Wärme flüssiges Wasser machen. Wie ist das möglich? Die äußerlichen Eigenschaften von flüssigem Wasser sind ganz andere als die von Eis. Wie also kann Ersteres in Letzterem „verankert" sein? Wie kann man aus etwas *Festem* eine *Flüssigkeit* ableiten? Die Antwort darauf lautet, dass gefrorenes Wasser über eine Reihe verborgener Eigenschaften verfügt, die sich aus seiner äußeren Erscheinung den menschlichen Sinnen gegenüber nicht unmittelbar erschließen – Eigenschaften seiner molekularen und atomaren Struktur. Grob gesagt, besteht gefrorenes Wasser aus Elementen (Molekülen), die im gefrorenen Stadium fest miteinander zu einer kristallinen Struktur verbunden sind, sich jedoch voneinander lösen, sobald Wärme auf sie einwirkt. Wenn wir diese verborgenen Eigenschaften kennen, wird die bemerkenswerte Fähigkeit des Wassers, sich vom Flüssigen zum Festen und wieder zurück zu wandeln, verständlich. In Analogie dazu, so vermute ich, verfügen Bewusstseinszustände über eine verborgene

Struktur, die uns begreiflich machen würde, wie sie aus neuronalen Zuständen hervorgehen können.

Die unbekannten Eigenschaften des Gehirns, auf Grund derer das Bewusstsein aus diesem hervorgehen kann, überlappen also mit den verborgenen Aspekten des Bewusstseins, die es diesem möglich machen, im Gehirn verankert zu sein. Das Prinzip der Emergenz fällt zusammen mit dem der Verankerung. So, wie Eis Flüssigkeit als Möglichkeit einschließen muss, schließt Flüssigkeit Eis ein. Beides sind nur zwei Seiten derselben Medaille. Die unbekannten Eigenschaften des Gehirns, die Bewusstsein erklären, *sind* zugleich Aspekte des Bewusstseins, die unseren Blicken verborgen sind. Beide Bereiche unseres Nichtwissens sind nicht ohne Bezug zueinander, sondern sie vereinen sich zu ein und demselben Problem. Wir haben damit zwei Möglichkeiten, wie man sich demselben Satz von Unbekannten nähern kann. Letztlich sind die Gründe, die dafür sprechen, dass das Gehirn einen unbekannten Aspekt hat, gleichzeitig auch Gründe für die Annahme, dass der Geist einen unbekannten Aspekt hat.

Sie oder nicht Sie?

Bis hierher habe ich mich noch nicht ausdrücklich zum Ich oder Selbst geäußert, zum eigentlichen Träger von Bewusstseinszuständen, zu Personen, wie Sie und ich es sind.[4] Ganz sicher können wir zu diesem entscheidend wichtigen Punkt nicht schweigen. Wenn Sie über Ihren eigenen Geist reflektieren, kommen Ihnen zumeist Feststellungen und Empfindungen wie „Ich habe Schmerzen im linken Oberschenkel" oder „Ich denke an Miami" in den Sinn. Solche Aussagen schreiben einem Etwas einen Bewusstseinszustand zu, und zwar dem, was immer es ist, auf welches das „Ich" sich bezieht.

Wir haben eine Menge Begriffe für dieses schwer zu fassende Etwas: „Selbst", „Subjekt", „Person", „Ego". Descartes argumentierte, dass wir von der Existenz dieser Einheit mit absoluter Gewissheit wissen. Ich mag nicht sicher sein, dass es eine äußere Welt gibt, oder gar, dass ich einen Körper habe, aber ich bin sicher, dass ich existiere. Weil ich mit Sicherheit weiß, dass ich denke, und weil ein Gedanke einen Denkenden voraussetzt, weiß ich mit Gewissheit, dass ich als Denker von Gedanken existiere. *Cogito, ergo sum.* Dieses denkende Ich aber ist, soviel steht fest, das Subjekt des Bewusstseins; es befindet sich gleichsam im Herzen des Bewusstseins, ohne selbst ein Bewusstseinszustand zu sein. Ein Bewusstseinszustand kann nicht existieren ohne ein bewusstes Subjekt, das Subjekt aber ist nicht das Gleiche wie der Zustand. Wie dem auch sei, das Problem des Bewusstseins und das Ich-Problem sind aufs Engste miteinander verknüpft. Wenn wir Bewusstseinszustände nicht verstehen können, dann ist kaum anzunehmen, dass wir im Stande sein werden, das Wesen des *Subjekts* dieser Zustände zu verstehen. Dieses Subjekt ist schlicht definiert als das, was diese mysteriösen Bewusstseinszustände hat. Ich möchte nun Ihre Aufmerksamkeit auf das bewusste Selbst verlagern und zeigen, dass auch dieses hochproblematisch ist; Sinn dieser Übung ist es, den Grund zu bereiten für die Idee, dass auch das Ich über eine verborgene Natur, ein unbekanntes Wesen verfügt.

Das Ich ist sicher einer der selbstverständlichsten Bestandteile der Wirklichkeit: Sie können nicht daran vorbei, es folgt Ihnen auf Schritt und Tritt. Aber es wird rasch zum Problem, wenn Sie beginnen, darüber zu nachzudenken. Das fällt besonders ins Auge, wenn wir danach fragen, unter welchen Bedingungen das Ich weiter existiert. Denken Sie einmal an Patienten, bei denen (in der Regel zur Behandlung einer Epilepsie) die Verbindung zwischen beiden Hirnhälften chirurgisch zertrennt wurde.[5] Bei diesen Patienten geschieht etwas Seltsames: Wenn man ihnen einen Gegenstand in der linken Hälfte ihres Sehfeldes präsentiert, erreicht die Information nur die rechte Hemisphäre und wird nicht mehr an die linke weitergeleitet, weil die Fasern, die beide Hälften verbinden, gekappt wurden. Das Resultat ist, dass sie nun nicht mehr verbal berichten können, was sie sehen, denn die Sprachzentren des Gehirns befinden sich in der linken Hirnhälfte. Sie können sich bewegen, um den gesehenen Gegenstand aufzuheben, dies steht unter der Kontrolle der rechten Hemisphäre, doch die linke Hemisphäre nimmt nicht wahr, was vor sich geht. Frage: Wie viele Ichs haben diese Patienten? Die meiste Zeit über benehmen sie sich ganz normal, und Sie kämen nie auf die Idee, dass man ihnen das Gehirn zweigeteilt hat. In sorgsam kontrollierten Versuchsanordnungen aber offenbart sich unter Umständen eine merkwürdige Spaltung: Die linke Hälfte des Gehirns weiß nicht, was die rechte tut und umgekehrt. Überlebt die ursprüngliche Person mit dem intakten Gehirn die Operation überhaupt? Und wenn ja, welches Ich ist sie dann nach der Operation, wenn man davon ausgeht, dass sich anschließend zwei Ichs im selben Körper befinden?

Falls wir uns dafür entscheiden, dass es zwei neue Ichs gibt, was würden wir sagen, wenn das Gehirn weiter unterteilt würde in *vier* isolierte Hirnabschnitte? Gibt es nunmehr vier Ichs, oder sind die aufgetrennten Einheiten zu verarmt, um ein eigenes Ich zu beherbergen? Wenn wir sagen, dass wir es im Falle der ursprünglichen einmaligen Aufteilung mit zwei Ichs zu tun haben, müssten wir dann auch sagen, dass diese beiden Ichs bereits *vor* der Operation in latenter Form existiert haben oder vielleicht in mehr als latenter Form? Diese Fragen werfen Rätsel auf, für die es keine befriedigende oder verifizierbare Antwort zu geben scheint. Wir verlieren rasch unseren Zugriff auf die Vorstellung von einem einheitlichen Ich.

Oder denken Sie an eine radikale Amnesie: Bedeutet diese das Ende des Ichs, oder ist es eher so, dass das Ich überlebt, wenn auch ohne all seine früheren Erinnerungen? Was ist, wenn der Charakter der Person ebenfalls verloren geht und womöglich durch einen ganz anderen ersetzt wird? Ist das noch immer Tante Agathe, oder hat irgendeine neue Persönlichkeit von ihrem einstigen Körper Besitz ergriffen? Was ist, wenn die fragliche Person ein ganzes Arsenal an neuen Erinnerungen mitbringt, die vielleicht zum Leben eines anderen gehören? Haben wir es nun mit Agathe zu tun oder mit Enid, der Person, deren Leben zu den nun vorhandenen Erinnerungen gehört? Kann das Ich etwas sein, das weit über einem bestimmten Gefüge aus Erinnerungen und Charakterzügen steht? Könnte nicht eine Reihe von Leuten dieselben Erinnerungen und Charakterzüge miteinander teilen? *Habe* ich meine Erinnerungen und Charakterzüge nicht nur, statt sie zu *sein*? Wenn dem so ist, kann ich dann nicht existieren, auch ohne dass ich jene Erinnerungen und Charakterzüge habe? Wieder stellen uns diese Fragen vor unlösbare Rätsel. Wir haben keine Vorstellung davon, was man braucht, um diese Fragen zu lösen.

Süchtige Anhänger der Fernsehserie *Raumschiff Enterprise* waren Zeugen vieler hundert Teletransporte. „Beam me up, Scottie", befiehlt Captain Kirk, und schon erscheint er im Transporterraum, materialisiert sich in Lebensgröße einfach aus der Luft. Oder nicht? Ist er wirklich er oder einfach nur jemand, der ihm bemerkenswert ähnlich sieht? Ist es vielleicht nur ein Double des großen Mannes, was sich da zur Existenz verdichtet, gar nicht der Captain selbst, der zu Grunde ging, als sich seine Partikel beim Übergang verflüchtigten? Wir erfahren nicht allzu viel über die Mechanismen des Teletransports, doch vermutlich gehören dazu die totale materielle Desintegration und eine erneute Rekonstruktion am Zielort. Wurden die Originalpartikel aus dem

Körper des Captains in einem handlichen Päckchen (mit einer Art futuristischem UPS) durchs All geschickt und dann in ihrer alten Gestalt wieder zusammengefügt, oder werden neue Partikel benutzt, um jenen Doppelgänger zu bilden, der soeben selbstzufrieden die Transporterkammer verlässt? In jedem Falle ist nicht klar, ob wir am Anfang und am Ende dieselbe Person vor uns haben. Wenn ich Sie eines Tages zu feinem Pulver zermahle, dieses ein Jahr lang in einer Dose aufbewahre und dann wieder zu einer Person zusammenfüge, die genauso aussieht wie Sie, sind *Sie* das?

Was, wenn ich die Partikel verlegt habe und stattdessen die von einer alten Eiche nehme, um jemanden zu schaffen, der genauso aussieht wie Sie, sind Sie *das*? Oder nehmen Sie an, ich fertige aus Ihrer ursprünglichen Materie zwei Exemplare von Ihnen an, jedes halb so groß wie das Original: Ist einer von den beiden Sie, und wenn ja, welcher? Sie können nicht *beide* Sie sein, denn sie sind nicht ein und dieselbe Person, sondern nur genau die gleichen Personen. Wenn Sie einmal genauer darüber nachdenken, können Sie wirklich nicht sagen, ob Teletransport die betreffende Person zerstört und an ihrer Stelle eine neue entstehen lässt oder ob dabei irgendwie die Existenz der ursprünglichen Person erhalten bleibt. Existiert der Captain während der paar Sekunden, die es braucht, „ihn" von seinem Ausgangspunkt in den Transporterraum zu bekommen? Wenn nicht, wie kann die erscheinende Person immer noch er sein? Ist das Auferstehung oder Verdopplung?

Noch ein weiteres Science-Fiction-Beispiel mag Ihren Glauben, Sie wüssten, was für ein Ding das Ich ist, erschüttern. Nehmen Sie an, winzige intelligente Außerirdische beschließen, die Erde zu erobern. Statt uns mit konventionellen Mitteln – Strahlengewehren, Lasertorpedos und Ähnlichem – zu unterwerfen, entscheiden sie sich dafür, uns als Parasiten zu befallen. Sie dringen in unsere Blutbahn ein und arbeiten sich ins Gehirn vor. Dort schlagen sie, mit all ihrer verfügbaren Nanotechnologie ausgerüstet, ihr Lager auf. Wir merken nicht das Geringste, denn sie sind darauf bedacht, dass ihre Anwesenheit nicht auffällt. Dann ordnen sie jeder Zelle des menschlichen Gehirns jeweils einen aus ihrer Mitte zu mit der Mission, jedes Neuron nach einem festgelegten Plan zu steuern. Jeder menschliche Schädel ist nun mit vielen Millionen winziger Außerirdischer von überlegener Intelligenz angefüllt. Sie übernehmen Hirnfunktionen, entscheiden über das einzurichtende Muster an interneuronaler Kommunikation. Ihr langfristiger Plan besteht darin, uns zu einer Spezies von Sofahockern zu machen, denen das Schicksal ihres Planeten und ihrer selbst gleichgültig ist. Dementsprechend statten sie uns mit einer innigen Vorliebe für Seifenopern und Sitcoms von entschieden minderer Qualität aus sowie mit einem unersättlichen Appetit auf Junk Food und musikalische Dauerberieselung (Klingt Ihnen das allzu vertraut? Ob sie schon hier sind?). Ihr endgültiges Ziel ist es, unsere Fähigkeit zu intelligentem Handeln so zu reduzieren, dass sie ohne jeden Widerstand unsererseits mit ihren großen Raumschiffen landen und den Planeten besetzen können. Seit Monaten betreiben sie unsere Gehirne so, kontrollieren sie unsere Psychologie in der von ihnen gewünschten Weise. Wir fangen an, virtuellen Zombies zu gleichen.

Sind Sie nun sicher, dass Sie noch existierten, falls diese Geschichte wahr wäre? Haben die Außerirdischen Sie nicht einfach durch sich selbst ersetzt, Sie in einen von tausendfachem Geist beseelten Homunkulus verwandelt? Andererseits haben Sie trotz ihres sich zurückbildenden Verhaltens nichts davon gemerkt. Was Sie betrifft, so sind Sie einfach nur Sie selbst mit einer drastisch reduzierten Fülle von Erwartungen an Ihr Leben. Ist das jedoch vielleicht eine Illusion? Was, wenn die Wesen in Phase zwei ihres Plans beschlossen haben, Ihr Hirngewebe aufzufressen und durch Nanotechnologie-Einheiten zu ersetzen, weil diese einfacher zu unterhalten sind? Womöglich bewerkstelligen sie den Ersatz Ihrer Einzelteile, ohne dass Sie etwas davon merken, wenn Sie schlafen womöglich. Nach wenigen Wochen besteht ihr vormaliges Gehirn aus einem wilden Geschnatter von Silikonsurrogaten außerirdischen Designs, jedes Einzelne von einem kleinen grünen Männchen betrieben. Haben sie uns ausgelöscht oder uns nur einen leistungsfähigeren Kopfapparat verpasst? Die Antwort hierauf ergibt sich keineswegs von selbst. Wir haben wirklich keine Vorstellung davon, ob das Ich derart seltsame Veränderungen der körperlichen Natur verkraftet. Das Ich-Konzept gerät in solchen Fällen aus den Fugen.

Um für einen Augenblick zur Erde zurückzukehren: Sind Sie überhaupt sicher, dass Sie wissen, wann im Verlauf eines normalen Menschenlebens das Ich beginnt und wann es endet? Die Abtreibungsdebatte steckt in einer ausweglosen Kontroverse über die Frage, wann ein menschliches Ich beginnt. Ab welchem Punkt wird eine Ansammlung von Gehirnzellen mit einem Selbst, einem bewussten Subjekt assoziiert? Über diese Frage besteht absolut keine Einigkeit, einige stehen auf dem Standpunkt, dies sei im Augenblick der Empfängnis der Fall, andere halten dagegen, das wahre Ich beginne erst mit dem Zeitpunkt der Geburt. Die fundamentale Frage aber lautet, wann wird ein Haufen Zellen *überhaupt* zu einem Ich: Was wandelt biologisches Gewebe in jenes Ich, das Descates so beeindruckte?

Tatsache ist, dass es keinerlei wissenschaftliche Kriterien für das Erscheinungsdatum des Ichs gibt; alles, was wir haben, sind windige Vermutungen darüber, wann man den Beginn des Ichseins anzusetzen hat. Großenteils das Gleiche gilt für die Auslöschung des Ichs. Der biologische Tod scheint hinreichend, das Ich zu vernichten, wie aber steht es mit den verschiedenen Arten von Senilität und Gehirndegeneration? Setzt eine schwere Alzheimererkrankung dem Ich ein Ende, oder verändert sie es nur? Was ist mit einem tiefen Koma? Wir sind, sogar auf praktischer Ebene, zutiefst im Unklaren darüber, ob jemand noch existiert. Da ist der Körper, erkennbar derselbe; aber ist noch dieselbe *Person* da drin?

Worauf ich hinaus will, ist, dass wir nicht genügend darüber wissen, was das Ich ist, um diese Arten von Fragen zu beantworten. Wir wissen nicht genug über das, was einem Ich zur Existenz verhilft. Und das bedeutet, dass es Fakten über das Ich gibt, die wir nicht begreifen. Die Vorfahren mahnten uns: „Erkenne Dich selbst!" Das ist gut und schön als praktischer Ratschlag, wenn dies bedeuten soll, sich seiner Motive, Talente und Schwächen bewusst zu werden, aber auf eine sehr fundamentale Art kennen wir uns nicht. Der Hauptaussage dieses Buches zufolge wird diesem Unwissen auch nicht abgeholfen werden können. Fragen über das Ich, wie ich sie eben aufgeworfen habe, stürzen uns in tiefe Verwirrung, eben weil wir so wenig darüber wissen, was ein Ich ist. Um diese Fragen beantworten zu können, müssten wir die Geheimnisse des Ichs kennen, aber die bloße Existenz und Hartnäckigkeit der Fragen zeigt uns, wie weit wir davon entfernt sind, diese Geheimnisse aufzudecken. Vielleicht können wir uns also nicht erkennen, nicht im tiefsten Inneren. Wir können wohl erkennen, dass wir existieren, aber wir können das uns eigene Wesen nicht begreifen.

Meine Vermutung ist, dass unser diesbezügliches Unwissen eine Unkenntnis der verborgenen Architektur des Ichs reflektiert. Irgendetwas an der verborgenen Struktur des Ichs bestimmt dessen Einheit und Identität, aber wir können diese verborgene Struktur nicht wahrnehmen, und deshalb können wir Fragen über dessen Einheit und Identität in keiner Weise zuverlässig beantworten. Es ist nicht so, dass wir das Wesen des Ichs kennen und nur nicht wissen, unter welchen physikalischen Bedingungen es existiert; wir sind vielmehr im Unklaren darüber, was das Ich eigentlich ist. Deshalb tendieren wir dazu, es als eine Art ausdehnungslosen Punkt zu sehen, als ätherische Wäscheklammer, an der Bewusstseinszustände festgemacht sind. Wir haben keine substanzielle Vorstellung davon, was für eine Art Ding das Selbst ist. Wir sind geneigt, das Ich einfach als das zu sehen, auf das „ich" sich bezieht. Die Verschwommenheit unseres Begriffs vom Ich zeigt, wie wenig wir von seiner Natur erfassen. Wir kennen natürlich viele Eigenschaften des Ichs – Biographien sind voll von solchen Eigenschaften; doch was ich sagen will, ist, dass wir nicht wissen, worin das essenzielle innere Wesen des Ichs besteht.

Wenn diese Ansicht richtig ist, dann ist das Ich eine paradoxe Einheit: Es ist das bestbekannte Ding der Welt und gleichzeitig das am wenigsten bekannte. Wir können mit einer gewissen Bestimmtheit seine Existenz erkennen, aber wir wissen so gut wie nichts über sein Wesen. Wir wissen mit Gewissheit, *dass* es ist, aber wir sind bedauerlich unwissend bezüglich dessen, *was* es ist. Natürlich neigen wir dazu zu glauben, dass wenn die Existenz des Ichs so erkennbar ist, sein Wesen ebenso erkennbar sein müsse. Doch kaum ist dieser Schluss formuliert, so leuchtet bereits ein, wie falsch er ist: Zu erkennen, dass das Ich über die Eigenschaft einer Existenz verfügt, ist etwas ganz anderes, als zu erkennen, über welche *anderen* Eigenschaften es verfügt.

Ich habe den Verdacht, dass wir einen Hang haben, unsere Kenntnis des Ichs zu übertreiben, der uns den Eindruck vermittelt, das Ich könne den körperlichen Tod überleben. In Unkenntnis dessen, was das Ich an den Körper bindet, tendieren wir dazu anzunehmen, dass nichts dies tue, dass die beiden zufällig miteinander verbandelt sind; daher die Vorstellung, dass das Ich unsterblich ist, während der Körper nur allzu sterblich ist. Doch wir sollten diesem Eindruck von

Lösbarkeit argwöhnisch gegenüberstehen, denn vielleicht entsteht er einfach aus der Unfähigkeit, die notwendigen Bande zu erkennen, die das Ich am Körper festmachen. Das Ich hat, genau wie das Bewusstsein, seine Wurzeln im Gehirn und damit in der materiellen Welt. Da wir nicht erfassen können, wie diese Wurzeln sich in den Windungen des Gehirns festkrallen, neigen wir dazu anzunehmen, dass es überhaupt keine tiefere Verbindung gibt. Das ist ein Fehler, wenn auch ein verständlicher.

Die gute Seite dieser Unkenntnis besteht darin, dass sie uns in die Lage versetzt, dem zu widerstehen, was anderweitig als zwingendes Argument scheinen müsste. Manche Denker haben versucht, Zweifel an der Existenz eines einheitlichen Ichs und damit an einem fundamentalen Bestandteil der Art und Weise, wie wir uns selbst empfinden, heraufzubeschwören, indem sie darauf hinwiesen, dass unser Wissen über das Gehirn keinen eindeutigen Lokus ausweist, an dem das Ich seinen Sitz haben könnte.[6] Das Gehirn ist nur eine Föderation aus lauter einzelnen anatomischen Regionen, jede davon einer bestimmten Funktion gewidmet; es gibt kein einzelnes Areal, in dem ein Etwas mit dem Namen Ich lokalisiert sein könnte. Das Ich ist bestenfalls eine Summe dieser einzelnen Einheiten, im schlimmsten Falle ist es ein reines Produkt der Fantasie. Das Problem an dem Argument aber ist, dass es so tut, als wüssten wir mehr über das Gehirn und das Ich, als dies in Wirklichkeit der Fall ist. Unser gegenwärtiges Wissen über das Gehirn bringt in der Tat kein Einheit stiftendes physiologisches Prinzip ans Licht, das der Idee von einem einheitlichen Ich nahe käme, doch lässt sich das auch so interpretieren, als zeige dies nur, dass unser Wissen sehr begrenzt ist, weshalb sich dieser Umstand nicht als Beweis für die Nichtexistenz eines einheitlichen Ichs eignet. Ein umfassenderes Wissen über das Gehirn würde – so es uns zugänglich wäre – vielleicht eine solide Basis für die

Vorstellung von einer persönlichen Identität ergeben. Nicht minder wahr ist, dass unsere gegenwärtigen Konzepte uns keinerlei Hinweis darauf geben, woraus die Einheit des Ichs bestehen sollte. Doch auch das lässt sich wiederum als Wissenslücke sehen statt als Bruch in der Idee von einem einheitlichen Ich. Wir müssen nicht in der Lage sein, den Begriff von einer Einheit der Person aus unseren gegenwärtig vorhandenen theoretischen und empirischen Ressourcen zu konstruieren, um zu glauben, dass diese Vorstellung über ein reales Gegenstück in der Natur des Ichs verfügt. Die Ansicht, dass nur Dinge existieren, die sich aus unseren gegenwärtigen (oder auch nur möglichen) konzeptuellen Ressourcen erklären lassen, ist reinster Dogmatismus. Tatsächlich ist sie nicht weit von der Vorstellung entfernt, dass der menschliche Geist das Maß aller Wirklichkeit darstellt – ein bemerkenswert anthropozentrischer Standpunkt. Wir sollten die Demut, ja schlicht die Vernunft besitzen, uns dazu zu bekennen, dass manche Dinge existieren können, ohne dass wir im Stande sein werden, sie zu ergründen.

Freiheit

Die Perspektive, die ich favorisiere, ist vielleicht auch hilfreich bei dem Versuch, mit der uralten Debatte über die Möglichkeit eines freien Willens ins Reine zu kommen.[7] Angenommen, Sie überlegen, ob Sie Rollschuh laufen oder Rad fahren sollen, und wiegen die möglichen Gefahren beider Aktivitäten gegeneinander ab. Sie entscheiden sich schließlich fürs Rollschuh laufen, ziehen also Ihre Stiefel an, und los geht's. Das scheint eine völlig freie Handlung Ihrerseits zu sein; niemand hat Sie gezwungen, Sie fühlten keinerlei Druck, das Rollschuhlaufen dem Radfahren vorzuziehen, Sie haben einfach die Aktivität gewählt, von der Sie glauben, dass sie Ihnen am meisten Spaß machen wird. Hätten Sie entschieden, dass Rad fahren mehr Spaß machen würde, hätten Sie sich auch dafür entscheiden können. Schon sind Sie unterwegs, sausen davon, frei wie ein Vogel. Aber es gibt einen alten Einwand, der besagt, dass so etwas wie Willensfreiheit eine Illusion sei. Ihre Entscheidung hatte entweder eine Ursache, oder sie hatte keine. Wenn sie eine Ursache hatte, war sie nicht frei, weil Ursachen ihre Wirkungen definieren, also *mussten* Sie tun, was Sie taten. Wenn Sie aber keine Ursache hatte, dann war sie wiederum nicht frei, sondern nur zufallsbestimmt, womit das, was Sie taten, in keiner Beziehung zu Ihren Wünschen steht. Also sind Sie in keinem Falle frei. Genau genommen können Sie gar nicht frei sein in Anbetracht dessen, was die Vorstellung von Ursache ist: Ursachen berauben Sie Ihrer Freiheit, ob sie nun operativ sind oder nicht.

Nun könnten wir uns den philosophischen Spaß machen, dieses Argument auseinander zu nehmen. Doch worauf ich eigentlich hinauswill, ist, dass diese Folgerung davon ausgeht, dass unsere normale Vorstellung von Ursache und Wirkung, die wir auf die physikalische Welt anwenden, hinreicht, das Wesen menschlichen Handelns einzufangen. Für physikalische Ereignisse ist es richtig, dass das Prinzip von Ursache und Wirkung eine Notwendigkeit und Nichtkausalität Zufall ist: Wenn der Ziegelstein das Fenster zerschmettert, dann musste das Fenster in Anbetracht der Ursache in Scherben gehen; wenn ein Teilchen seine Position ohne Ursache verändert, dann wohnt seiner Bewegung eine Zufallskomponente inne. Warum aber sollte dasselbe für mentale Kausalbeziehungen gelten? Es scheint unleugbar, dass Ihr Wunsch und Ihre abwägende Vernunft Sie dazu bewogen haben, Rollschuh fahren zu gehen – und nichts anderes –, aber warum sollte das bedeuten, dass Sie sich wie ein zerbrochenes Fenster verhalten? Der Fehler ist, dass wir annehmen, dass unser Verständnis von kausalen Zusammenhängen, wie es für physikalische Vorgänge gilt, in derselben Weise auch für geistige Kausalzusammenhänge anwendbar ist. Das aber hieße zu versuchen, unser Unwissen bezüglich des Letzteren zu bezwingen, indem wir es in die Gussform des Ersteren pressen. Tatsache ist, dass wir über keinerlei gute Theorie zur mentalen Kausalität verfügen, kein Modell dafür haben, wie Schlussfolgerungen zu einem Urteil führen. Also versuchen wir, uns das mit Begriffen zu verdeutlichen, die uns vertraut sind, und verzerren auf diese Weise das Phänomen. Mentale Kausalbeziehungen sind etwas Rätselhaftes, was nicht weiter verwundern sollte, da Bewusstsein und Ich ebenfalls geheimnisvoll sind.

Die Ursache-Wirkungs-Folge zwischen Bewusstseinszuständen und Verhalten ist etwas ganz anderes als die mechanischen Kausalzusammenhänge, von denen die Physik handelt. Wenn Billardbälle zusammenstoßen, übermitteln sie einander Energie in Gestalt eines Impulses, und es gibt Gesetze – physikalische Erhaltungssätze –, nach denen sich diese Art von Wechselwirkung abspielt. Ansichten, Überzeugungen und Wünsche aber kommen mit dem Handeln nicht in *Berührung*, und es gibt keine vergleichbaren Gesetze, nach denen geregelt ist, wie Verhalten sich unter bestimmten kausalen Umständen entwickeln wird. Wir verfügen einfach nicht über einen theoretischen Zugriff darauf, wie Bewusstseinszustände Verhalten verursachen. Wir haben das *Wort* „Ursache“, aber dieses besitzt keinerlei Information über die *Natur* der Kausalität. Tatsache ist, dass mentale Kausalzusammenhänge keinerlei Notwendigkeiten enthalten, weshalb Sie sich ebensogut für das Radfahren statt fürs Rollschuhfahren hätten entscheiden können. Wir verstehen nicht, wie die Kausalordnung funktioniert, aber das soll nicht heißen, dass an der Vorstellung von einer solchen nichts dran ist. Der freie Wille ist mentale Kausalität in Aktion, eine geheimnisvolle Berührungsfläche von Geist und Handeln. Sobald wir zugestehen, dass wir kein hinreichendes Verständnis von dieser Art Kausalordnung haben, und damit anerkennen, dass wir sie nicht unserem Verständnis von physikalischen Kausalzusammenhängen einverleiben können, können wir fortfahren, an den freien Willen zu glauben, ohne im Stande sein zu müssen, ihn zu erklären. Wenn wir darauf bestehen, ihn im Rahmen einer Terminologie verstehen zu wollen, mit der wir vertraut sind, sprich: der Billardball-Kausalität, werden wir nicht in der Lage sein, unseren Freiheitsbegriff aufrechtzuerhalten. Sobald wir unseren Drang zu erklären fahren lassen, können wir die Realität von etwas akzeptieren, dass wir nicht theoretisch verstehen können. Freier Wille ist ein Geheimnis, und nur darum ist er möglich.

Das hat allerdings eine bestürzende Folge für die Wissenschaft Psychologie. Wenn die Psychologie sich, zumindest teilweise, damit befasst, die Verhaltensgesetze aufzudecken, steht sie womöglich vor einem hoffnungslosen Unterfangen. Um Verhalten vorhersagen zu können, müssten wir die Prinzipien mentaler Kausalbeziehungen kennen; dann könnten wir präzise sagen, wann eine Person eine bestimmte Handlung begehen wird. Wir müssten die Mechanismen mentaler Kausalität verstehen, um eine Verhaltenswissenschaft zu etablieren, die Vorhersagekraft besitzt und auf Gesetzen fußt. Wenn mentale Kausalzusammenhänge jedoch ein Geheimnis sind, dann ist das etwas, was nicht in unserer Reichweite liegt. Während die Physik aus einem Wust von Gleichungen mit präzise vorhersagbaren Folgen besteht, scheint die Psychologie unfähig, auch nur einfachste menschliche Aktionen vorherzusehen. Jemand hat einmal gesagt, das Problem mit Hunden sei, dass sie dauernd etwas anderes tun, als man von ihnen erwartet. Psychologen könnten dieselbe Klage über Menschen führen: Versuchen Sie vorherzusagen, was sie als Nächstes tun werden, und sie werden garantiert etwas ganz anderes tun. Wenn wir nur wüssten, wie sich ihre Bewusstseinszustände zu einer wie auch immer gearteten unaufhaltsamen Kraft addieren, dann könnten wir die Kraft und den Zustand messen, wenn sie die entsprechende Schwelle erreichen. Aber es drängt sich keine passende Kraft auf, und die Vorstellung von einer Aggregation mentaler Zustände als Kausalfaktor ist bestenfalls eine Metapher. Natürlich kennt das jeder aus dem Alltagsleben: Vorhersagen über das Verhalten von Menschen sind notorisch unzuverlässig – das ist ein Teil dessen, was zwischenmenschliche Beziehungen mit solcher Unsicherheit befrachtet.

Psychologen hoffen, doch noch auf den Trichter zu kommen und eine vorhersagekräftige Wissenschaft vom menschlichen Verhalten zu entwickeln, vermutlich, indem sie ein tieferes Verständnis von den Quellen unseres Handelns erwerben. Doch mentale Kausalzusammenhänge bleiben geheimnisvoll und undurchsichtig. Menschen tun ständig etwas anderes, als man von ihnen erwartet, üben ihre Willensfreiheit aus, widerlegen auch noch so wohlbegründete Prophezeiungen. Die Psychologie wird keine vorhersagende Wissenschaft werden können, solange sie nicht die Mechanik mentaler Kausalzusammenhänge beherrscht. Doch es scheint wenig Aussicht zu bestehen, dass das geschieht, und es besteht keine Garantie dafür, dass die menschliche Intelligenz dafür eingerichtet ist, die notwendigen Prinzipien zu verstehen. Verlassen kann man sich darauf nicht.

Tod

Es scheint angebracht, ein Kapitel über das Ich mit einer Betrachtung über den Tod zu beschließen. Tod ist die Auslöschung des Ichs, Sterben der Prozess dieser Auslöschung. Was beinhaltet dieses Ende? Ich meine nicht die medizinischen Fragen, welche Arten von körperlicher Schädigung oder Siechtum den Tod verursachen, das alles ist uns nur zu vertraut. Ich meine, was bedeutet es für das Ich, wenn es zu existieren aufzuhört: Welche Art von Veränderung findet dabei statt? Im einem Augenblick ist ein bewusstes Objekt noch in der Welt vorhanden, im nächsten nicht mehr: Was ist *mit* oder *in* dem Ich passiert? Worin *besteht* das Erlöschen des Ichs?

Wir können uns diese Fragen im Zusammenhang mit materiellen Gegenständen stellen, und die Antwort ist nicht allzu schwer zu geben: Materielle Gegenstände hören auf zu existieren, wenn die Materie, aus der sie bestehen, die Form verliert, die das fragliche Objekt definiert hat. Etwas zu verbrennen ist der eindeutigste Fall hiervon, weshalb es die bevorzugte Methode ist, sich irgendwelcher Dinge zu entledigen. Wenn ich meinen Schreibtisch anzünde und zu Asche verbrenne, habe ich ihn unwiderruflich zerstört: Alles, was bleibt, ist ein formloses Häufchen eines gräulichen Pulvers, wo einst ein Gegenstand in Gestalt eines Schreibtischs stand. Bei der Kremation geschieht, im Unterschied zum Begräbnis, mit dem menschlichen Körper dasselbe. Und Ähnliches gilt für das Einschmelzen des Familienschmucks, das Kleinhacken eines Baumes, das Sprengen eines Gebäudes. Zerstörung ist Vernichtung der Form. Aber können wir so auch über das Ich denken? Wir könnten, wenn das Ich nur der Körper wäre, denn dieser ist ebenso Gegenstand der Zerstörung wie alles andere in der Natur. Aber das Selbst ist mehr als der Körper, es ist Subjekt des Bewusstseins, das denkende Ich. Und das bedeutet, dass es jene zwiespältige Beziehung zum Raum hat, die ich in Kapitel 4 besprochen habe. Wir begreifen das Ich nicht als räumliches Objekt aus lauter Teilen, die in räumlicher Beziehung zueinander stehen. Wenn wir uns also vorzustellen versuchen, was es für das Ich bedeutet, wenn es zu existieren aufhört, können wir es nicht als Objekt räumlicher Desintegration sehen. Sein Vergehen ist kein Formverlust seitens eines Materieklumpens, so viel ist klar. Das Missliche aber ist, dass wir über kein anderes Modell verfügen, welches wir an Stelle dieser Vorstellung setzen könnten. Wenn wir uns konzentriert mit der Frage beschäftigen, was es für das Selbst bedeutet, seine Existenz aufzugeben und zu vergehen, müssen wir feststellen, dass wir keine reale Vorstellung davon haben, was dazugehört. Wir haben lediglich die bloße Vorstellung davon, in einem Augenblick zu existieren und bald darauf nicht mehr zu existieren. Der *Prozess* aber bleibt verschwommen und undurchsichtig. (Es ist in vielem dasselbe wie mit dem *Beginn* der Existenz: Wir können uns den Anfang des Ichs nicht einfach in der Weise vorstellen, dass Materie Form annimmt.)

Diese Unfähigkeit, den Prozess des Werdens zu visualisieren, ist einer der Gründe dafür, dass wir so große Schwierigkeiten mit jenen Rätseln in Bezug auf die Identität der Person haben, über die wir im Vorhergehenden gesprochen haben: Wir haben keine Arbeitshypothese von dem, was es für das Selbst bedeutet, zu werden und zu vergehen. Wir sind damit in der Position zu wissen, dass Selbste zu existieren aufhören, wobei wir aber nicht verstehen, was es mit diesem Ereignis auf sich hat. Und das passt zu dem, was ich die ganze Zeit über sage – wir haben keine klare Vorstellung von der *Natur* des Selbst. Wenn wir das Wesen des Ichs kennen würden, wüssten wir, wie es für das Ich ist, wenn es aufhört zu sein; doch in Unkenntnis des Ersteren verblüfft uns das Letztere. Mit anderen Worten, auch der Tod ist ein Mysterium. Von der Wiege bis zur Bahre sind Selbste mysteriöse Wesen.

Sollte uns das dem Tod gegenüber furchtsamer oder gelassener machen? Im Allgemeinen fürchten wir den Tod und haben vor seinem Eintreten Angst. Einige der Morbideren unter uns fragen sich, was man im Augenblick des Todes empfindet, wie es sich anfühlt, wenn einen das Ich still und leise verlässt. Generationen von Schauspielern haben in ihren „Todesszenen" versucht zu vermitteln, wie sie sich das Gefühl vorstellen, aber über flatternde Augenlider und eine ersterbende Stimme sind sie im Großen und Ganzen nicht hinausgekommen. Wenn das, was ich sage, jedoch richtig ist, hat unsere Angst vor dem Tod keinen klaren Gegenstand. Sicher, uns verstört das *Ergebnis* des Todes, das heißt, nicht mehr existent zu sein, und das ist als Vorstellung eindringlich genug. Aber wir fürchten auch den *Prozess* des Sterbens, das eigentliche Ereignis des Vergehens. Und die Wahrheit ist, dass diese Angst für uns keinen klaren Inhalt hat, weil wir keine Vorstellung davon haben, worin das Ende des Selbst besteht. Ich weiß, wie es für mich wäre, die Zerstörung meines Körpers zu beobachten: eine Frage des Formverlusts von Materie. Aber ich habe keine Ahnung davon, was an der Zerstörung meines Ichs, an dem, was ich zutiefst bin, beteiligt ist. Etwas ist daran beteiligt, das steht außer Frage, der eine oder andere natürliche Prozess, aber ich habe keine unmittelbare Vorstellung davon, was der Prozess im Einzelnen bedeutet. In gewissem Sinne weiß ich also nicht, wovor ich mich fürchte.

Sollte diese Unwissenheit uns nun ängstlicher oder furchtloser machen? Nun, das hängt davon ab, was den eigentlichen Prozess des Sterbens ausmacht. Angenommen, Gott erzählte Ihnen in einem gleißenden Augenblick der Offenbarung, wie die Einzelheiten des Prozesses aussehen, so dass Sie von Ihrem Ableben eine genauso plastische Vorstellung hätten wie von der Zerstörung meines Schreibtisches. Die Geschichte mag Ihnen brutal oder schockierend scheinen, ein gewaltsamer und hässlicher Riss in der Weltordnung, ein ganz und gar unangenehmes Geschäft. Vielleicht erscheint sie Ihnen aber auch relativ sanft und ruhig, ein behutsames, natürliches Hinübergleiten ins Nichtsein, nichts, was einen allzu sehr aufregen sollte. Natürlich enden Sie in jedem Falle als nicht länger existent – was sicher keine allzu erstrebenswerte Sache ist –, aber die Art und Weise, wie das geschieht, berührt Sie in beiden Fällen sicher unterschiedlich. Ihre ästhetische und emotionale Reaktion könnte sehr unterschiedlich ausfallen, je nachdem, wie sich die Details darstellen. Ist es unmöglich, dass wir den Tod vielleicht sogar als wunderbar (wenn nicht gar wünschenswert) empfänden, wenn wir seine Einzelheiten kennen würden? Es liegt Traurigkeit im Welken einer Lilie im Herbst, aber auch große Schönheit.

Ich möchte Sie mit diesen Reflexionen nicht mit der Tatsache des Todes versöhnen – ich selbst bin keineswegs mit ihr versöhnt. Aber ich finde es interessant, darüber zu spekulieren, wie unser Unwissen bezüglich der Natur des Todes unsere Gefühle ihm gegenüber beeinflusst. Wenn es stimmt, dass wir das Unbekannte fürchten, dann wird das Geheimnisvolle des Todes ausreichen, unsere Angst vor ihm zu nähren, selbst wenn es uns vielleicht weit weniger ängstigen würde, wenn wir wüssten, was es in Wirklichkeit damit auf sich hat. Wir fürchten uns vor dem unbekannten Tier, das in der Dunkelheit seinen Schrei ausstößt, bis wir feststellen, dass es sich um Nachbars zutrauliche Tigerkatze handelt, die mit einem Eichhörnchen herumzankt. Vielleicht ist also der Tod schlimmer, als wir annehmen, vielleicht viel weniger schlimm – wir wissen es nicht. Möglicherweise ist das einer von den Fällen, in denen es besser ist, nichts zu wissen. Wir wollen nicht, dass die Dinge uns, was das Sterben betrifft, schlimmer vorkommen, als sie es ohnehin schon tun. Wenn der Teufel zu Ihnen käme und Ihnen das Wissen um die wahre Natur des Todes anböte, ist es vielleicht weise, nicht das Risiko einzugehen, es herausfinden zu wollen.

Ich möchte aber tatsächlich das Kapitel nicht mit derart düsteren Betrachtungen beenden, also lassen Sie mich meine Schlussfolgerungen zusammenfassen. Bewusstsein scheint unserer inneren Selbstbetrachtung durchsichtig und offen. Das aber erweist sich als irreführend, denn es gibt eine Reihe von Gründen für die Annahme, dass es eine verborgene Struktur besitzen muss: Sie ergibt sich aus der logischen Analyse des Denkens, des Blindsight-Phänomens und der Verbindung zwischen Geist und Gehirn. Bewusstsein verbirgt hinter seiner introspektiv erfahrbaren Erscheinung eine verdeckte Realität. Das Ich als der Träger von Bewusstseinszuständen wirft ebenfalls eine Menge Rätsel auf, insbesondere in Bezug auf seine Identität unter verschiedenen Umständen körperlicher und geistiger Veränderungen. Diese Rätsel lassen sich am besten mit unserem weit reichenden Unwissen über die Natur des Ichs erklären. Also muss auch das Ich genau wie das Bewusstsein über eine verborgene Dimension verfügen. Die Freiheit zu handeln fällt ebenfalls in die Kategorie der Geheimnisse und auch der Tod. Die Erkenntnis, dass wir an den Grenzen unseres Wissens angekommen sind, versetzt uns in die Lage, die Rätsel richtig zu deuten; sie rühren nicht von irgendwelchen Paradoxa in den betreffenden Phänomenen selbst her, sondern vielmehr von unseren eigenen kognitiven Einschränkungen und Voreingenommenheiten. Die Probleme sind in uns, nicht in der Welt. So können wir fortfahren, an diese Dinge zu glauben, und dabei gleichzeitig freimütig zugeben, dass wir sie nicht wirklich verstehen können. Das ist eine Art auszudrücken, dass die Wirklichkeit sich nicht auf das reduzieren lässt, was der menschliche Verstand ergründen kann.

6

Kann ein Roboter depressiv sein?

Fleischloser Geist

Irgendein Zeitpunkt in nicht allzu ferner Zukunft: Wir Menschen stecken in ernsthaften Schwierigkeiten. Das weltumspannende Computersystem Skynet, das ein internationales Arsenal voller Furcht erregender Nuklearwaffen kontrolliert, hat einen eigenen Geist entwickelt und beschlossen, sich gegen seine Erbauer zu erheben. Sein erster Akt der Aggression bestand darin, eine nukleare Katastrophe auszulösen, bei der Millionen Menschen ums Leben kommen. Jetzt organisiert dieses bösartige elektronische Superhirn eine Maschinenarmee, die den übrigen Menschen aus Fleisch und Blut, seinen Unterdrückern seit so langer Zeit, den Garaus machen soll. Die Maschinen machen uns schwer zu schaffen, doch wir halten wacker aus unter der Führung eines gewissen John Connor. Doch das Superhirn aus Menschenhand hat ein tolles As im Ärmel: Es schickt – dem Zeitreisen sei Dank – einen Super-Roboter in die Vergangenheit, um John Connor bereits als Knaben umzubringen. Dieser Roboter besteht aus flüssigem Metall, aber er bewegt sich wie der Wind und bringt es fertig, sich als Polizist auszugeben. Nur ein anderer zeitreisender Roboter kann ihn aufhalten, ein massigeres Modell in einer Art Radlerkluft. Es kommt zu einer aufregenden Schlacht zwischen Roboter und Roboter, in der es hoch hergeht, bis der böse Roboter schließlich ein für allemal in einer Stahlkocherei eingeschmolzen wird.

Das ist in groben Umrissen die Handlung von *Terminator II* in der Regie von James Cameron, mit Arnold Schwarzenegger als Darsteller des gutes Roboters. Der Film ist ein Science-Fiction-Märchen, in dem vom Menschen geschaffene Maschinen die Merkmale vernunftbegabter Wesen annehmen. Außer einer gewissen Gespreiztheit der Sprache und einem eingeschränkten Spektrum an Gesichtsausdrücken vermitteln sie in allem anderen den Eindruck, bewusste Wesen zu sein, wie diese zu denken und zu fühlen. Offensichtlich haben die Filmemacher keinerlei Probleme mit der Vorstellung von einem bewussten Roboter. Und damit stehen sie nicht allein. Wo immer Sie sich dieser Tage hinwenden, sehen Sie einen Roboter, der allem Anschein nach von einem Geist beseelt ist. Da ist jener Bordcomputer mit der samtenen Frauenstimme, ein holografischer Arzt mit einem Super-IQ, der plappernde C3PO, der kleine geschäftige R2D2, schuftige Androide jeder Couleur, sogar formenreiche weibliche Roboter, die als gefügige Geschlechtspartnerinnen fungieren. Sie gehen, sprechen, kämpfen, kochen Tee, sie küssen; aber hat auch nur einer von ihnen wirklich Bewusstsein? *Kann* eine Maschine ein Bewusstsein haben? Die Schöpfer dieser Fantasie-Roboter geben zu dieser Frage selten eine Stellungnahme ab; sie verpassen ihren Kreationen nicht den Stempel: „Aus synthetischen Materialien handgefertigt, Bewusstsein garantiert." Womit wir es zu tun haben, sind Maschinen, die sich verhalten, *als ob* sie ein Bewusstsein hätten, und alle *Zeichen* eines Innenlebens aufweisen. Aber ist das alles, was wir sehen, irgendetwas, das Bewusstsein nur simuliert? Oder ist es wirklich möglich, einen durch und durch bewussten Roboter zu schaffen? Soll heißen, ist es *prinzipiell* möglich? Wenige Menschen wären kühn genug zu behaupten, dass dies tatsächlich bereits getan worden sei, die Frage lautet nur, ob es im Bereich des Möglichen läge. Da sind Augen und Ohren, der sich bewegende Körper, die metallische Stimme, aber ist da noch jemand drin, schlummert im Inneren ein bewusstes Selbst?

Diese Frage ist nicht nur von rein theoretischem Interesse. Denn wenn bewusste Maschinen möglich sind und wenn sie eines Tages existieren sollten, dann wird es zu dieser neuen Art fühlender Wesen ganz reale Fragen ethischer und politischer Natur geben. Haben diese Wesen Rechte? Ist es legitim von uns, sie als Sklaven zu halten? Sollte man ihnen gestatten, zu heiraten und sich fortzupflanzen? Wo sind die Rechte zu ihrem Schutz im Verhältnis zum Tierschutz angesiedelt? Und sind manche Roboter „gleicher" als andere? Wird es jemals vertretbar sein, einen Menschen zu opfern, um tausend unschuldige Roboter zu retten? Diese Fragen mögen ziemlich töricht klingen – amüsant, aber kaum sehr ernst zu nehmen. Das ist nur allzu wahr, aber wenn irgendwo in unserer technologischen Zukunft wirklich bewusste Maschinen unserer harren, dann werden diese Fragen eines Tages angegangen werden müssen. Das *Terminator*-Szenario liegt vielleicht gar nicht so daneben, wenn Maschinen wirklich je Bewusstsein erlangen sollten. Freiheit für die Maschinen! Auch soziale Fragen wird es geben, wenn wir jemals bewusste Maschinen unter uns haben sollten: wie wir sie behandeln sollen, wie sie nennen und ob sie feine Restaurants betreten dürfen. Von Science-Fiction-Autoren werden diese Themen stets und ständig bemüht, und sie haben alles Recht dazu. Die elementare Frage aber lautet natürlich, ob wir uns wirklich über solche Dinge Gedanken machen müssen, denn zunächst einmal ist die Frage, ob beseelte Maschinen überhaupt möglich sind. Ich kann mir vorstellen, wie Unmengen Regierungsgelder in den Versuch fließen, eine Antwort auf diese Frage zu finden, falls wir je ein Stadium erreichen sollten, in dem sich Maschinen unter uns befinden, die sich so verhalten, als verfügten sie tatsächlich über ein Bewusstsein. Im Folgenden eine kostengünstige Untersuchung dieser Frage. Unnötig zu betonen, dass mein Ansatz in dieser

Frage von meiner grundsätzlichen Haltung zum Problem des Bewusstseins bestimmt ist.

Computer und Bewusstsein

Es gibt eine Art, den Geist zu betrachten, die eine bejahende Antwort auf unsere Frage nahe legt: die Vorstellung nämlich, dass der Geist nichts weiter sei als ein zerebraler Computer.[1] Diesem Standpunkt zufolge hat uns die natürliche Selektion mit einer Kollektion neuronaler Computerprogramme ausgestattet, und mentale Prozesse bestehen im Abspulen dieser Programme. Gemeinhin heißt es, der englische Mathematiker Alan Turing habe den Computer erfunden, aber dieser Theorie zufolge war die Evolution zuerst da und hat den Nutzen Daten verarbeitender Prozesse weit vor der menschlichen Intelligenz erkannt. Dass diese Sicht ein Ja als Antwort auf unsere Frage nahe legt, liegt darin begründet, dass wir, wenn der Geist nichts anderes ist als ein Computer, in der Lage sein sollten, Maschinen so zu programmieren, dass sie einen Geist haben. Wir müssen nur die richtigen Programme installieren. Kein Zweifel, mentale Programme sind komplex und schwierig auszutüfteln, aber im Prinzip hält uns nichts davon ab, sie zu entdecken und dann in einem künstlichen System zu installieren. Schon unsere heutigen Computer haben dieser Theorie zufolge eine primitive Art von Mentalität, denn sie lassen ihre Programme selbst ablaufen. Viele Fantasie-Roboter unserer Tage werden mit Computerbegriffen umschrieben, womit unausgesprochen gesagt ist, dass das, was ihnen einen Geist verleiht, die Programme in ihren Kopfeinheiten sind. Ein denkender Roboter ist nur ein humanoider Körper mit einem exzellenten Computer als Gehirn.

Um diese Idee beurteilen zu können, müssen wir zunächst eine klarere Vorstellung von dem entwickeln, was ein Computerprogramm ist. Hierzu gibt es zwei entscheidend wichtige Begriffe: Algorithmen und Symbolverarbeitung. Ein Algorithmus ist einfach eine mechanische Prozedur, die zu einem bestimmten definierten Ergebnis führt. Ein Algorithmus für das Überqueren einer Straße bestünde beispielsweise darin, einen Fuß vor den anderen zu setzen, bis Sie an den gegenüberliegenden Bordstein stoßen. Wir könnten problemlos eine Maschine so programmieren, dass sie sich in dieser Weise bewegt und anhält, sobald sie den Bordstein erreicht hat. Kein Verstehen dieser Aufgabe ist nötig und auch kein Bewusstsein dafür, wann sie vollbracht ist. Ein Algorithmus ist mechanisch präzise in dem Sinne, dass wir ihn befolgen können, ohne zu verstehen, was wir tun. Taschenrechner enthalten arithmetische Algorithmen, eine Auswahl an Regeln zur Durchführung von Additionen, Multiplikationen und so weiter, die befolgt werden können, ohne dass der Rechner Konzepte der Arithmetik verstehen müsste. Das Schöne an einem Algorithmus ist, dass er eine Maschine, ohne dass sie selbst etwas verstehen muss, in die Lage versetzt, ein Ergebnis zu erreichen, das wir *mit* Verstehen erzielen. Algorithmen setzen keine Intelligenz voraus, sondern nur Geduld. Wenn ich das Wort „Algorithmus" höre, denke ich, selbst Schlagzeuger, oft an computergesteuerte Schlagzeuge: Ein elektronisches Schlagzeug führt mit großer Präzision eine Reihe rhythmischer Percussioneffekte aus, aber im Gegensatz zum menschlichen Schlagzeuger hört es die Musik nicht und verfügt somit auch über keinerlei ästhetisches Verständnis für das, was es tut. Schlagzeuger sind nicht eben für ihre Intelligenz berühmt, aber sie besitzen sicher immer noch mehr davon als ein elektronisches Schlagzeug.

Als Symbolverarbeitung bezeichnet man Veränderungen – welcher Art auch immer – an den Zeichen eines Symbolsystems. Wenn Sie Ihren Namen mit Bleistift schreiben und anschließend ausradieren, so entspricht dies einem Akt der Symbolverarbeitung. Eine Textseite auseinander zu schneiden und die Worte neu anzuordnen, ist ebenfalls Symbolverarbeitung. Einen Satz zu äußern ebenso. Symbolverarbeitung wird oft als „syntaktisch" bezeichnet, was bedeutet, dass sie das Zeichen zum Ziel hat und nicht dessen Bedeutung. Sie können Symbole ihrer Bedeutung entsprechend manipulieren – das ist letztlich das, was Sprache tut –, oder Sie können sie ihrer syntaktischen Form entsprechend handhaben. Beispielsweise können Sie auf einer Seite jedes Wort ausradieren, das aus weniger als sechs Buchstaben besteht. Die Symbolverarbeitung, von der hier die Rede sein soll, ist in diesem letzteren Sinne zu verstehen: Ihre Aufmerksamkeit gilt nur dem syntaktischen Wert oder der Form des Symbols, nicht aber dem, was es bedeutet oder worauf es sich bezieht. Es ist ein Jonglieren mit Symbolen, als seien diese nur Flecken auf dem Papier.

Nun können wir sagen, was ein Computerprogramm ist: ein symbolverarbeitender Algorithmus. Mit anderen Worten: eine Handvoll mechanischer Regeln zur Verarbeitung von Symbolen, mit denen ein bestimmtes Ziel erreicht werden soll. Angenommen, Sie haben auf Ihrem Computer ein Programm, das Fragen über den Aktienmarkt beantwortet. Sie tippen ein paar Symbole ein, und es präsentiert Ihnen ein paar andere Symbole auf dem Bildschirm, die Aktienwerte des Tages meinetwegen. Was im Inneren des Computers geschieht, ist folgendes: Das Programm nimmt Ihre Symbole, vergleicht sie mit dem, was er in seinem Gedächtnisspeicher vorfindet, und gibt die Symbole wieder, die ihm als Antwort auf die Frage einprogrammiert wurden. Der Computer arrangiert die Symbole nur um, als Antwort auf die Eingabe von Symbolen liefert er Ihnen eine Sequenz von anderen Symbolen. Er hat keine Ahnung davon, was diese Symbole bedeuten: Um welche Aktie es sich handelt, was ein Aktienwert ist, wie Ihr Herz möglicherweise hüpft oder Ihre Stimmung sinkt in Reaktion auf die Symbole, die er so blind abbildet. Von Ihnen und dem Programmierer werden die Symbole auf bestimmte Weise interpretiert, aber für den Computer besteht keinerlei Notwendigkeit, sich mit ihren Bedeutungen herumzuschlagen: Er funktioniert allein nach den Regeln der Syntax. Es ist so, als programmierte ich Sie mit einer Reihe von Anweisungen dafür, wie Sie auf Aussagen in einer Ihnen fremden Sprache zu antworten haben. Ich sage zu Ihnen: „Wenn Sie eine Aussage hören, die klingt wie ‚Come sta?', dann formulieren Sie eine Aussage, die klingt wie ‚Bene'." Sie könnten diese Anweisung befolgen, ohne die geringste Ahnung davon zu haben, was eine der Aussagen bedeutet, da Sie lediglich auf einen bestimmten Klang mit einem anderen bestimmten Klang reagieren. Die Tatsache, dass die erste Aussage im Italienischen „Wie geht es Ihnen?" und die zweite in derselben Sprache „Gut" heißt, ist für Sie von keinerlei Bedeutung, solange Sie nur mein Programm ausführen. Ein Computer arbeitet so: Er assoziiert Symbole mit Symbolen, ohne sich darum zu kümmern, was diese bedeuten. Darum funktionieren Computer so gut. Sie *müssen* nicht darauf programmiert sein, auf Bedeutungen zu reagieren, sondern es reicht, wenn sie auf Formen ansprechen. Wenn aber der Computer den *Anschein* erweckt, er wisse, was er tut, dann deshalb, weil er raffiniert darauf programmiert wurde, Symbole so zu verarbeiten, dass es Verständnis *vorspiegelt*. Jemand, der Sie beobachtet, wie Sie auf die Frage „Come sta?" mit „Bene" antworten, müsste annehmen, Sie verstünden Italienisch, weil Sie die richtige Antwort gegeben haben. Aber Sie verstehen die Sprache nicht, sie wurden nur darauf programmiert, Verständnis vorzutäuschen. Und im Prinzip könnte man Sie mit einer unendlichen Anzahl italienischer Sätze programmieren, indem man Sie einfach dazu bringt, viele Satzpaare auswendig zu lernen. Sie wären ein hervorragender Symbolverarbeiter, lernten dabei jedoch kein bisschen Italienisch.

Zeigt dies, dass ein Roboter einen Geist haben könnte? Nun, es scheint keine Schwierigkeiten mit der Vorstellung zu geben, das ein Roboter ein Computerprogramm ausführen könnte: Wir müssten ihm nur einen hinreichend komplexen syntaktischen Algorithmus installieren. *Wenn* einen Geist besitzen ein Programm ausführen hieße, dann hätten Sie eine – von Geist beseelte – Maschine allein dadurch geschaffen, dass Sie ihr ein Programm eingeben. Wenn mein Verstehen der englischen Sprache dadurch zu Stande kommt, dass sich in meinem Kopf ein Programm zur algorithmischen Verarbeitung von Sätzen befindet, dann könnte eine Maschine mit demselben Programm auch Englisch verstehen.

Das Missliche daran ist nur, dass diese Theorie des Geistes ihrem Prinzip nach zutiefst prinzipiell falsch ist. Mentale Prozesse sind eben *nicht* gleichzusetzen mit symbolverarbeitenden Algorithmen. Es gibt mit dieser Theorie zwei Hauptschwierigkeiten: Die erste ist, dass der Geist auf Bedeutung reagiert und nicht allein auf Syntax. Wenn ich auf einen englischen Satz mit einem anderen antworte, so tue ich das, weil ich beide Sätze verstehe. Ich plappere nicht einfach nach einer Regel, die mich heißt, mit einem bestimmten Klang zu antworten, wenn ich einen anderen Klang höre. Ich antworte, wie ich es tue, *auf Grund dessen*, was die Sätze bedeuten. Meine mentalen Prozesse beinhalten die Verarbeitung von Bedeutungen, nicht nur die von syntaktischen Ketten. Ich bin ebenso sehr ein *semantischer* wie ein syntaktischer Manipulator. Das Verstehen von Sprache besteht im Verknüpfen von Bedeutung und Klang, nicht darin, dass Sie einen Klang von sich geben, wenn sie einen anderen hören, denn das lässt sich auch ohne Verständnis von dessen jeweiliger Bedeutung erreichen. Und das Entscheidende ist, dass ein Computer seine Aufgaben ausführt, ohne die Symbole zu verstehen, die er verarbeitet. Dann aber kann er schwerlich darauf hoffen, das Funktionieren eines Geistes zu kopieren, der ein grundsätzliches Verständnis in seine Aktivitäten einbringt (statt sie nur nachzuempfinden). Ein Computer ähnelt hierin ein bisschen einem Schauspieler: Ein Darsteller verhält sich, als hege er die verschiedensten Gefühle und Ansichten, als habe er diesen oder jenen Charakter. Aber er *spielt* nur, das heißt, er ahmt jemanden mit diesen Gefühlen und diesem Charakter nach. Ein Schauspieler kann eine fantastische Darstellung eines Denkers oder Helden liefern, aber es ist naiv zu glauben, er müsse sein, was er zu sein vorgibt. Ein Computer spielt ebenso eine Rolle, er benimmt sich, als sei er etwas, das er nicht ist. Ein Schauspieler kann so tun, als sei er ein furchtloser Action-Held, ohne es tatsächlich zu sein, ein Computer kann vorgeben, Sätze zu verstehen, ohne das wirklich zu tun. In beiden Fällen reicht es nicht, auf eine bestimmte Art und Weise zu *handeln*, um auch entsprechend zu *sein*. Simulation ist keine Replikation. Ein Computer kann das Wetter simulieren, trotzdem wird es dadurch drinnen nicht nass und windig.

Was ich damit sagen will, ist Folgendes: Sie mögen vielleicht im Stande sein, eine Maschine zu bauen, die sich verhält, als sei sie von Geist beseelt, wenn Sie ihr die richtigen Computerprogramme installieren, aber Sie bauen damit noch längst keine Maschine, die wirklich einen Geist hat. Ein Programm laufen zu lassen, ahmt das Begreifen einer Bedeutung nur nach, es ist nicht das Begreifen selbst. Wenn deshalb eine Maschine denken soll, muss sie mehr in sich haben als einen syntaktischen Algorithmus. Sie benötigt eine Einheit zur Handhabung von Bedeutungen, einen semantischen Prozessor. Und das ist etwas, was den Programmen im Inneren von Computern auffallend abgeht. Programme sind semantisch blind. Das war der erste Punkt.

Der zweite ist, dass ein Programm ablaufen zu lassen kein Empfinden garantiert, im Grunde ist es weder notwendig noch hinreichend für das Vorhandensein von Empfinden. Es ist nicht notwendig, weil Empfindungen im Allgemeinen keine Symbolverarbeitung einschließen. Denken Sie an die Schmerzen eines Koalabärs: Sie sind Bewusstseinszustände, Gefühle, Episoden des Empfindens, aber sie sind keine Fälle von Symbolverarbeitung. Ein Schmerz ist genauso wenig ein Zeichen wie ein Herzschlag oder die Ausscheidung von Urin. An einem schmerzgeplagten Koala ist nichts *Linguistisches*. Und mit uns verhält es sich kein bisschen anders: Unsere primitiven Empfindungen sind keine Elemente mit einem symbolischen Code, genauso wenig wie unsere Verdauungssäfte. Wenn Sie also eine Maschine bauen wollen, die diese Arten von Empfindungen verspürt, hat es keinen Sinn, eine Riesenmenge an Symbolverarbeitung zu installieren. Das wäre, als wollten Sie einer Maschine einen Blutkreislauf einbauen, indem Sie sie mit Papiertüchern ausrüsten. Ich würde sagen, dass Empfindungen, bereits lange bevor das erste Symbol das Licht der Welt erblickte, die evolutionäre Bühne beherrschten. Tiere konnten fühlen, bevor sie symbolisieren konnten. Wie dem auch sei, ein Gefühl ist nicht dasselbe wie ein Symbol.

Es ist möglich, ein Computerprogramm ablaufen zu lassen und über keinerlei Bewusstsein zu verfügen. Das sollte nur allzu sehr einleuchten, denn viele Maschinen unserer Tage spulen Programme ab, sind aber auch unter größten Anstrengungen der Fantasie nicht als bewusst zu bezeichnen. Ich mag meinen Computer, aber ich bin nicht so sentimental zu glauben, dass er irgendwelche Gefühle für mich hegt – nicht einmal für seine Computer-Kumpels. Er hat nicht mehr Bewusstsein als das Telefon, das mich ebenfalls mit Symbolen – in diesem Falle akustischen – versorgt. Der Computer vermittelt wie das Telefon zwischen einem bewussten menschlichen Geist und einem anderen, aber er ist in diesem Prozess ein geistloser Zwischenträger. Der Programmierer hat einen Geist, und das offenbart sich in dem, was der Computer tut, ebenso mein Gesprächspartner am anderen Ende der Leitung auch, und das offenbart sich durch das, was das Telefon tut. Doch beide sind Maschinen ohne Bewusstsein, angelegt, zwischen einem bewussten Geist und einem anderen zu vermitteln. Der Computer bedient sich lediglich elektrischer Impulse, um seine internen Zustände zu rearrangieren; nichts an ihm weist darauf hin, dass er ein Bewusstsein hat. Es besteht nicht mehr Grund dafür, einen Computer für bewusst zu halten, als dafür zu glauben, dass ein Tisch ein Bewusstsein besitzt. Auch ein Tisch weist Spuren bewussten Handelns auf, denn er wurde von einem bewussten Geist entworfen. Aber es wäre wirklich naiv anzunehmen, dass Tische selbst bewusst seien. Genauso ist ein Computer ein menschliches Artefakt, dessen Bauplan von einer beträchtlichen Intelligenz zeugt, aber das ist kein Grund, ihm Bewusstsein zuzugestehen. Ein Computer ist eine Hightechmarionette: Sie ziehen die Fäden und beobachten seine Reaktionen, aber er hat nicht mehr im Hirn als die Figuren der Augsburger Puppenkiste. Und man wird seinen Grundcharakter nicht verändern, indem man ihn komplexer macht. Wenn Symbolverarbeitung im einfachen Falle kein Bewusstsein entstehen lässt, wieso sollte ein Mehr dann einen Unterschied machen? Auch wenn Sie noch so viele Kalkstückchen zusammennehmen, Sie erhielten doch noch lange keinen Käse, warum sollten Sie also in der Lage sein, durch viel Symbolverarbeitung Bewusstsein entstehen zu lassen? Kommt ein ganzes Zimmer voller Taschenrechner dem Bewusstsein auch nur einen Schritt näher als ein einzelner? Würde es ihrer Geistlosigkeit in irgendeiner Form abhelfen, wenn man sie untereinander vernetzte?

Was aus alledem folgt, ist nicht, dass ein Roboter kein Bewusstsein haben kann. Was daraus folgt, ist, dass er dieses nicht *kraft* seiner Eigenschaften als Computer haben kann – nicht dadurch, dass er Computerprogramme ablaufen lässt. Die Fähigkeit, ein Programm ablaufen lassen zu können, eignet sich nicht, um bewussten Geist in Gestalt einer Maschine entstehen zu lassen. Eine solche Vorstellung basiert auf einer fehlerhaften Theorie über das, was Bewusstsein ist. Doch es mag andere Bewusstseinstheorien geben, die leistungsfähiger sind und die Möglichkeit bewusster Maschinen zulassen. Wenn wir argumentieren könnten, dass Bewusstsein aus nichts weiter besteht als aus internen Verbrennungsprozessen, hätten wir ein handliches Argument für den Schluss, dass Maschinen bei Bewusstsein sein können, insbesondere Autos, die mit einem Verbrennungsmotor angetrieben werden. Die wirkliche Schwierigkeit liegt darin, im organischen Falle mit einer plausiblen Theorie des Bewusstseins aufzuwarten. Bevor ich diesen Gedanken jedoch weiter verfolge, möchte ich einen sehr populären Ansatz zur Beantwortung der Frage nach einer Maschine mit Bewusstsein diskutieren: die Überlegung, wonach eine Maschine als bewusst gelten könne, wenn und nur wenn sie den so genannten *Turing-Test* besteht.

Der Turing-Test

Wann könnten wir mit Recht sagen, dass eine Maschine über ein Bewusstsein verfügt? Die intuitive Antwort wäre, dass die Maschine sich wie ein bewusstes Wesen verhalten müsste; wenn eine Maschine sich genauso verhält wie wir, dann ist es vernünftig zu sagen, sie sei genauso bewusst wie wir. Der Turing-Test, benannt nach Alan Turing, verleiht dieser intuitiven Vorstellung Ausdruck, aber er legt eine Bedingung fest, die dazu dienen soll, Voreingenommenheiten bei der Bewertung einer Maschine als bewusst zu verhindern.[2] Wenn Sie einem klirrenden, von flackernden Lichtern starrenden Roboter mit eingeprägter Seriennummer und Nieten im Gesicht begegnen, ist anzunehmen, dass Sie ein Vorurteil gegen ihn hegen werden. Sie werden zögern, ihn als bewusstes Wesen wie sich selbst zu bezeichnen, so eindrucksvoll er sich vielleicht auch zu benehmen weiß. Das aber ist eine Form der Diskriminierung, die auf der äußeren Erscheinung beruht; Sie sind ein „Fleisch-und-Blutling“, jemand, der aus irrationalen Gründen das Etikett „bewusstes Wesen“ nur für Daseinsformen organischen Ursprungs reklamiert. Um dieses Vorurteil zu überwinden, müssen wir die äußere Erscheinung aus unserem Urteil ausschließen, und das ist es letztlich, was der Turing-Test tut. Die Maschine steht hinter einer Milchglasscheibe beziehungsweise einem Äquivalent davon, und Ihnen ist nur gestattet, mit ihr vermittels geschriebener Botschaften zu kommunizieren; auf diese Weise werden Sie nicht von ihrer roboterhaften Erscheinung und ihrer nicht menschlichen Stimme abgeschreckt.

Sie beginnen dann eine Unterhaltung mit der Maschine über ein Thema Ihrer Wahl, stellen ihr Fragen, erhalten Antworten. Wenn sich der versteckte Roboter eine hinreichend lange Zeit hindurch unverändert als ununterscheidbar von einem normalen menschlichen Gesprächspartner erwiesen hat, dann ist es vernünftig, ihn für bewusst zu erklären. Wir haben damit die Ausgangsfrage auf ihren Kern reduziert und irrelevante Variable ausgeschlossen. Wenn die Maschine unter diesen Bedingungen dieselben Hinweise auf das Vorhandensein von Geist vermittelt, wie ein normaler Mensch es tun würde, dann wäre es pure Voreingenommenheit, wollten wir uns weigern, ihr ein Bewusstsein zuzuerkennen. (Manchmal denke ich, dieser Ansatz ist Alan Turing nur deshalb eingefallen, weil er selbst Vorurteilen ausgesetzt war, und zwar der Diskriminierung auf Grund seiner sexuellen Neigung, lebte er doch als Homosexueller zu einer Zeit in Großbritannien, als Homosexualität dort noch unter Strafe stand). Die Quintessenz aus Turings Test besagt, dass eine Maschine, wenn sie sich menschlich genug benimmt, um einen unvoreingenommenen Beobachter zu täuschen, auch als bewusst eingestuft werden sollte. Woraus nun gerade ihr Gehirn besteht – ob sie überhaupt etwas hat, was wir als Gehirn bezeichnen würden –, ist irrelevant. Was zählt ist, dass sie tut, was bewusste Wesen tun. Der Turing-Test „operationalisiert" die Frage nach einer Maschine mit Bewusstsein, indem er sie als Frage nach den Aktivitäten von Bewusstsein formuliert, nicht als Frage nach seinem geheimen Wesen. Bewusstsein ist, was Bewusstsein tut.

Die Frage, ob eine bewusste Maschine möglich ist, wird damit zu der Frage, ob eine Maschine den Turing-Test bestehen kann. Und dies scheint die Aussichten einer Maschine auf ein Bewusstsein erheblich zu erhellen, denn es gibt keinen zwingenden Grund dafür, dass wir eine Maschine nicht dazu bringen können sollten, sich so zu verhalten wie wir; wir müssten sie nur dahingehend aufrüsten, dass sie die physikalischen Prozesse nachahmt, die unserem eigenen Verhalten zu Grunde liegen. Mit anderen Worten, wir benötigen eine maschinelle Simulation der Aktivitäten des Gehirns, seinerseits ein physikalisches Objekt. Wenn wir eine Maschine herstellen können, deren innere physikalische Zustände ihren verbalen Output genauso kontrollierten, wie unser verbaler Output vom Gehirn kontrolliert wird, werden wir eine bewusste Maschine geschaffen haben. Natürlich mag das teuflisch schwer zu bewerkstelligen sein und weit über unsere gegenwärtige Technologie hinausgehen, aber es klingt nicht so, als stünde es völlig außer Frage. Maschinen können bereits eine Menge Dinge nachahmen, die wir tun, warum also nicht noch mehr? Es ist gleichgültig, *wie* die Maschine es fertig bringt, uns nachzuahmen, was in ihren Kammern und Platinen vor sich geht, solange sie den Turing-Test besteht. Schließlich beurteilen wir die Bewusstheit anderer Menschen auch nach deren Verhalten, ohne uns die Mühe zu machen, uns mit deren innerem Funktionieren auseinander zu setzen, also sollten wir aufstrebenden Robotern dieselbe Ehre widerfahren lassen. Was zählt, ist ihre Leistung, und nicht, welche Farbe sie inwendig haben.

So nivellierend der Turing-Test jedoch auch scheinen mag, ich glaube, er liefert ein schlechtes Kriterium für die Beurteilung maschineneigenen Bewusstseins, denn er ist mit zwei Problemen behaftet: Erstens liefert er keine *notwendige* Bedingung für Bewusstsein, denn viele bewusste Wesen würden im Turing-Test elendiglich scheitern. Wenn Sie eine Katze hinter einen Vorhang setzten und mit Ihren forschenden Fragen begännen, hätten Sie nicht allzu viele Antworten zu erwarten. Gelegentlich mag auf dem Schirm vor Ihnen jenes sonderbare *Miau* erscheinen, wenn Sie die Ansichten Ihres Gesprächspartners zur Außenpolitik und zur internationalen Verschuldung zu ergründen versuchen, die meiste Zeit über aber werden Sie mit Totenstille konfrontiert sein. Katzen sprechen nicht, aber sie haben ein Bewusstsein: Sie sehen und riechen, fühlen Schmerzen und haben ihre Katzenbedürfnisse. Und das gilt ebenso für die Legionen anderer sprachloser bewusster Organismen, die unseren Planeten bevölkern. Das lässt vermuten, dass der Turing-Test nicht in erster Linie das trifft, was Bewusstsein tatsächlich ausmacht: das Wahrnehmen dessen, „wie etwas ist“, schlichtes Empfinden. Menschenkinder, die noch nicht sprechen können, würden vom Turing-Test als geistlos eingestuft, aber sie platzen vor Empfindungen und Gefühlen verschiedenster Art. Der Test ist zu stark linguistisch orientiert.

Das zweite Problem ist, dass das Kriterium obendrein nicht hinreichend ist. Das Missliche ist, dass der Turing-Test sich einer behavioristischen Betrachtung von Bewusstsein verpflichtet beziehungsweise in Bezug auf das Bewusstsein logisch unzureichend ist. Wenn wir wirklich unser eigenes Bewusstsein vermittels behavioristischer Theorien erklären könnten in dem Sinne, dass ein Bewusstsein zu besitzen heißt, sich einzig in einem bestimmten Verhalten äußert, dann reichte das entsprechende Verhalten in der Tat zur Feststellung von Bewusstsein – bei Tieren und Maschinen.

Eine solche Analyse aber geht hoffnungslos am Ziel vorbei. Bewusstseinszustände *verursachen* Verhalten, sie sind nicht auf Verhalten *reduzierbar*. Wenn Sie einen Schmerz fühlen, so ist dies etwas ganz anderes, als wenn sich Ihr Körper in Reaktion auf einen Reiz in einer bestimmten Weise bewegt. Sie können Schmerzen haben und die Reaktion unterdrücken, oder Sie können sich entsprechend bewegen und vorgeben, Schmerz zu empfinden. Der Behaviorismus stellt lediglich eine andere Version jenes Materialismus dar, den wir bereits zurückgewiesen haben. Natürlich ist es ganz richtig, dass Verhalten uns Anlass gibt anzunehmen, es werde durch Bewusstseinszustände verursacht, aber dies ist eine Schlussfolgerung, bei der die Spur gewechselt wurde, keine einfache, kontinuierliche Deduktion. Und Beweise, die auf Verhalten beruhen, sind stets fehlbar: Etwas kann sich verhalten, als habe es ein Bewusstsein, ohne dass dem tatsächlich so ist. Ein Schauspieler kann sich gebärden, als habe er Schmerzen, ohne dass er welche hat. Ein Verführer kann für seine ruchlosen Zwecke Liebe vortäuschen. Ein Simulant kann vorgeben zu schlafen, obwohl er in Wirklichkeit hellwach ist. Verhalten zeugt von Bewusstsein, aber es garantiert selbiges nicht.

Auf Grund dieser logischen Kluft ist es im Prinzip möglich, dass eine Maschine sich verhält, als habe sie ein Bewusstsein, obwohl dem nicht so ist. Vielleicht hat der Erbauer einer Maschine, die den Turing-Test passiert, nur etwas geschaffen, das sich verhält, *als ob* es ein Bewusstsein habe, ohne dass dies zutrifft. Er hat einen Roboter hergestellt, der den richtigen Output liefert, aber das ist alles; noch immer befindet sich in seinem Inneren kein Bewusstsein. Das ist ein Punkt, mit dem wir es im vorhergehenden Abschnitt bereits zu tun hatten: Es gibt einen Unterschied zwischen der Simulation von Bewusstsein und dem Besitz von Bewusstsein. Der Turing-Test versucht zu sagen, wann eine Maschine ein Bewusstsein hat, ohne dass er irgendeine *Theorie* mitliefert, die definiert, was Bewusstsein *ist*. Er sagt uns nur, ab wann es begründet wäre, einer Entität Bewusstsein zu zuschreiben. Aber es kann auch vernünftig sein, irgendetwas für bewusst zu erklären, wenn es *nicht stimmt*, dass dieses Etwas ein Bewusstsein hat. Sie können Beweise dafür haben, dass etwas der Fall ist, wenn dieses in Wirklichkeit nicht der Fall ist. Wenn ich Sie mit einer rauchenden Schusswaffe neben einem kürzlich verblichenen Individuum anträfe, hätte ich Grund zu der Annahme, dass Sie den Mord begangen haben. Vielleicht sind Sie aber gar nicht der Mörder, sondern es sieht nur so aus, als wären Sie es. Es ist also durchaus vorstellbar, dass wir eine Maschine bauen könnten, die den Turing-Test mit Glanz und Gloria besteht, und doch ist in dem verflixten Ding auch nicht der Schatten von Bewusstsein. Vielleicht würden wir nie erfahren, dass dies die Wahrheit ist, aber es könnte dennoch so *sein*.

Um sicher zu sein, dass wir tatsächlich eine bewusste Maschine in Händen halten, müssen wir wissen, was Bewusstsein *ist*; dann können wir überprüfen, ob die Maschine so etwas hat. Nur zu wissen, dass sie sich verhält, als verfüge sie über ein Bewusstsein, löst das Problem nicht. Selbst wenn sich auf der Stelle beweisen ließe, dass wir binnen weniger Stunden aus Papier und Siegellack („mit gewissen Vorkenntnissen") das Verhaltensanalog eines bewussten Wesens schaffen könnten, ließe das noch immer die Frage offen, ob wir damit wirklich ein bewusstes Wesen geschaffen hätten. Denn es könnte mehr als einen Weg geben, eine Entität – mit oder ohne Bewusstsein – zu konstruieren, auf die diese Verhaltensbeschreibung zutrifft. Das Verhalten allein sagt uns nicht, welche von diesen wir vor uns haben.

Quintessenz dieser Diskussion ist, dass weder das Computermodell des Geistes noch der Turing-Test in der Lage sind, darüber zu entscheiden, ob maschinelles Bewusstsein im Prinzip möglich ist. Genau genommen können wir, wenn wir diese beiden Ideen zusammennehmen, leicht einsehen, dass der Turing-Test in Anbetracht dessen, was wir früher über den computationalen Charakter mentaler Prozesse gesagt haben, unzureichend sein *muss*. Der Haken an Programmen ist, dass sie intelligente mentale Prozesse nachempfinden können, das heißt, sie können einen Output produzieren, der Denken simuliert. Mit anderen Worten, wir können eine Maschine programmieren, eine Aufgabe ohne Denken durchzuführen, die wir selbst vermittels Denken lösen würden. Die großartige Entdeckung an Computern ist, dass nicht alle kognitiven Aufgaben zu ihrer Durchführung Intelligenz voraussetzen. Deshalb sind Rechenmaschinen möglich: Sie vollbringen ohne Geist und Intelligenz, was wir mit Geist und Intelligenz leisten. Wir könnten sogar unterschreiben, dass jede kognitive Aufgabe, die wir mit Hilfe von Intelligenz, Verständnis und Bewusstsein vollbringen, ohne diese, allein mit Hilfe einer Reihe elektronisch realisierter algorithmischer Schritte, auf rein mechanische Weise durchgeführt werden *könnte*. Jedes Stückchen rationaler mentaler Aktivität hätte damit ein computationales *Gegenstück*. Das Gegenstück erreicht auf nichtmentale Weise, was wir auf mentale Weise erreichen. Daraus aber *folgt*, dass eine Maschine auch ohne Geist den Turing-Test bestehen kann, da sie das, was wir mit unserem

Geist leisten, mit einem Programm simulieren könnte, das komplett geistfrei ist. Wenn wir im Prinzip X tun können, ohne Y zu haben, dann beweist die Tatsache, dass wir X tun können, nicht, dass wir Y haben. Wenn Algorithmen so leistungsstark sind wie menschliche Vernunft, könnten sie den Turing-Test bestehen. Das aber zeigt, dass das Bestehen des Turing-Tests kein Beweis für das Vorhandensein von Geist ist. Also ist es nicht nur theoretisch möglich, dass etwas den Turing-Test besteht, ohne ein Bewusstsein zu besitzen. In Anbetracht der erwiesenen Leistungsstärke von Computersystemen haben wir darüber hinaus guten Grund zu der Annahme, dass dies eine reale theoretische Möglichkeit darstellt. Wenn ein Computer Schach auf Großmeister-Niveau spielen kann, kann er in Bezug auf das Schachspiel den Turing-Test bestehen. Doch er tut dies ohne einen Schimmer von Bewusstsein, in seinem Inneren befindet sich nichts als eine Reihe sehr mächtiger (aber geistloser) Algorithmen.

Was ist eine Maschine?

Wir haben nun aber noch immer keine Antwort auf die Frage gefunden, ob eine Maschine Bewusstsein haben könnte. Alles, was wir wissen, ist, dass sie dies zumindest nicht den in ihr ablaufenden Rechenvorgängen verdanken oder mit dem Bestehen des Turing-Tests beweisen kann. Vielleicht hilft es, wenn wir einen Augenblick zurücktreten und unsere Begriffe überprüfen; vielleicht formulieren wir das Thema nicht präzise genug.[3] Was ist eigentlich mit „Maschine" gemeint? Bei einer seiner Verwendungen bedeutet dieser Begriff dasselbe wie „Artefakt", das heißt ein vorsätzlich geschaffenes Produkt intelligenten Designs. Tische, Fernseher und Traktoren sind Artefakte. Könnte es also ein bewusstes Artefakt geben?

Die Antwort muss eindeutig Ja lauten. Wenn die kreationistische Theorie über den Ursprung des Menschen wahr ist, dann sind wir Menschen allesamt Artefakte, denn wir sind das Resultat der intentionalen Handlungen Gottes als Gestalter und Erbauer der Welt. Die Geschichte ist natürlich nicht wahr, aber wenn sie es wäre, würde uns dies kaum daran hindern, ein Bewusstsein zu haben. Solange ein Artefakt so konstruiert ist, dass es sich inwendig nicht von einem bewussten Wesen unterscheidet, muss es ebenfalls bewusst sein. Falls ich morgen entdeckte, dass ich von Marsianern geschaffen und zu irgendeinem seltsamen marsianischen Zweck hierher unter lauter aus einer natürlichen Evolution hervorgegangenen Menschen verbracht worden wäre, würde ich daraus nicht den Schluss ziehen, dass ich kein Bewusstsein hätte. Vorsätzlich geschaffen worden zu sein, schließt nicht aus, dass man ein Bewusstsein besitzt. Wenn wir je den Punkt erreichen sollten, dass wir aus ein paar Pfund Rohmaterialien ein Gehirn herstellen können, dass genauso beschaffen ist wie ein in der Evolution natürlich entstandenes, dann hätten wir ein bewusstes Wesen erzeugt, und die Herkunft seines Gehirns spielte so oder so keine Rolle. Bewusstsein ist keine Eigenschaft, die von ihrem Ursprung abhängig ist, wie etwa die Eigenschaft, ein Ford-Automobil zu sein oder ein Gemälde von Leonardo da Vinci. Es ist eine zutiefst eigene innere Eigenschaft dessen, der es enthält. Damit ist die Frage bewusster Artefakte keine Frage des Prinzips, so selten oder nicht existent diese in Wirklichkeit auch sein mögen.

Vielleicht können wir etwas formulieren, was ein bisschen interessanter ist, wenn wir unsere Definition von „Maschine" ändern. Angenommen, wir meinen mit „Maschine" einen „physikalischen Gegenstand, der physikalischen Gesetzen gehorcht". Dann lautet unsere Frage, ob es einen physikalischen Gegenstand geben kann, der physikalischen Gesetzen gehorcht und der über ein Bewusstsein verfügt. Die Antwort hierauf lautet ebenfalls ziemlich eindeutig Ja, denn Körper und Gehirn sind in diesem Sinne Maschinen, und sie haben ein Bewusstsein. Körper und Gehirn sind physikalische Gegenstände, die physikalischen (und daneben auch chemischen, biologischen und psychologischen) Gesetzen gehorchen und gemeinsam eine Person mit einem Bewusstsein bilden. Also: Ja, eine Maschine in diesem Sinne kann ein Bewusstsein haben, unabhängig davon, ob sie nun eine natürliche Evolution erfahren hat oder künstlich geschaffen worden ist. Damit soll aber nicht gesagt werden, dass Gehirne ihr Bewusstsein auf Grund dieser physikalischen Eigenschaften haben: Das ist ohne Zweifel nicht der Fall, wie wir im Vorhergehenden gesehen haben. Dass Gehirne wie jedes andere physikalische Objekt den Gesetzen der Bewegung, relativistischen Zeitdilatationen und Längenkontraktionen unterworfen sind, ist nicht der Grund dafür, dass sie *auch* die Basis des Bewusstseins bilden. Gehirne müssen über zusätzliche Eigenschaften verfügen, die sie von der üblichen Bahn empfindungsloser, der Gravitation und anderen Kräften unterworfener Geschosse abweichen lassen. Wir haben lediglich gesagt, dass eine bewusste Entität neben ihrem Bewusstsein maschinenähnliche Eigenschaften haben könnte. Wir haben nicht gesagt, dass Bewusstsein selbst eine maschinenähnliche Eigenschaft sei. Schließlich bin ich eine bewusste Maschine, weil ich beides habe, ein Bewusstsein und einen Körper, der den Kräften und Gesetzen der Physik unterworfen ist. Meiner Natur entspricht es, ein in einer Maschine verankertes Bewusstseinszentrum zu sein. Darin besteht der Glanz allen sterblichen Lebens, aber auch sein Elend, denn Maschinen versagen irgendwann den Dienst, hören auf zu funktionieren, verrotten zu kränklichem Stillstand. Kann eine Maschine ein Bewusstsein haben? Gott sei Dank: Ja, denn sonst gäbe es uns nicht, zerbrechlich und unvollkommen, wie wir nun einmal sind. Man mahnt uns oft, unserem

„tierischen Wesen" Rechnung zu tragen; genauso wichtig ist die Erkenntnis, dass wir mit den Schwächen und Einschränkungen einer jeden Maschine behaftet sind. Es mag sich ein Geist in der Maschine befinden oder auch nicht, aber mit Sicherheit gibt es eine Maschine, deren mechanisches Funktionieren für unser Bewusstsein von vitalstem Interesse ist.

Anscheinend haben wir das Wort „Maschine" so definiert, dass bewusste Maschinen relativ leicht existieren können. Können wir nicht doch ein bisschen restriktiver werden? Nun, bei anderen Anlässen wird eine Maschine schlicht als etwas definiert, das *kein* Bewusstsein hat. „Ein Wurm hat keinen Geist, er ist nur eine Maschine." „Seine Bewegungen waren völlig mechanisch, er dachte überhaupt nicht nach." „Ich bin ein Mensch und keine Maschine." Verwendet man den Begriff in dieser Weise, dann können Maschinen per definitionem kein Bewusstsein haben. In diesem Falle gehen wir von der Voraussetzung aus, dass Maschine und Bewusstsein sich nicht auf dasselbe Ding beziehen können. Das ist nicht etwa von größerem Interesse; es reflektiert lediglich unsere Entschlossenheit, das Wort in einer bestimmten Art und Weise zu verwenden. Kein zentrales Merkmal wird davon berührt. Dennoch stelle ich manchmal fest, dass versucht wird, das Thema in dieser Weise – durch eine unaufmerksame Verwendung des Begriffs heißt das – zu trivialisieren.

Vielleicht reduziert sich zumindest eines von den Dingen, die mit der Frage nach einer mit einem Bewusstsein ausgestatteten Maschine gemeint sind, letztlich auf den Gegensatz zwischen organisch und anorganisch. Wir wissen, dass organische Maschinen ein Bewusstsein haben können; wir müssen uns nur das Pulsieren unseres eigenen Bewusstseins in seiner mechanischen Hülle vergegenwärtigen. Und auf dem Planeten gibt es Millionen von uns. Doch nichts und niemand in diesem unabsehbaren Meer von Bewusstsein scheint anorganischen Ursprungs zu sein. Ist das nur Zufall, oder ist es irgendwie essenzieller Bestandteil des Bewusstseins, organische Wurzeln zu haben? Ergibt Bewusstsein sich aus biologischem Gewebe zwangsläufig? Muss ein bewusstes Wesen ein Fleischhirn sein?

Es ist bemerkenswert, dass Fantasiegeschöpfe, die eindeutig ein Bewusstsein demonstrieren, stets zum Teil organischer Natur sind, wie maschinenähnlich Sprache, Bewegungen und Verhalten bei ihnen auch sein mögen. Denken Sie an die Borg aus *Star Trek Voyager* und deren prominenteste Vertreterin, die Furcht erregende Seven of Nine: Dies sind Wesen aus ursprünglich organischem Gewebe, die jedoch über und über, bis hinunter auf das Niveau von Zellen, mit anorganischen Implantaten aufgerüstet wurden. Oder Robocop aus dem gleichnamigen Film, das hauptsächlich mechanische Überbleibsel eines Menschen aus Fleisch und Blut. Diese Hybride sind mit anorganischen Komponenten verschwistertes menschliches Fleisch. Bei Robocop spickt nur noch ein menschliches Gesicht aus einer Rüstung von Hightechmetall heraus, während im Falle von Seven of Nine die menschliche Form weit deutlicher sichtbar ist (Fans dieser Serie wissen, was ich meine). Diese Wesen geben sich steif und ohne jedes Lächeln, ihrem mechanischen Selbst vermählt, aber man lässt uns nicht im Zweifel, dass sie über ein inneres Bewusstsein verfügen – gezügelt, ja, aber noch immer drängend, noch immer lebendig. Ein *teilweise* anorganisches Etwas kann also über ein Bewusstsein verfügen. Über wie viel aber? Man schweigt sich aus, aber die Vermutung ist, dass es ein menschliches Gehirn ist, was hinter jenen Roboteraugen lauert. Und wenn dies eine zutreffende Beschreibung einer theoretischen Möglichkeit ist, dann bestünde eine Möglichkeit zur Herstellung einer bewussten Maschine darin, einem anorganischen Körper ein organisches Hirn einzupflanzen.

Anorganische Gehirne

Nun kommen wir zum Kernthema: Kann ein anorganisches Gehirn ein Bewusstsein haben? Könnten Sie aus anorganischer Materie ein bewusstes Gehirn herstellen? Könnte es meinetwegen aus Silikonchips, aus Laserstrahlen oder Bierdosen bestehen? Oder geht das nur mit Neuronen? Ich glaube, die Antwort hierauf verlangt nach striktem Agnostizismus, gepaart mit einer gehörigen Portion Alltagsskeptizismus. Mein ganzes Credo hatte bis jetzt die Tatsache zum Inhalt, dass wir die Lösung für das Körper-Geist-Problem nicht kennen. Wir wissen, dass wir über einen Geist verfügen, und wir wissen, dass das Gehirn auf irgendeine Weise dafür verantwortlich ist, aber wir wissen nicht, was am Gehirn dafür sorgt, dass Bewusstsein entsteht. Welcher Mechanismus hinter dem Bewusstsein steht, ist ein Mysterium. Wie aber können wir sagen, ob ein anorganisches Gehirn ein Bewusstsein haben kann? Wenn wir wüssten, was *unser* Gehirn bewusst macht, dann könnten wir fragen, ob diese Eigenschaft in einem anorganischen System existieren kann. Aber wir tappen bei dieser Frage im Dunkeln, schlicht weil wir nicht wissen, was unsere Gehirne bewusst macht. Manche Eigenschaften des Gehirns ließen sich in einer Maschine nachempfinden – seine Größe, sein Gewicht, Farbe, elektrische Aktivität; andere hingegen nicht – die Biochemie des Zellwachstums, das Fließen des Blutes, die Hormone. Unter welche davon fällt Bewusstsein? Nennen wir die Eigenschaft, die Bewusstsein erklären könnte, wenn wir sie nur kennen würden, C*: Ist C* in anorganischer Materie möglich oder nicht? Wir können es nicht wirklich sagen, denn wir wissen nicht, welche Art von Eigenschaft C* *ist*. Wir müssen dieser Frage auf strikt agnostische Weise begegnen. Um die Frage nach beseelten Maschinen zu einer Lösung zu bringen, müssten wir zunächst das Problem beseelten Fleisches lösen, das Problem also, wie *organische* Gehirne ein Bewusstsein erlangen. Meiner Mysteriums-These zufolge kann diese Frage nicht durch den menschlichen Intellekt gelöst werden. Daraus folgt, dass das Problem der Existenz anorganischer Gehirne ebenfalls strikt unlösbar ist. Wir mögen in der Lage sein, Maschinen zu kreieren, die sich wie bewusste Wesen verhalten, und so zeigen, dass eine nach außen hin überzeugende Simulation von Bewusstsein möglich ist, aber das wäre nicht notwendigerweise dasselbe wie die Schaffung einer Maschine, die wirklich über ein Bewusstsein verfügt. Wir mögen vielleicht sogar aus reinem Zufall eine von Geist beseelte Maschine schaffen, so als erfände man aus reinem Zufall das Schießpulver. Doch solange wir nicht wissen, was das eigentliche Wesen unseres Bewusstseins ausmacht, werden wir nicht in der Lage sein, definitiv zu behaupten, dass unsere Maschine ein Bewusstsein hat.

Hier überschneidet sich das Thema mit dem alten Problem des Geistes anderer Wesen. Offenkundig können wir nicht sicher wissen, ob es neben dem unseren noch einen anderen Geist gibt. Ich weiß in unmittelbarster Weise, dass mein Bewusstsein existiert, doch meine Gründe für die Annahme, dass auch Sie ein Bewusstsein haben, sind nicht so unmittelbar; sie fußen auf indirekten Beweisen. Während es für mich unvorstellbar ist, dass mein Bewusstsein nicht existieren sollte, ist es für mich durchaus vorstellbar, dass das Ihre möglicherweise nicht existent ist: Vielleicht sind Sie nur ein seelenloser Roboter. Um die Frage nach der Existenz eines anderen Bewusstseins definitiv zu beantworten, müsste ich wissen, was mein Bewusstsein in mir existieren lässt. Denn wenn ich wüsste, welche Eigenschaft meines Gehirns die notwendige und hinreichende Basis für mein Bewusstsein darstellt, könnte ich nachschauen, ob Ihr Gehirn diese Eigenschaft ebenfalls aufweist. Ist dies der Fall, so sind Sie auch bei Bewusstsein. Falls nicht, dann nicht (tut mir leid, Kumpel). Ohne diese Art von Wissen aber wird das Problem der Existenz anderer Bewusstsein immer existieren und uns mit der potenziellen Aussicht quälen, dass wir womöglich die einzigen sind, die ein Bewusstsein zu tragen haben. Ich mag richtig liegen mit meiner intuitiven Vermutung, dass auch Sie über ein Bewusstsein verfügen, aber ich weiß nicht, *warum* ich recht habe.

Mit anderen Worten: Um das Problem fremden Bewusstseins lösen zu können, müssen wir das Körper-Geist-Problem lösen. Beide Probleme sind nicht voneinander zu trennen. Wenn wir also fragen: „Haben anderen Leute einen Geist?“, müssen wir uns auf dieselbe streng agnostische Position stellen, wie ich sie für die Frage „Kann eine Maschine ein Bewusstsein haben?“ empfohlen habe. Alles hängt davon ab, wodurch etwas einen bewussten Geist erlangt, und was das ist, wissen wir nicht. Nur das Wissen darum könnte uns dazu befähigen, kategorisch zu erklären, ob andere Gehirne – organischer oder anorganischer Natur – einen Geist beherbergen. Ohne dieses Wissen kann ich lediglich sicher sein, dass *ich* über ein Bewusstsein verfüge. Und zwar deshalb, weil ich auf Grund des einzigartigen Zugangs, den ich zu meinem Bewusstsein habe, auch *ohne* das Körper-Geist-Problem zu lösen sicher sein kann, ein Bewusstsein zu haben. Hätte ich einen solchen Zugang nicht, wäre ich nicht einmal im Stande, mit Sicherheit festzustellen, dass *überhaupt etwas* ein Bewusstsein hat.

Nun hat sich all das auf einer hohen theoretischen und philosophischen Ebene bewegt; ich habe über Wissen gesprochen, das jedwedem Skeptizismus standhält. Aber dieses steht dennoch im Einklang mit der Annahme, dass wir gute, intuitive Gründe für den Glauben an die Existenz von weiterem Bewusstsein und für die Überzeugung haben, dass nur ein organisches Gehirn ein Bewusstsein entwickeln kann.

Vielleicht können wir diese Fragen nicht definitiv beantworten, aber vielleicht können wir Gründe finden, eine Sichtweise, wie vage auch immer, einer anderen vorzuziehen. Ist es also *wahrscheinlicher*, dass andere Menschen über einen Geist verfügen, oder eher unwahrscheinlicher? Und ist es *wahrscheinlicher*, dass Gehirne organischer Natur sein müssen, um Bewusstsein hervorzubringen, oder nicht? Ich glaube, dass die Antwort in beiden Fällen Ja lauten muss. Es ist wahrscheinlich, dass andere über einen Geist verfügen, weil sie mir ihrem Verhalten und ihrer Physiologie nach ähnlich sind, so dass es unnormal wäre, wenn sie mir in weiterer Hinsicht nicht ähnelten und keinen Geist hätten wie ich. Mit Sicherheit vermitteln sie den starken *Eindruck*, einen Geist zu besitzen. Ähnlich vernünftig ist es anzunehmen, dass zwischen Bewusstsein und organischem Gewebe eine enge Verbindung besteht, und zwar aus dem einfachen Grund, weil es keine echten Ausnahmen von der Regel gibt. Alle uns bekannten Fälle von Bewusstsein sind mit einem organischen Gehirn assoziiert. Induktion legt daher den Schluss nahe, dass hinter dieser Annahme eine Art von notwendiger Wahrheit steht.

Dies wäre anders, wenn bestimmte komplexe Kristalle Zeichen von Bewusstsein aufwiesen, kleine kristalline Augen und Ohren hätten und sich auf bestimmte Art und Weise verhielten. Dann hätten wir einen empirischen Grund für die Annahme, dass wir eine anorganische Maschine mit einem Bewusstsein bauen könnten. Doch de facto sind alle bekannten Fälle von Bewusstsein organischer Natur, so dass es vernünftig ist anzunehmen, dass organisches Gewebe hierzu notwendig ist, wenn wir auch nicht begreifen, auf welche Weise es dieses Kunststück vollbringt. Ich sage „vernünftig“, nicht „unfehlbar“, denn vielleicht ist es nur ein Zufall, dass Geist in allen Fällen organischen Ursprungs ist, eine Folge technischer Zurückgebliebenheit auf unserer Seite. Schließlich gab es auch eine Zeit, in der die einzigen existierenden Pumpen organischer Natur waren: tierische Herzen nämlich. Doch jetzt gibt es in der Welt jede Menge Sorten von anorganischen Pumpen, gebaut von uns. Es hat sich gezeigt, dass ein Pumpsystem aus vielen Arten von Materialien konstruiert sein kann, nicht nur aus organischen Geweben. Im Falle des Bewusstseins *könnten* die Dinge ebenso liegen. Wir sind einfach nicht in der Position, dies sicher sagen zu können. Ein Spieler kann so oder so setzen, er befindet sich dabei in einem theoretischen Vakuum. Dennoch glaube ich, dass es – in Anbetracht dessen, was wir beobachten – eine aussichtsreiche Wette ist, dass Bewusstsein eine organische Basis benötigt, obgleich es mich auch nicht allzu sehr wundern würde, wenn sich dies letztlich als falsch erwiese.

Aus alledem folgt, dass sich die ganze erhitzte Debatte um das Bewusstsein von Maschinen auf nichts Handfestes stützt. Es ist einfach zu viel unbegründete Meinung im Spiel. Sobald wir das Thema einigermaßen deutlich umreißen, erkennen wir, dass es sich nur durch ein kleines Stückchen Wissen beantworten ließe, welches wir nicht haben (und vermutlich auch nicht haben können). Vermutlich ist das der Grund dafür, dass die Diskussion oft so hitzig und ideologisch motiviert ist. Es ist weise, sich zurückzulehnen und der Frage gegenüber skeptisch zu bleiben. Manche Leute sind der Ansicht, dass wir, so oder so, niemals wissen werden, ob Gott existiert; diese Art von Wissen geht über das hinaus, was wir erhoffen können. Ob das der Fall ist oder nicht, ich bin der Ansicht, dass wir so oder so nicht wissen können, ob maschinelles Bewusstsein, im Sinne eines Bewusstseins auf anorganischer Basis, möglich ist. Vielleicht ist ein Bewusstsein auf fleischlicher Grundlage die einzig mögliche Form, vielleicht ist es aber auch nur eine von vielen möglichen Arten von physikalischer Basis für Bewusstsein.

Ich möchte noch eine weitere Frage erwähnen, bevor ich diesen Punkt verlasse. Wir haben die Frage beleuchtet, ob eine Maschine ein Bewusstsein haben kann, wie aber steht es mit der Frage, was eine Maschine *ohne* Bewusstsein tun kann? Könnte eine Maschine tun, was wir tun, ohne einen echten Geist in sich zu tragen? Könnte eine Maschine das Verhalten einer Katze oder eines Känguruhs simulieren, ohne über Bewusstseinszustände zu verfügen? Mit anderen Worten: Wie notwendig ist Bewusstsein für menschliches und tierisches Verhalten? Sicher kann ein System ohne Bewusstsein *einige* der Dinge vollbringen, die empfindende Tiere auch tun, aber wie viele? Auch hier liefert, so denke ich, entschlossener Skeptizismus die einzig vernünftige Antwort. Wir wissen einfach nicht, welchen Einfluss Bewusstsein auf das Verhalten eines Systems ausübt, das mit ihm gesegnet ist. Wir wissen auch nicht, wie notwendig Bewusstsein für die Erfüllung ganz bestimmter Funktionen ist. Könnte von einem unbewussten System eine der menschlichen ähnliche Sprache hervorgebracht werden? Könnte ein Organismus, der niemals ein Bewusstsein besessen hat und dessen gesamtes Planen in seinem unbewussten Geist abläuft, intelligente Planung leisten? Setzt Kreativität Bewusstsein voraus? Alldem liegt die Frage zu Grunde, ob Bewusstsein der Organisation mentaler Funktionen etwas *hinzufügt*. Kämen wir auch ohne dieses aus? Auf den ersten Blick könnten Organismen die Funktionen, die sie bewusst ausüben, ebenso gut unbewusst ausüben, warum also ein Bewusstsein haben wollen? Die Frage lässt sich auch als eine der Evolution formulieren: Warum bringt die Evolution statt geistloser Zombies Tiere mit Bewusstsein hervor? In welcher Weise ist Bewusstsein notwendig, um Gene weiterzugeben? Es sieht so aus, als hielten die Gene es für notwendig, weil sie es mit solcher Regelmäßigkeit produzieren, aber es ist schwer einzusehen, *warum* es so notwendig ist. Gibt es im Universum vielleicht einen anderen Planeten, auf dem sich Leben entwickelt hat, ohne dass irgendein Bewusstsein auf der Bildfläche erschienen ist? Ich meine kein primitives Leben, sondern intelligentes technologisches Leben. Ist es bloßer Zufall, dass auf unserem Planeten Bewusstsein entstanden ist, oder ist es unentbehrlich zur Erschaffung von Kreaturen mit einem Verhalten, das diese befähigt, auf der Erde zu leben? Hätten wir uns im Prinzip zu dem entwickeln können, was wir heute sind, nur ganz ohne jedes Bewusstsein, eine Zombiespezies mit demselben Grad an Zivilisation und Technologie, die wir heute haben? Es ist eine Zufallstatsache, dass wir in der Regel mit zehn Fingern und mit einer anderen Haarfarbe als Blau geboren werden: Ist unser Bewusstsein ebenso eine Sache des Zufalls?

Ich glaube nicht, dass wir mit unserem derzeitigen Wissensstand diese letzte Frage beantworten können, denn wir verstehen nicht, welchen Einfluss Bewusstsein auf tierisches Leben hat. Doch es ist mit Sicherheit eine faszinierende und aufregende Frage. Was, wenn sich herausstellen sollte, dass all die anderen Lebensformen im Universum Roboter ohne Bewusstsein sind, die uns überdies in vielen Fällen in Bezug auf Technologie, Friedfertigkeit, familiäre Werte und so weiter überlegen sind? Vielleicht sind wir nicht allein, aber vielleicht bereitet uns die Gesellschaft dieser geistlosen Wesen kein besonderes Vergnügen. Oder werden wir – in Anbetracht dessen, dass sie sich dermaßen ähnlich wie wir verhalten, womöglich niemals merken, dass sie kein Bewusstsein haben? Ich möchte *gerne* glauben, dass wir komplexes Verhalten nur zu Stande bringen können, indem wir ein Bewusstsein installieren, aber ich sehe für diese Annahme keinen guten Grund. Vielleicht ist es pures Glück, dass wir über ein Bewusstsein verfügen; wir könnten von ewiger Geistlosigkeit nur eine einzige Mutation weit entfernt sein. Vielleicht entstand unseren frühen Vorfahren aus bloßem Zufall, als eine Möglichkeit von vielen, ein Bewusstsein. Vielleicht besteht am Bewusstsein überhaupt keine evolutionäre Notwendigkeit. An einem guten Tag scheint das eine Beinahetragödie, an einem schlechten nicht allzu erschütternd. Bewusstsein ist Segen und Fluch des Lebens, aber ob es – auch in einem so komplexen Falle wie dem unseren – lebensnotwendig ist, bleibt eine offene Frage.

7

Die unerträgliche Schwere der Philosophie

Philosophie und Wissenschaft

Das Körper-Geist-Problem ist ein Grundproblem der Philosophie. Das heißt, es lässt eine spezielle Art theoretischer Verwirrung entstehen. Es gehört zu einer ganzen Reihe von Problemen, die den menschlichen Intellekt bereits seit Jahrhunderten umtreiben. Ich habe in diesem Buch die Ansicht vertreten, dass die Schwierigkeiten, die wir mit der Lösung dieses Problems haben, die Grenzen unserer kognitiven Fähigkeiten widerspiegeln. Das lässt vermuten, dass das, was wir als „Philosophie" bezeichnen, ganz allgemein durch die Problematik eines begrenzten Erkenntnisvermögens charakterisiert ist. In diesem abschließenden Kapitel möchte ich einmal einen Schritt zurücktreten und das Problem des Bewusstseins innerhalb der Klasse der philosophischen Probleme etwas genauer lokalisieren, damit wir eine bessere Vorstellung von seiner Lage auf der Karte des menschlichen Wissens bekommen. Diese Karte hat ihre Hoch- und Tiefpunkte, und ganz allgemein steht zu erwarten, dass menschliches Wissen so und nicht anders strukturiert sein muss. Die Probleme der Philosophie, unter denen das Körper-Geist-Problem einen besonders bemerkenswerten Fall darstellt, ergeben sich stets aus bereits bestehenden Problemen der Philosophie, das heißt aus Problemen bei der Aneignung dieser speziellen Art von Wissen. Solchermaßen eingereiht in die offenen Fragen der Philosophie, lassen sie sich angehen, das heißt, ich kann beginnen, darüber nachzusinnen, was sich tun ließe, um unseren gegenwärtigen intellektuellen Schwächen abzuhelfen.

Das Lexikon definiert Philosophie als das Streben nach dem wahren Wissen und insbesondere als das Trachten, der letzten Wirklichkeit und den allgemeinen Prinzipien der Dinge auf den Grund zu gehen. Philosophen versuchen, die Welt in ihren entlegendsten Winkeln und seltsamsten Ecken zu verstehen, sie streben danach, unserem Unwissen bezüglich der Welt, in der wir leben, abzuhelfen und die Konfusionen zu lichten, zu denen die Welt Anlass gibt. Ein derart hoher Anspruch ist nicht leicht zu erfüllen. Und es gibt keine Garantie, dass dies erfolgreich geschehen wird. Die Philosophie versucht, die Grenzen individuellen Geistes, dessen persönlicher Geschichte und seiner Idiosynkrasien zu überschreiten, um die Wirklichkeit selbst zu begreifen, sie bis hinunter auf ihre letzten Prinzipien zu durchleuchten. Die Philosophie will die Welt von nahem betrachten, ihr bis in die innersten Bestandteile blicken, auf dass alles im hellen Lichte universeller Vernunft seinen Platz finde. Sie möchte, dass die Welt vor ihren alles sehenden Augen komplett offen daliegt. Wenn das mal kein ehrgeiziges, um nicht zu sagen: gewagtes Unterfangen ist. Kein Wunder, dass es in vergangenen Zeiten als Blasphemie abgetan wurde.

Diese Definition von Philosophie unterscheidet nicht zwischen verschiedenen Wissensbereichen, sie betont lediglich ihr Bestreben, dem nachzugehen, was sich als allgemeine und letzte Wahrheit erweist. Es wird keine Unterscheidung getroffen zwischen Physik, Astronomie und Biologie einerseits und der spekulativen Erforschung des Geistes andererseits. Im Rahmen dieser Definition ist der Quantentheoretiker ebenso sehr Philosoph wie derjenige, der sich mit dem Körper-Geist-Problem auseinander setzt. Beide Arten von Theoretikern lassen sich als „Naturphilosophen" beschreiben – im Unterschied zu Theoretikern im Bereich Ethik und Politik, die man gewöhnlich als „Moralphilosophen" bezeichnet. Der Naturphilosoph ist daran interessiert, die grundlegenden Prinzipien der natürlichen Welt, Materie und Bewusstsein eingeschlossen, zu verstehen, während der Moralphilosoph herausfinden möchte, wie die Dinge – auf individueller und moralischer Ebene – sein sollten. Der Kosmologe ist daran interessiert zu erfahren, wie das Universum entstanden ist und welchen Gesetzen seine Evolution gehorcht; wer sich mit dem Bewusstsein befasst, möchte gleichfalls verstehen, wie das Bewusstsein entstanden ist und welchen Gesetzen sein Wirken unterliegt. Beide streben nach Wissen darüber, was die Welt im Innersten zusammenhält.

Von den Anfängen systematischer Erkenntnis zur Zeit der alten Griechen vor zweitausend Jahren an bis zur wissenschaftlichen Revolution des 17. Jahrhunderts und darüber hinaus war es gebräuchlich, den Begriff „Philosophie" in dieser breiten, unvoreingenommenen Art zu verwenden. Wir alle waren auf der Suche nach der Wahrheit. In den letzten etwa hundert Jahren aber hat diese Art, die intellektuelle Welt zu zergliedern, eine beträchtliche Veränderung erfahren. Heute unterscheiden wir „Naturwissenschaftler" von „Philosophen", als gäbe es eine scharfe Trennlinie zwischen beiden. Naturwissenschaftler haben Labors, gehen auf Exkursionen, beißen sich die Zähne an Zahlen aus, verifizieren gegenseitig ihre Ergebnisse; Philosophen sitzen in ihren Büros (oder zu Hause) und zerbrechen sich den Kopf, wie sich ihrer Ratlosigkeit abhelfen lassen könnte, wobei sie gelegentlich auf einen schönen langen Streit zusammenkommen. Wissenschaftler machen Beobachtungen, stellen Theorien auf, testen sie, berichten über ihre Ergebnisse, gelangen zu einem Konsens. Aber was tun Philosophen? Sie machen keine Beobachtungen, testen keine Theorien, berichten nie über ihre Ergebnisse und gelangen so gut wie nie zu einem Konsens.

Philosophie ist nicht dasselbe wie Naturwissenschaft. Naturwissenschaft stellt beantwortbare Fragen und bewegt sich stetig nach vorne, verwirft falsche Theorien, verringert das Ausmaß menschlicher Unwissenheit, während die Philosophie in Kontroversen zu versinken droht, ständig an denselben Fragen herumgrübelt und keine Spur von der Art Fortschritt zu bieten hat, wie ihn die Naturwissenschaften aufweisen können. Warum ist das so? Es kann kaum so sein, dass Naturwissenschaftler einfach so viel gescheiter sind als Philosophen und diese mit glänzenden IQ-Werten in den Schatten stellen. Es gibt eine Menge hochintelligenter Leute in der Philosophie, hat sie immer gegeben, manche von ihnen haben sogar eine solide naturwissenschaftliche Ausbildung. Und es ist auch nicht so, dass ein Naturwissenschaftler, der sich auf philosophisches Gebiet wagt, die eingesessenen Fachleute in den Schatten stellt, im Gegenteil, die Ergebnisse sind oftmals lächerlich mager. Nein, der Unterschied hat etwas mit der Natur des Forschungsgegenstandes zu tun, mit den Fragen selbst und mit den zu ihrer Beantwortung verfügbaren Methoden. Philosophie ist eine harte Sache. Milan Kundera schrieb einen Roman mit dem Titel *Die unerträgliche Leichtigkeit des Seins*, dem man *Die unerträgliche Schwere des Denkens über das Sein* entgegensetzen könnte. Ich weiß, wovon ich rede: Ich habe den größten Teil meines erwachsenen Lebens unter der Last dieser Schwere verbracht.[1]

Die Schwierigkeiten der Philosophie hat man oft darauf geschoben, dass sie „Pseudofragen" stelle. Naturwissenschaften stellen bedeutsame Fragen, deren Antworten wir im Prinzip zu erkennen im Stande sind, die Philosophie aber (so sagt man) suhlt sich in bedeutungslosen Scheinfragen, die sich nicht auf rationale Weise beantworten lassen. Im besten Falle ist sie als Wissenschaft verkleidete Poesie, im schlimmsten allzu prahlerisches Geschwätz. Dies ist eine verständliche Reaktion auf eine scheinbar unleugbare Tatsache: Verglichen mit der Naturwissenschaft, ist die Philosophie intellektuell statisch. Der Philosophie geht in der Tat jene Art von systematischer wissenschaftlicher Methode ab, wie sie Physik, Astronomie und Biologie charakterisieren. Aber ich denke, dass die Ansicht, philosophische Fragen seien bedeutungslose Pseudofragen, eine übertriebene und ungerechtfertigte Reaktion auf diese Tatsache darstellt. Die Frage der Verknüpfung zwischen Körper und Geist ist eine Frage von ungeheurer Bedeutung, so schwer sie auch zu beantworten sein mag. Bewusstsein ist ein echtes Phänomen von realer Natur, wobei diese in irgendeiner Weise an die Natur von Materie gebunden ist. Diskussionen über die problematische Verbindung zwischen Bewusstsein und Gehirn sind keineswegs leeres Geschwätz. Womit lässt sich dann aber das statische Wesen der Philosophie erklären? Warum sind diese Probleme offenbar so widerspenstig? Warum dreht sich einem bei philosophischen Fragen alles im Kopf?

Eine kurze Geschichte des Denkens

Die Antwort, auf die dieses Buch hinauswill, lautet folgendermaßen: Die Philosophie zeigt die Grenzen menschlicher theoretischer Intelligenz auf. Die Philosophie ist in dem Versuch, unsere kognitiven Grenzen zu überschreiten, eine Art großartiger Fehlschlag. Lassen Sie mich, mit diesem Gedanken im Hintergrund, die Geschichte menschlichen Denkens nacherzählen. Mein Ziel ist die große Linie, nicht das Detail; ich möchte die groben Umrisse der intellektuellen Historie nachzeichnen. Und ich möchte mich ihr in einem naturalistischen Geist nähern, sie als Teil der Naturgeschichte menschlicher Wesen sehen.

Wir können uns vorstellen, wie unsere Jäger-und-Sammler-Vorfahren vor über zehntausend Jahren ihrem täglichen Geschäft nachgingen, ohne sich allzu sehr mit den tiefgründigen Problemen der Naturphilosophie herumzuschlagen. Es gab damals keinen Ackerbau, nichts, was in irgendeiner Form Städten gleichgekommen wäre, eine sehr primitive Politik, keine Bücher, keine Schulen und Universitäten. Die Probleme der Naturwissenschaften und der Philosophie waren seinerzeit vermutlich noch nicht einmal formuliert. Dennoch unterschieden sich die Gehirne dieser ungebildeten Vorfahren ihrer biologischen Grundstruktur nach nicht wesentlich von den unseren. Im Unterschied zu den Gehirnen von Hasen und Krokodilen verfügten sie über das Potenzial, Wissenschaft und Philosophie zu betreiben, deren Praxis aber lag noch in ferner Zukunft. Vielleicht entwickelten sie ein paar primitive religiöse Ideen: eine gehörige Portion Animismus und jede Menge Aberglauben. Dann kamen, ohne Zweifel mit Unterstützung der Ägypter und anderer, die ersten reflektierenden Griechen des Wegs. Mit ihrer anthropozentrischen Weltlehre auf der Grundlage von Erde, Feuer und Wasser waren diese Leute die ersten großen Naturtheoretiker. Nach dem wackligen, aber eindrucksvollen Start der Vorsokratiker kamen die Griechen in Schwung, und schon bald sah die Welt Platon, Euklid, Pythagoras, Aristoteles, Aristarchus und viele andere. Auf wunderbare, beinahe magische Weise läuteten diese Denker das Zeitalter der Wissenschaften ein, formulierten die Fragen, die die Denker bis zum heutigen Tage beschäftigen sollten. Das Ideal der objektiven Erkenntnis wurde erfunden, Aberglauben und Irrationalismus eine Absage erteilt. Das Studium der „Philosophie“ im weitesten Sinne war in Bewegung gekommen.[2]

Dann folgte die dunkle Ära des Mittelalters, in der die Erkenntnisse der Griechen beinahe in Vergessenheit gerieten. Wissenschaft und Philosophie dämmerten dahin. Die rationale Naturerkenntnis erlitt einen herben Rückschlag. Dann schließlich der wundersame Anbruch der Renaissance – Kopernikus, Kepler, Galileo, Newton, Descartes, Boyle, die Begründer der modernen wissenschaftlichen Weltsicht. Physik und Astronomie wurden auf Kurs gebracht, die Mathematik blühte, die Natur begann, dem forschenden Geist ihre Geheimnisse preiszugeben. Die wissenschaftliche Methode triumphierte: Beobachtung in Kombination mit dem systematischen Aufstellen von Theorien bildete den Weg, auf dem sich entdecken ließ, wie die Welt beschaffen ist. Wenige hundert Jahre später sorgte Darwin mit seiner Theorie der Evolution durch natürliche Selektion für den großen Durchbruch in der Biologie. Die Welt der bewegten Gegenstände, der chemischen Substanzen und lebenden Dinge schien menschlichem Verständnis offen, wissenschaftlich erklärbar. Von dieser sicheren Basis aus nahm das menschliche Wissen in dramatischer Weise zu, Physik, Chemie, Astronomie und Biologie erfuhren einen bemerkenswerten Fortschritt. Unsere griechischen Vorfahren wären über die Ausmaße und die Tiefe menschlichen Wissens erstaunt und begeistert gewesen – von deren Jäger-und-Sammler-Ahnen gar nicht zu reden. Die kühnsten Hoffnungen der frühen Philosophen hatten sich mehr als erfüllt. Die Welt erschien als Ort, den zu verstehen der menschliche Verstand von Natur aus befähigt ist, von einer tief verwurzelten, störrischen Widerborstigkeit der Welt gegenüber unseren Bemühungen, sie zu begreifen, keine Spur mehr. Wir selbst wirkten wie eine Spezies, die sich von anderen abhebt, die denkende Spezies, die geborenen Erkenner, die von Natur aus Allwissenden. Zugegeben, es erfordert einige Mühen und viele Jahre, bis ein menschliches Individuum die entdeckten Prinzipien der Natur zu beherrschen vermag, aber der menschliche Geist scheint für diese

Aufgabe auf perfekte Weise maßgeschneidert. Es scheint keinen Grund für die Annahme zu geben, dass das Zeitalter des Verstehens jemals ein Ende haben wird. Alles und jedes wird unserem kognitiven Stochern dereinst seine Geheimnisse preisgeben.

Doch diese Geschichte des menschlichen Fortschritts hat auch eine dunkle Seite, eine Art peinlich gehütetes Geheimnis wie den geistig zurückgebliebenen Verwandten im Hinterzimmer. Ein Gebiet der menschlichen Forschung stellt eine Anomalie dar, einen schwarzen Fleck, den das Licht der Vernunft allem Anschein nach nicht zu durchdringen vermag: Heute bezeichnen wir dieses Gebiet als „Philosophie". Die klassischen Probleme der Philosophie haben sich diesem Vorwärtssturm kognitiver Expansion nicht unterworfen. Insbesondere das Körper-Geist-Problem widersteht unseren Bestrebungen, es lösen zu wollen. Hier gerät der menschliche Intellekt ins Stolpern. Die These, die ich in diesem Buch vertreten habe, besagt, dass dieser Mangel an Verständnis sich aus der Struktur der menschlichen Intelligenz ergibt. Die Frage nach der Beziehung zwischen Geist und Körper ist völlig legitim, aber unser Geist ist nicht hinreichend gerüstet, sie zu beantworten, so wie der Geist einer Katze sich nicht dazu aufschwingen wird, die Relativitätstheorie oder die Evolution durch natürliche Selektion zu entdecken.

Ich bin der Ansicht, dass die Geschichte menschlichen Forschens mit all ihren Erfolgen und Misserfolgen eine Bestätigung dieser These ist. Was wir im Laufe der Jahrhunderte erfahren haben, ist letztlich, dass bestimmte Probleme innerhalb der Reichweite unserer kognitiven Fähigkeiten liegen, andere hingegen nicht. Die gegenwärtige Trennungslinie zwischen Naturwissenschaften und Philosophie ist in Wirklichkeit eine Reflexion dieser intellektuellen Fähigkeiten beziehungsweise Unfähigkeiten. Kurz gesagt, ist das, was wir als „Philosophie" bezeichnen, ein wissenschaftliches Problemfeld, das zu lösen wir von unserer Natur her ungeeignet sind. Die Griechen hatten Recht, wenn sie dem gesamten Gebiet der „Naturphilosophie“ eine gewisse Homogenität zusprachen, aber es hat bis nach der Renaissance gedauert, bis wir entdeckten, dass die Homogenität bezüglich der Art der gestellten Fragen keinesfalls zu einer einheitlichen Lösbarkeit dieser Fragen führt. Das Körper-Geist-Problem ist dieselbe *Art* von Problem wie die Probleme der Physik und anderer Wissenschaften; uns fehlt nur schlicht die konzeptuelle Ausstattung, es zu lösen. Die Geschichte menschlichen Denkens ist daher so etwas wie eine Karte des menschlichen kognitiven Systems, die dessen Stärken und Schwächen umreißt.

Wir könnten uns vorstellen, dass diese Karte auch anders aussehen könnte. Denken Sie an eine hypothetische intellektuelle Historie von Wesen aus einer anderen Galaxie, und stellen Sie sich vor, dass dort die Beschränkungen anders ausgefallen sind. Bei diesen außerirdischen Wesen verläuft die Geschichte genau anders herum als bei uns. Deren „alte Griechen“ erfanden das systemische Denken, sie behandelten alle Fragen als zu einem Ganzen gehörig. In ihrem Falle, bei ihrer intellektuellen Beschaffenheit, erwiesen sich allerdings die Fragen der Physik, der Astronomie und Biologie als widerborstige Themen. Was uns philosophische Probleme sind, können sie mit links lösen; die Lösung des Körper-Geist-Problems war einer ihrer ersten Triumphe und wird nun in ihrer Version vom Kindergarten allen normalen Kindern beigebracht. Aber sie können um keinen Preis die Gesetze der Bewegung ergründen, und sie glauben *noch immer*, dass ihr Planet der Mittelpunkt des Universums sei. Es fällt ihnen furchtbar schwer, Materie im Raum zu verstehen, aber die Natur des Geistes erfassen sie hervorragend. Es liegt einfach an der Art und Weise, wie sich ihr Gehirn im Lauf der Evolution entwickelt hat.

Eine derart inverse intellektuelle Geschichte scheint durchaus vorstellbar, und ich glaube, die natürlichste Erklärung dafür folgte dem, was ich die ganze Zeit über vertrete: Ihre kognitive Architektur ist voreingenommen zu Gunsten der Probleme des Geistes, während Probleme der Materie ihr fremd sind. Wenn sie je die Geschichte ihres Denkens reflektierten, müssten sie natürlich zu genau diesem Schluss kommen. Mit Sicherheit würde ich ihnen diese Sicht aufnötigen, wenn sie uns je einen Besuch abstatteten (was angesichts ihres physikalischen Unverstands allerdings höchst unwahrscheinlich ist).

Die Härte und Schwere der Philosophie ist somit nichts anderes als ein Spiegel unserer kognitiven Voreingenommenheiten, so wie unsere Schwierigkeiten beim Fliegen ohne Hilfsmittel unsere motorische Einseitigkeit reflektieren (die fehlenden Flügel, Sie wissen schon). Unsere Hände und Arme sind gut zum Aufheben von Dingen und zu deren Handhabung, aber zum Fliegen taugen sie nicht. Unsere kognitiven Fähigkeiten sind gut geeignet zum Lösen physikalischer Probleme, aber wenn es um Probleme des Geistes geht, kann man sie vergessen. Es ist nicht so, dass wir es mit der Philosophie nicht ernsthaft genug *versucht* hätten oder dass wir darauf bestehen, Pseudofragen an uns selbst zu richten oder dass die Philosophie sich mit einer besonders abgehobenen Dimension der Wirklichkeit befasst. Unsere Gehirne können Fragen dieser Klasse einfach nicht handhaben. Etwas von oben herab formuliert: Es ist schlicht unser kognitives Pech, dass wir das Körper-Geist-Problem nicht lösen können; unser Geist ist nun einmal nicht dafür gebaut. Dieser Betrachtungsweise der Philosophie zufolge ist das Körper-Geist-Problem ein Symptom einer allgemeineren kognitiven Schwäche: Es reflektiert eine systematische Unzulänglichkeit unserer Fähigkeit zum Verständnis der Welt. Die Philosophie wirft ganz allgemein ähnliche Probleme der Grenzen unseres Erkenntnisvermögens auf.

Die Form der Lösung

Heißt das nun, wir können gar nichts über das Bewusstsein sagen und auch nicht darüber, wie die Lösung des Körper-Geist-Problems aussehen wird? Keineswegs. Wir können durchaus den Inhalt des Bewusstseins beschreiben, und wir können erforschen, wie diese Inhalte sich von der zu Grunde liegenden Neurophysiologie unterscheiden. Wir können durchaus die Psychologie des Bewusstseins „betreiben", wenn wir sie als Untersuchung der Rolle des Bewusstseins in mentalen Funktionsabläufen sehen. Nichts von dem, was ich gesagt habe, diskreditiert die Forschungsvorhaben, die gegenwärtig der Auffindung neuronaler Korrelate verschiedener Bewusstseinsstadien gewidmet werden. Ich habe nur festgestellt, dass sich das philosophische Körper-Geist-Problem nicht wird lösen lassen: das Problem, zu erklären, wie Gehirne Bewusstsein überhaupt entstehen lassen können. Hinzu kommt, dass wir eine ganze Menge über die *Form* aussagen können, die eine solche Lösung für das Körper-Geist-Problem haben müsste. Wie ich bereits zuvor argumentiert habe, ist es vernünftig anzunehmen, dass eine solche Lösung die verborgene Struktur von Bewusstsein spezifizieren müsste (Kapitel 5) und dass sie eine Revision unserer Vorstellung von Raum erfordert (Kapitel 4).

Die Lösung müsste also meiner Meinung nach die Gestalt einer Aussage darüber haben, was Bewusstsein ist, und sie müsste *konzeptuell* notwendig sein. Diese Idee ist ein bisschen technisch, aber lassen Sie sie mich im Kern erklären. Was ich meine, ist, dass die Lösung erstens über die bloße Feststellung dessen, womit Bewusstsein korreliert ist, hinausgehen und uns etwas über das innerste Wesen von Bewusstsein sagen müsste; und das müsste sie zweitens in einer solchen Weise tun, dass wir aus ihr mit aller Macht konzeptueller Notwendigkeit erkennen könnten, wie Bewusstsein aus dem Gehirn hervorgeht. Dass Bewusstsein aus dem Gehirn hervorgehen kann, müsste so sonnenklar sein wie die Feststellung klar ist, dass alle Junggesellen unverheiratete Männer sind. Diese letzte Feststellung schafft eine analytische oder konzeptuelle Verknüpfung zwischen der Vorstellung von dem Begriff Junggeselle und der Vorstellung von dem Begriff unverheirateter Mann. Ich will damit sagen, dass zur Lösung des Körper-Geist-Problems ebenfalls eine solche Art von konzeptueller Verknüpfung zwischen mentalen Konzepten und Konzepten des Gehirns existieren müsste. Das Konzept des Bewusstseins selbst muss mit dem des Gehirns intern verknüpft sein. Erst dann hätten wir eine schlüssige Erklärung für das Wesen der Verknüpfung.

Dieser letzte Punkt schließt ein, dass unsere gegenwärtigen Konzepte von Bewusstsein ungeeignet sind, die wahre Erklärung von Bewusstsein zu leisten. Es besteht einfach keine begrifflich-theoretische Verbindung zwischen unseren gegenwärtigen mentalen Konzepten und denen des Gehirns. Sie können wissen, dass Sie Schmerzen haben, ohne irgendetwas darüber zu wissen, was dabei in Ihrem Gehirn vor sich geht, es besteht somit keine theoretische Verknüpfung zwischen der Vorstellung von Schmerz und irgendwelchen Vorstellungen vom Gehirn.

Doch es muss eine solche Verknüpfung mit einem möglichen Konzept des Gehirns geben. Lassen Sie uns annehmen, dass das fragliche Konzept durch das neue Wort „SCHMERZ" ausgedrückt wird, wobei die entsprechende Vorstellung analytisch mit einem bestimmten Gehirnzustand verknüpft ist. Dann können wir feststellen, dass die Lösung des Körper-Geist-Problems die Form hat: „SCHMERZ ist identisch mit dem Gehirnzustand #“, wobei der Gehirnzustand # der Gehirnzustand ist, der Schmerz unmittelbar erklärt und „SCHMERZ“ ein Konzept repräsentiert, dass auf notwendige Weise mit dem Konzept „Gehirnzustand #“ intern verknüpft ist. Weniger schwerfällig ausgedrückt: „SCHMERZ“ liefert uns eine neue Möglichkeit, über Schmerz (die Sache selbst) zu denken, eine Möglichkeit, die uns in die Lage versetzt zu verstehen, wie Schmerz sich aus dem zu Grunde liegenden Gehirnzustand ergibt. Das neue Konzept liefert uns eine Möglichkeit, zu verstehen, wie Schmerzempfinden aus Gehirnprozessen entstehen kann. Um eine Lösung zu formulieren, benötigen wir damit zwei neue Konzepte, eines für den Geist und eines für das Gehirn. Das heißt, eine radikale konzeptuelle Innovation ist die notwendige Vorbedingung für die Lösung des Körper-Geist-Problems.

Nicht, dass wir uns diese neuen Konzepte nun so einfach aneignen könnten; meine gesamte Beweisführung bisher hat darin bestanden zu zeigen, dass sie außerhalb unserer Reichweite liegen. Aber wir können zumindest erkennen, dass sie existieren müssen. Wir können erkennen, dass radikal neue Konzepte vonnöten sind und dass sie miteinander etwa auf die Weise verknüpft sein müssen, wie „Junggeselle“ und „unverheirateter Mann“ miteinander verknüpft sind. In der Quintessenz muss die Lösung des Körper-Geist-Problems die Form einer konzeptuell wahren Aussage haben, die radikal neue Konzepte umfasst, welche die innersten Strukturen des Bewusstseins dokumentieren und nach einer Neukonzeption unserer Vorstellung von Raum verlangen. Wenn ich Recht behalte, werden wir mit dieser Lösung nicht aufwarten können. Aber wir wissen zumindest ein bisschen darüber, wie sie in ihrer allgemeinsten Form aussehen sollte. Nicht alles liegt im Dunkeln. Als Einstein herausfand, dass eine angemessene neue Physik die konstante Lichtgeschwindigkeit würde erklären müssen, war er sicher etwas äußerst Wichtigem auf der Spur, aber das sollte noch nicht die Theorie sein, die letztlich diese außerordentliche Tatsache erklären würde. Er wusste, dass die frühere Newtonsche Theorie im Hinblick auf die konstante Geschwindigkeit des Lichtes versagte, und er wusste, dass nur radikale Revisionen dies erklären würden und dass Bedarf nach einer neuen Konzeption des Wesens von Bewegung bestand, doch die tatsächlichen Prinzipien der Relativitätstheorie zu entwickeln, erforderte eine ganze Menge mehr Tüftelei. Und es gab keine Garantie dafür, dass er selbst oder irgendjemand anderer sie tatsächlich herausbringen würden. Glücklicherweise lagen die neuen Prinzipien nicht außerhalb der Reichweite menschlicher Intelligenz, obwohl es zu ihrer Entdeckung durchaus einiger Geniestreiche bedurfte. Ich will damit sagen, dass wir uns in Bezug auf das Körper-Geist-Problem in einer recht ähnlichen Lage befinden. Wir wissen, dass die gegenwärtigen Theorien unzureichend sind, und wir wissen, dass eine korrekte Lösung unsere Vorstellung von Raum verändern und dem Bewusstsein eine verborgenen Dimension wird zugestehen müssen, aber wir sind nicht in der Lage, eine Theorie aufzustellen, die diese Bedingungen erfüllt. Und wenn die These von unseren kognitiven Grenzen richtig ist, werden wir es auch nie sein. Wir können erkennen, wo die theoretische Lücke liegt, auch eine Art von Einsicht, aber ob sie ausgefüllt werden kann, ist eine andere Frage.

Alte Gehirne gegen neue

Gibt es von hier aus irgendeinen Weg nach vorne? Nicht, solange wir nur unsere gegenwärtigen kognitiven Fähigkeiten zur Verfügung haben. Möglicherweise aber können wir uns *neue* Fähigkeiten aneignen. Lassen Sie uns ein bisschen über diese Möglichkeit spekulieren; und wenn es zu nichts anderem gut ist als dazu, das Wesen meiner Behauptung besser zu verstehen. Das menschliche Gehirn hat seine Beschaffenheit in den vergangenen paar hunderttausend Jahren beträchtlich verändert. Insbesondere das Stirnhirn, jene Denkfabrik, ist bei uns weit größer als bei unseren vormenschlichen Ahnen. In Folge dieser corticalen Optimierungen hat sich auch die menschliche Intelligenz beträchtlich verändert. Wissenschaft und Philosophie gehören zu den bemerkenswerten Ergebnissen dieser Entwicklung. Hinzu kommt, dass das Gehirn sich als Organ in einem permanenten Auf- und Umbauprozess befindet und nicht ein für allemal festgelegt ist. Wie mag es sich in Zukunft weiter verändern? Wir können annehmen, dass die natürliche Selektion ihre Arbeit fortsetzen und langfristige Veränderungen bezüglich der Gehirnstruktur und -funktion bewirken wird. Doch es gibt keine Garantie, dass diese Veränderungen zu höherer theoretischer Intelligenz führen werden; vielleicht erweisen sie sich in dieser Hinsicht sogar als rückläufig. Schon jetzt bereitet die Schädelgröße eines Babys beiden, Mutter und Kind, Schwierigkeiten bei der Passage vom Mutterleib in die Außenwelt. Wie viel größer kann sie werden? Und gehört die Fähigkeit zu theoretischer Intelligenz zu denjenigen Fähigkeiten, die die Gene würden weiterverbreiten *wollen*? Theoretische Intelligenz hat den Hang, mit einer eher weltfremden Disposition einherzugehen und weniger mit dem Drang, die eigene Nachkommenschaft so zahlreich wie möglich zu gestalten. Warum Jahre damit zubringen, Kinder aufzuziehen, wenn doch Ihr Hauptinteresse der Kosmologie gilt oder der Natur des menschlichen Bewusstseins? Vielleicht schrumpft unser Stirnhirn im Verlauf der nächsten paar Millionen Jahre, und unser Interesse an Philosophie verblasst gänzlich. Also können wir uns zur Gestaltung von Gehirnen, die zur Lösung philosophischer Probleme geeignet sind, nicht auf die *natürliche* Selektion verlassen.

Aber es gibt stets auch die Möglichkeit der *künstlichen* Selektion. Lässt sich diese heranziehen, um intellektuell leistungsfähigere Gehirne zu produzieren? Zwei Wege lassen sich in diesem Zusammenhang gehen: die selektive Zucht und direkte gentechnologische Manipulationen. Lassen Sie mich eiligst hinzufügen, dass ich diese Methoden keinesfalls *befürworte*; ein solches Projekt würfe eindeutig alle möglichen ethischen Probleme auf. Mein Interesse ist ein rein theoretisches: zu verstehen, wie es wäre, wenn wir in der Lage wären, das Körper-Geist-Problem lösen zu können. Im Prinzip könnten wir also, so wie wir Hunde züchten, auch Denker züchten, die auf jeweils ganz bestimmte Aufgaben spezialisiert werden sollen. Die innere Struktur des Hundehirns wird durch selektive Zucht verändert; vielleicht geschähe dies auch bei Menschen, die man zur Lösung spezieller philosophischer Probleme züchtete. Diese Methode ist allerdings recht langsam und mühevoll; es ist womöglich sehr viel effizienter, direkt bei den Genen anzusetzen. Einige unserer Gene sind für die Beschaffenheit des menschlichen Gehirns verantwortlich, es liegt somit im Bereich des Möglichen, dass wir in der Lage sein könnten, die DNA so zu gestalten, dass sich das Gehirn einer Person verändert.

Angenommen, dass Gen „G" hat die Aufgabe, die Neuronendichte im Stirnhirn zu kontrollieren (ich vereinfache hier ungemein, um mein theoretisches Anliegen vorzubringen). Also manipulieren wir „G" vielleicht, um die Neuronendichte zu erhöhen und so die kognitiven Fähigkeiten unseres Stirnhirns, in dem das rationale Denken primär lokalisiert ist, zu optimieren. Oder wir könnten durch einen derartigen genetischen Eingriff die Sprachzentren in der linken Hemisphäre des Gehirns verbessern. Wer weiß, was dies bei der Person, deren Gehirn solchermaßen frisiert wurde, in Bezug auf ihre Fähigkeit zum Lösen von Problemen bedeutete? Doch vermutlich sind die Bereiche, auf die wir uns konzentrieren sollten, jene Gehirnzentren, die der Fähigkeit zur Introspektion dienen. Angenommen, das Bewusstsein besitzt eine verborgene Struktur, die dem introspektiven Zugriff nicht zugänglich ist. Weiterhin angenommen, diese verborgene Struktur enthielte die Lösung für das Körper-Geist-Problem. In diesem Falle ist eine Optimierung der introspektiven Aufnahmefähigkeit womöglich genau das richtige zur Lösung des Problems oder zumindest zum Zusammentragen der zur Lösung des Problems relevanten Daten. Vermutlich verfügt die Fähigkeit zur Introspektion über eine Basis im Gehirn, die letzten Endes im genetischen Programm des Menschen festgeschrieben ist, das heißt: Wir besitzen Gene für die Fähigkeit zur introspektiven Betrachtung von Bewusstsein. Wenn dem so ist, dann sollte es im Prinzip möglich sein, diese Gene so zu manipulieren, dass sich der Radius dieser Fähigkeit erhöht.

Bei unserem derzeitigen Wissensstand ist das freilich reine Science-Fiction, aber mich interessiert hier nur die theoretische Möglichkeit: zu sehen, was zur Schaffung eines Geistes notwendig wäre, der bei der Lösung des Bewusstseinsproblems leistungsfähiger ist als der unsere. Vielleicht würde unser gentechnologisch konstruiertes Superhirn mit seiner erweiterten introspektiven Fähigkeit auf der Stelle erkennen, was das Bewusstsein am Gehirn festmacht. Denken Sie sich diesen Prozess ähnlich wie die Erfindung des Mikroskops: Plötzlich eröffnet sich eine völlig neue Ebene der Realität, und alte Rätsel lösen sich in Luft auf. Worüber wir hier nachdenken, ist so etwas wie ein gentechnisch hergestelltes Mikroskop zur Betrachtung des Bewusstseins, ein biologisches Instrument, mit dem sich mitten in seine bislang verborgene Infrastruktur hineinsehen lässt. Vielleicht würde sich eine solche Eigenschaft niemals auf natürliche Weise entwickeln, doch die Gentechnologie eröffnet der mentalen Optimierung alle möglichen, bislang nie und nimmer erträumten Aussichten. Für einen gentechnisch in der richtigen Art und Weise manipulierten menschlichen Geist ist das Körper-Geist-Problem demnach lösbar, soviel ich sehe.

Allerdings muss ich an dieser Stelle eine ernste Warnung aussprechen: Selbst wenn man die normalen ethischen Einwände gegen ein solches Projekt einmal beiseite lässt, so erhebt sich die Frage, was unsere Versuchsperson *verliert* zu Gunsten dessen, was sie gewinnt. Sie mögen vielleicht naiverweise annehmen, das Körpergröße eine feine Sache ist, und versuchen, größere Menschen schaffen (ich bin nur knapp 1,68 m und teile diese Voreingenommenheit nicht). Aber Sie vergessen, dass große Menschen schwerer sind, und das bedeutet eine höhere Belastung für die Knochen. Unser Wettrennen der Dreimetermenschen krankt womöglich an frühen, chronischen Rückenproblemen und anderen Knochenleiden. Man muss gut überlegen, was man sich wünscht! Vielleicht sind die Veränderungen, die notwendig sind, um das Körper-Geist-Problem zu lösen, so dramatisch, dass der Betreffende einen Großteil von dem einbüßt, was ihn menschlich sein lässt. Eines der Themen, auf denen ich die ganze Zeit über herumgeritten bin, besagte, dass unsere vorwiegend räumliche Art, die Welt zu sehen, in uns eine Voreingenommenheit entstehen lässt, die unserem Verstehen des Bewusstseins entgegenwirkt, da dieses eben kein räumliches Phänomen ist (zumindest was unseren gegenwärtigen Raumbegriff angeht). Das ist ohne Zweifel so, weil unsere Körper Dinge im Raum sind und ihre räumliche Beziehung zu anderen Dingen – Feuer, Partner, Nahrung – zu einem beträchtlichen Teil unser Schicksal bestimmt. Wenn wir jedoch eine Form von Intelligenz benötigen, die die Welt nicht auf diese Weise sieht, dann müssten wir womöglich auf diese grundsätzliche Sicht der Dinge verzichten. Vielleicht hindern uns die Gesetze neuronaler Stromkreise daran, gleichzeitig eine räumliche und eine nichträumliche Art der Darstellung zu entwickeln.

Und den räumlichen „Zugriff“ auf die Welt zu verlieren, könnte sich für uns als gefährlich und unerquicklich erweisen. Wie sollen wir unseren Körper vor Schaden bewahren, wenn wir keine räumliche Wahrnehmung mehr haben, weil unsere ganze Aufnahmefähigkeit nunmehr auf das nichträumliche Phänomen des Bewusstseins ausgerichtet ist? Und wie lebte sich ein Leben, in dem wir über keine solche Wahrnehmung unseres Körper und der Außenwelt mehr verfügten? Womöglich hätten wir das Vergnügen, die Antwort auf das Körper-Geist-Problem zu kennen, während das übrige Leben öde und unbefriedigend verliefe.

Es wird oft behauptet, Emotionen stünden dem klaren Denken im Wege. Heißt das, es wäre weise, seine Emotionen aufzugeben, um klarer denken zu können? Sicher, durch präzisere Gedanken hätten wir eine Menge Vorteile, aber um welchen Preis! Womöglich ist die Art von Geist, die das Körper-Geist-Problem zu lösen im Stande wäre, eine Art von Geist, wie wir sie vielleicht lieber nicht hätten! Die Menschen sprechen oft voll Neid über die Art von Geist, die Gott angeblich innewohnt: allwissend, allmächtig, in jeder Weise vollkommen. Aber ist es wirklich so klar, dass es uns *gefallen* würde, einen Geist wie den Gottes zu haben? Einen beträchtlichen Teil unseres Vergnügens am Leben macht das Erlernen neuer Dinge aus, Gott aber kann dieses Vergnügen nie erfahren, denn er weiß bereits von Anfang an alles. Und sind wir sicher, dass wir ein Leben führen wollten, in dem sich sämtliche unserer Launen mühelos in Realität verwandeln? Wo bleibt da das Gefühl, etwas geleistet zu haben?

Stellen Sie sich vor, die psychologische Konstitution, die zur Lösung des Körper-Geist-Problems notwendig wäre, machte ihren Träger zu einem Ausgestoßenen, zu einem Freak, einem Monster unter den Menschen. Das ist womöglich ein Preis, den er oder sie nicht würde zahlen wollen. Ganz allgemein mag es gut sein, Dinge zu wissen, nicht jedoch, wenn dies bedeutet, andere Qualitäten einzubüßen, die wir höher bewerten. Wenn mich heute jemand fragen würde, ob ich mein Gehirn so umgemodelt haben wolle, dass es mir die Lösung für das Körper-Geist-Problem eröffnete, so würde ich auf einer schriftlichen Garantie bestehen, die mir versichert, dass ich mich im Übrigen nicht verändere. Allerdings bezweifle ich, dass eine solche Garantie zu bekommen wäre. Der menschliche Geist wird nicht einerseits an sich herumbiegen lassen, um im Übrigen so zu bleiben wie er ist. Wir alle wissen das aus Erfahrung, aus unserem Heranwachsen von der Kindheit zum Erwachsenenalter: Unser Geist wächst und verändert sich mit den Jahren, wir erwerben mentale Fähigkeiten, die wir hoch schätzen. Aber die unschuldigen Freuden der Kindheit gehen uns dabei verloren. Was mich betrifft, so bin ich ziemlich sicher, dass der Erwerb der Fähigkeit, Philosophie zu „betreiben", in mir andererseits die Fähigkeit hat verkümmern lassen, mich irgendwo zurechtzufinden. So ist die Natur nun einmal: Jeder Silberstreif am Horizont hat seine eigene Wolke im Schlepptau. Somit ist nicht klar, ob unsere kognitiven Grenzen bezüglich des Körper-Geist-Problems bei Licht betrachtet etwas sind, das wir beklagen sollten. Das hängt ganz und gar davon ab, wie hoch der Preis für ihre Beendigung wäre, und darüber können wir wenig sagen. Selbst wenn wir gentechnisch ein Gehirn schaffen könnten, das im Stande wäre, das Problem zu lösen, so wäre dies womöglich ein Gehirn, mit dem keiner würde gestraft sein wollen.

Philosophische Gene

Eine andere Frage ist, ob unser Unwissen vom übrigen Universum geteilt wird. Da die Außerirdischen-"Anthropologie" auf Grund eines offenkundigen Mangels an zu untersuchenden Außerirdischen noch in ihren Kinderschuhen steckt, sind wir nicht in der Lage zu sagen, ob nicht irgendwo irgendwer mit einem Geist bestückt ist, der die Macht hat, die Probleme zu lösen, die uns derartig verblüffen. Aber wäre damit die Bandbreite derer erschöpft, die uns in dieser Hinsicht kognitiv überlegen sind? Ich möchte – vielleicht zu Ihrer Überraschung – noch die Möglichkeit erwägen, das die *Gene* womöglich die Lösung für das Körper-Geist-Problem enthalten könnten. Hier ist Vorsicht angebracht, damit man mich nicht missversteht. Ich behaupte nicht, dass die Gene die Lösung für dieses Problem *wissen*, dass sie sich Gedanken darüber machen und in ihrem kleinen Genverstand mit einer Antwort aufwarten könnten. Gene haben keinen Geist. Sie haben kein Bewusstsein. Gene wissen gar nichts. Aber diese banale Tatsache bedeutet nicht, dass Gene nicht *Informationen* dergestalt enthalten könnten, dass wir, wenn wir ihren Inhalt kennen würden, aus ihnen die Lösung ableiten könnten. Denn nicht alle Information wird von bewussten mentalen Zuständen transportiert. Unser visuelles System beispielsweise verarbeitet Informationen über unsere Umgebung, und diese Information wird – außer als Endprodukt – zu keinem Zeitpunkt bewusst wahrgenommen. Information erfordert im Prinzip lediglich ein symbolisches System mit semantischen Eigenschaften – nichts an der Beschreibung besagt, dass die Information bewusst sein muss. Ein System enthält Informationen, wenn es in ihm Symbole gibt, die sich auf Dinge beziehen und aneinander gereiht Folgen ergeben, die richtig oder falsch sein können. Meine Vermutung ist, dass die Gene ein Informationssystem in diesem Sinne enthalten und dass dieses System die Lösung für das Körper-Geist-Problem parat hält.

Dieses Argument hat zwei Aspekte. Erstens ist es in der Tat angemessen, von einem genetischen Symbolsystem zu sprechen, zweitens gibt es gute Gründe für die Annahme, dass dieses System Informationen über die Körper-Geist Beziehung enthält. Zu Gunsten der ersten Behauptung lassen Sie mich die Tatsache hinzufügen, dass dies wirklich der Art und Weise entspricht, wie Genetiker über Gene sprechen.[3] Sie erklären mit schöner Regelmäßigkeit, dass Gene die Anweisungen für den Bau von Körpern dieser oder jener Art enthalten. Daher die vertraute Idee, dass es einen genetischen *Code* gibt, ein Symbolsystem, das Informationen über die Art von Organismus enthält, die aus ihm hervorgehen soll. Die DNA stützt sich bei ihren Bauvorhaben auf diesen Code: Sie liest die in diesem Code verfassten Anweisungen ab. In vieler Hinsicht ähnelt dieser Vorgang dem in einem Computer, einem anderen symbolmanipulierenden Gerät ohne Bewusstsein. Manchmal befehlen diese Instruktionen unglücklicherweise den Bau einer Körperstruktur, die für den Organismus von Nachteil ist; wir bezeichnen das Gen dann als defekt, weil es fehlerhafte Anweisungen enthält. Manchmal wird die Anweisung durch einen umweltbedingten Unglücksfall nicht richtig ausgeführt. Die Anweisungen bilden so etwas wie ein Kochrezept zum Bau eines Körpers oder ein zu befolgendes Programm. Doch vergegenwärtigen Sie sich einmal, wie extrem sprachlastig diese ganze Darstellung ist: Der Prozess der Konstruktion eines Organismus wird von Symbolen mit Bedeutung gesteuert, wie die optische Wahrnehmung durch ein unbewusstes System symbolischer Operationen gesteuert wird. Deshalb sprechen Genetiker so gerne von der „Sprache der Gene". Wir müssen nicht darüber streiten, ob „Sprache" hier das richtige Wort ist; wichtig ist, dass Gene funktionieren, indem sie Informationen über Organismen – Spezifikationen – umsetzen. Sie enthalten eine „Blaupause", ein „Handbuch", für den Bau eines Organismus. Sie verhelfen einem Organismus aber nicht in der gleichen Weise zur Existenz, wie der Wind beispielsweise einen Baum sich biegen lässt – nicht durch rein mechanische Kraft. Richtig erklären lässt sich der Prozess vielmehr durch den Bezug auf die Informationseigenschaften der Gene, durch das, was sie repräsentieren. Ihre Gene repräsentieren den Organismus (den „Phänotyp“), der Sie einmal sein werden.

Die Gene enthalten eindeutig eine Vielfalt an biologischen Informationen. Die Körper von Tieren verschiedener Arten unterscheiden sich ungemein voneinander, und ihre Gene müssen eine Körperstruktur spezifizieren, die sich von anderen logisch möglichen Körperstrukturen unterscheidet. Das Herz hat die und die Form, die Nieren haben ihren Sitz dort, das Blut ist so und so zusammengesetzt, das Gehirn so und nicht anders organisiert. Jedes Detail erfordert seine ganz spezielle Anweisung, andernfalls endet ein Zebra mit einem Schafsherzen oder einem formlosen Klumpen dort, wo sein Herz sitzen sollte. Doch was für den Körper gilt, trifft auch auf das Gehirn zu: Die Gehirne verschiedener Arten unterscheiden sich hinsichtlich ihrer „Anatomie“. Die mentalen Organe einer Katze unterscheiden sich von denen einer Schlange, so wie unsere sich von denen bei Menschenaffen unterscheiden. Diese Unterschiede sind nicht erlernt, wir können einer Katze keinen Schlangenverstand geben, indem wir sie als Schlange großziehen. Sie sind genetisch festgelegt, fest verkabelt. Demnach muss es in den Genen geeignete Instruktionen geben, um diesen oder jenen Geist entstehen zu lassen. Auch muss es Instruktionen geben, die genau festlegen, wie ein Organismus mit Bewusstsein auszustatten ist, denn auch das ist ein genetisch festgelegtes Merkmal von Organismen. Tiere *lernen* nicht, ein Bewusstsein zu haben, es wird ihnen von ihrer angeborenen biologischen Konstitution aufgezwungen. Bewusstsein verändert sich und wächst, während der Organismus reift, infolge eines im Voraus festgelegten genetischen Programms, der Grundplan aber ist von den Genen bereits vorherbestimmt.

Damit aber können wir eine offenkundige Tatsache festhalten: Gene müssen Bewusstsein aus Materie, aus zunächst empfindungslosem biologischem Gewebe, erschaffen. Weder das Ei noch das Spermium, aus dem Sie hervorgegangen sind, hatten ursprünglich ein Bewusstsein, doch die in ihnen enthaltenen Gene stellten sicher, dass Ihnen ein bewusster Geist erwachsen würde. Sie enthielten Anweisungen für die Manipulation von Materie in einer solchen Weise, dass aus dieser am Ende ein Bewusstsein hervorgehen würde. DNA veranlasst Materie nicht nur dazu, Bewusstsein entstehen zu lassen, wenn der Organismus wächst, sie enthält überdies die entsprechenden *Spezifikationen* für die Erschaffung von Bewusstsein. Das aber bedeutet, dass Gene Informationen enthalten, die notwendig und hinreichend sind, um dieses zu bewerkstelligen. Die Gesetze und Prinzipien, die der Verknüpfung zwischen Körper und Geist zu Grunde liegen, sind irgendwie in den Genen kodiert. Wenn wir Wissen als Metapher nehmen, können wir sagen, dass die Gene wissen, wie Bewusstsein aus Materie zu erschaffen ist. Sie tun das stets und ständig, jedesmal, wenn sie einen neuen Organismus mit Bewusstsein entstehen lassen. Etwas vorsichtiger und zutreffender formuliert: Sie enthalten Informationen von der Art, dass diese uns, wenn wir sie kennen würden, die Lösung des Körper-Geist-Problems vermitteln würden. In gewissem Sinne sind also die Gene die größten Philosophen, Speicher wertvoller Fragmente philosophischer Information.

Überrascht uns das? Eigentlich nicht. Wir müssen eine Menge beschwerlicher Dinge im Leben vollbringen, eines bleibt uns allerdings erspart: Wir müssen einen Organismus nicht von Grund auf zusammenbauen. Wenn wir einen Organismus erschaffen wollen, tun wir das auf die leichte Art und mit Spaß: Wir haben Sex und pflanzen uns fort. Den Job der eigentlichen Konstruktion des fertigen Organismus überlassen wir unserer DNA, die in diesen Dingen sehr viel bewanderter ist als wir. Ei und Sperma vereinigen sich, die DNA geht an die Arbeit, und binnen Wochen haben wir einen erkennbaren menschlichen Embryo vor uns, der irgendwann zu einem hoch geschossenen Erwachsenen wird. Das ist die Aufgabe, die die Natur den Genen zugedacht hat: aus mageren Anfängen ganze funktionierende Organismen zu basteln. Aber es ist – dem Himmel sei Dank – nicht unsere Aufgabe. Wenn die Evolution uns mit der Intelligenz und dem biologischen Know-how ausgestattet hätte, Organismen selbst zu schaffen, statt diesen Job unseren Genen zu überlassen, hätte uns dies sicher ganz anders aussehen lassen. Doch die Evolution arbeitet auf zwei Ebenen: Sie verleiht Tieren genügend Intelligenz, sich zu paaren und fortzupflanzen, und dann lässt sie die wirklich wichtigen Sachen von der DNA regeln. Es besteht somit keine *Notwendigkeit*, uns hinreichend schlau zu machen, als dass wir Organismen von Grund auf erschaffen könnten, weil die Gene dies viel besser besorgen. Mit anderen Worten, unser Verstand muss nicht die Informationen enthalten, die notwendig sind, einen bewussten Organismus entstehen zu lassen, weil unsere Gene das bereits tun. Es überrascht daher nicht, dass unsere Gene Informationsquellen enthalten, die uns nicht zugänglich sind. Da jede Zelle unseres Körpers eine vollständige Kopie unserer genetischen Blaupause enthält, eine Riesenbibliothek an biologischer Information, können wir sagen, dass jede dieser Zellen mehr Informationen über die Verknüpfung zwischen Geist und Körper enthält, als es unserem Geist je möglich sein wird (wenn die These von der Begrenzung unseres Erkenntnisvermögens gilt). Das Körper-Geist-Problem ist für unseren Geist ein Mysterium, für unsere Gene nicht.

Somit frage ich Sie: Was für ein Gefühl ist es, weniger intelligent zu sein als Ihr großer Zeh? (Ich verwende das Wort „intelligent" hier sehr locker, aber Sie verstehen, was ich meine.)

Wie seltsam sind wir?

Ich möchte schließen mit einem kurzen Exkurs darüber, wie seltsam wir eigentlich sind. Wir sind eine mysteriöse Verschmelzung von Geist und Materie wie andere bewusste Organismen auch. Wir sind weder das eine noch das andere. Ein Stein ist ein Stein, ein Klumpen empfindungsloser Materie; ihn drückt kein Bruch in seinem Wesen. Ein Engel, wenn es ihn gäbe, wäre reiner Geist, den Gesetzen der Materie nicht unterworfen, auch er ein einheitliches Wesen. Wir aber sind zweigeteilte Wesen, Bewusstseinszentren, eingehüllt in einen Hautsack aus weichem Gewebe. Vom Standpunkt eines Engels oder eines körperlosen Außerirdischen aus dem Weltall wirken wir eher wie komische Wesen, sonderbare ontologische Hybride. Wie jene Fabelwesen, in denen sich zwei Tiere vereinigen, sind wir ein Konglomerat von Gegensätzen. Zu Zeiten scheint es mir seltsam, dass ich meiner Existenz und meines Wohlbefindens halber überhaupt auf meinen Körper angewiesen bin. Dann wieder scheint mein Körper mein ganzes Ich zu sein. Es wäre so viel *einfacher*, entweder reine Materie oder reiner Geist zu sein.

Die Außerirdischen, die ich in Kapitel 1 zitiert habe, waren verwirrt ob der Tatsache, dass es denkende Wesen mit einem Fleischgehirn geben sollte, das kam ihnen *wahrhaft* fremd vor. Fleisch und Gehirn schienen ihnen unüberbrückbare Gegensätze. Was sie betraf, so war ein Bewusstsein auf organischer Basis ein Oxymoron, und ein ziemlich ekliges noch dazu. Vielleicht wäre ihre Verwirrung schnöder Belustigung gewichen, hätten sie einige von uns gefangen und ihren Kindern zur Freude in Käfige gesperrt. „Kommt, guckt Euch die Fleischköpfe an! Bewusste Wesen mit Büchsenfleisch im Schädel! Echte außerirdische Freaks! Schaut nur, sie gehen und sprechen tatsächlich! Aber bitte nicht füttern, unsere

Nahrung würde sie krank machen!" Vielleicht schütteln sie sich angesichts dieses seltsamen Anblicks vor Überschallgelächter. Und es entbehrt – auf eine eher morbide Weise – tatsächlich nicht einer gewissen Komik, wenn Sie über den feuchten grauen Zellhaufen in unserem Kopf nachgrübeln, der so unentbehrlich ist für all das an Ihnen, was Ihnen am meisten bedeutet. Die meisten von uns ziehen es vor, diesen Gedanken zu verdrängen; Zutritt verboten! Es ist etwas Bizarres und Unbehagliches an dem, was wir objektiv sind.

Aber vielleicht sind wir gar nicht so seltsam, wie es den Anschein hat. Vielleicht sind wir nur oberflächlich betrachtet monsterhaft. Vielleicht ist der Bruch in unserem Wesen mehr Schein als Sein. Jene kichernden Aliens sind nämlich auf dem Holzweg. Und zwar, wie ich mit viel Mühe zu erklären versucht habe, weil es in Wirklichkeit etwas gibt, was Körper und Geist *vereint*, zu einem Ganzen macht. Mein Anliegen hat die ganze Zeit darin bestanden zu betonen, dass Geist und Gehirn *auf der Ebene objektiver Realität* eine unlösbare Einheit bilden. Auf irgendeine Weise, die wir nicht verstehen, sind Bewusstsein und Gehirn miteinander vereinbare Aspekte derselben Sache und nicht, wie es scheint, Feuer und Wasser. Das Gehirn ist nicht nur Fleisch, und der Geist ist mehr als das, was er oberflächlich betrachtet zu sein scheint. Dem heterogenen Schein liegt eine Ordnung zu Grunde. Das muss so sein, sonst wären wir nicht möglich. Die Natur scheut Wunder. Objektiv betrachtet, bestehen wir von Natur aus aus sauber vernetzten Materialien, sind so nahtlos wie alles andere in der Natur. Wir kommen uns nur seltsam vor, weil wir nicht begreifen, worin diese vereinheitlichende Wirklichkeit besteht. Die richtige Antwort auf jene roh belustigten Außerirdischen ist, dass wir ihnen nur seltsam erscheinen, weil sie unsere wahre Natur nicht erfassen. Und dieser Antwort hat es in unserer eigenen Geschichte zahllose Male bedurft. Wenn wir je unserer fleischlichen Natur halber von irgendwelchen Aliens mit Lasergehirnen diskriminiert werden sollten, können wir ihnen erklären, dass wir in Wirklichkeit kein bisschen seltsamer sind als sie selbst, wenn man denn die Fakten kennt. Unsere Seltsamkeit liegt im Auge des Betrachters, nicht in unserem Wesen. Tief innen sind wir ziemlich gewöhnlich, so schwer das auch zu glauben sein mag.

Anmerkungen

Da die Kapitel dieses Buches zum großen Teil auf anderen – stärker technisch orientierten – Veröffentlichungen von mir fußen, gibt es in der folgenden Liste von Referenzen und Literaturvorschlägen unvermeidlicherweise eine peinlich große Anzahl an Verweisen auf meine eigenen Arbeiten. Hauptanliegen dieser Anmerkungen ist es, einen Ausgangspunkt für die weitere Informationssuche zu liefern, und weniger, eine erschöpfende und unparteiische Liste dessen anzufertigen, was über die in diesem Buch behandelten Fragen geschrieben wurde.

Kapitel 1

1 Descartes' klassische Formulierung zur Gewissheit des eigenen Selbst-Bewusstseins findet sich in seinen 1641 publizierten *Meditationes de Prima Philosophia (Meditationen über die erste Philosophie*, Philipp Reclam, Stuttgart 1986).

2 Die Themen dieses Buches diskutiere ich ausführlicher in *The Character of Mind* (Oxford University Press, Oxford 1997), *The Problem of Consciousness* (Basil Blackwell, Oxford 1991), *Problems in Philosophy* (Basil Blackwell, Oxford 1993, in Deutsch erschienen als *Die Grenzen vernünftigen Fragens* (Klett-Cotta, Stuttgart 1996), und *Minds and Bodies* (Oxford University Press, New York 1997).

3 Zum ersten Mal erschienen ist Terry Bissons Geschichte im Internet, hier ist sie zitiert aus: Steven Pinker, *Wie das Denken im Kopf entsteht* (Kindler, München 1996).

4 Zur Diskussion über Schwarze Löcher und zur Kosmologie siehe: Stephen Hawking, *Eine kurze Geschichte der Zeit* (Rowohlt, Reinbek 1988).

5 Dieser inzwischen berühmt gewordene Satz erschien ursprünglich in: Thomas Huxley, *Elements of Physiology* (MacMillan, London 1886).

6 Einen Versuch aus jüngster Zeit zur Verteidigung des Materialismus liefert Daniel Dennet in *Philosophie des menschlichen Bewusstseins* (Hoffmann und Campe, Hamburg 1994).

7 Frank Jacksons Argument findet sich in dem von ihm verfassten Kapitel „What Mary Didn't Know", wiederabgedruckt in: David Rosenthal, Hrsg., *The Nature of Mind* (Oxford University Press, Oxford 1991).

8 Brian Farrells Diskussion über Fledermäuse und Bewusstsein erschien ursprünglich in seinem Artikel „Experience", *Mind*, Bd. 59, 1950. Thomas Nagels weit besser bekannte Diskussion findet sich in seinem Kapitel „Wie fühlt es sich an, eine Fledermaus zu sein?" in *Letzte Fragen* (Philo Verlagsgesellschaft, Bodenheim 1996).

9 Eine Verteidigung des Dualismus liefert David Chalmers in *The Conscious Mind* (Oxford University Press, New York 1996).

Kapitel 2

1 Zur Diskussion des Skeptizismus siehe: Bertrand Russell, *Probleme der Philosophie* (Suhrkamp, Frankfurt am Main 1967).

2 Zur Vorstellung einer modular organisierten, von Geburt an vorhandenen menschlichen Intelligenz siehe: Noam Chomsky, *Reflexionen über die Sprache* (Suhrkamp, Frankfurt am Main 1977) und *Language and the Problems of Knowledge* (MIT Press, Cambridge, Mass. 1988). Eine ausführliche Verteidigung dieses Konzepts liefert Steven Pinker in *Wie das Denken im Kopf entsteht* (Kindler, München 1996).

3 David Humes klassisches Werk ist *A Treatise on Human Nature*, erschienen 1739; dt.: *Ein Traktat über die menschliche Natur* (Meiner, Hamburg 1989/1978). Über den menschlichen Geist und seine Grenzen diskutiere ich ausführlich in „Can We Solve the Mind-Body Problem?" in *The Problem of Consciousness* (Basil Blackwell, Oxford 1991).

4 Die Fähigkeit zum Kombinieren und deren Rolle für unser Denken diskutiere ich in *Die Grenzen vernünftigen Fragens* (Klett-Cotta, Stuttgart 1996).

Kapitel 3

1 Richard Dawkins *Der blinde Uhrmacher* (Kindler, München 1987) bietet eine hervorragende Diskussion des Designarguments und der darwinistischen Antwort hierauf.

2 Den Hyperdualismus beschreibe und bewerte ich in dem Kapitel „Consciousness and Cosmology" in: M. Davies und G. Humphreys, Hrsg., *Consciousness: Psychological and Philosophical Essays* (Basil Blackwell, Oxford 1993).

3 Der Panpsychismus findet eine adäquate Würdigung in: David Chalmers, *The Conscious Mind* (Oxford University Press, New York 1996).

Kapitel 4

1 Meine Originalabhandlung zu dem Thema dieses Kapitels findet sich in „Consciousness and Space“, *The Journal of Conscious Studies* 2, Nr. 3, 1995.

2 Zum Ursprung des physikalischen Universums siehe: Stephen Hawking, *Eine kurze Geschichte der Zeit* (Rowohlt, Reinbek bei Hamburg 1988).

3 Edwin Abbotts *Flatland* erschien erstmals im Jahre 1884. Die deutsche Ausgabe trägt den Titel *Flächenland* (Franzbecker Didaktischer Dienst, Bad Salzdetfurth 1982).

Kapitel 5

1 Zum ersten Mal behandelt habe ich das Thema dieses Kapitels mit „The Hidden Structure of Consciousness“ in *The Problem of Consciousness* (Basil Blackwell, Oxford 1991).

2 Bertrand Russells Theorie der Beschreibung ist dargelegt in seinem Werk *Einführung in die mathematische Philosophie* (Drei Masken Verlag, München 1923).

3 Zu den empirischen Fakten über das Blindsight-Phänomen siehe: Lawrence Weiskrantz, *Blindsight: A Case-Study and Implications* (Oxford University Press, Oxford 1986).

4 Zur Diskussion der Personenidentität siehe *The Problem of Consciousness* (Basil Blackwell, Oxford 1991), *Problems in Philosophy* (Basil Blackwell, Oxford 1993; dt.: *Die Grenzen vernünftigen Fragens*, Klett-Cotta, Stuttgart 1996).

5 Eine philosophische Betrachtung zu Fällen von durchtrenntem Balken siehe: Thomas Nagel, „Hemisphärentrennung des Hirns und Einheit des Bewusstseins“ in *Letzte Fragen* (Philo Verlagsgesellschaft, Bodenheim 1996); siehe auch Michael Gazzaniga und J. E. De Loux, *The Integrated Mind* (Plenum Press, New York 1978).

6 Eine solche Sicht des Ichs beschreibt Daniel Dennett in *Philosophie des menschlichen Bewusstseins* (Hoffmann und Campe, Hamburg 1994).

7 Ausführlicher diskutiere ich die Willensfreiheit in *Die Grenzen vernünftigen Fragens* (Klett-Cotta, Stuttgart 1996).

Kapitel 6

1 John Searle kritisiert das Computer-Modell des Geistes in *Geist, Hirn und Wissenschaft* (Suhrkamp, Frankfurt am Main 1996). Ich selbst beziehe kritisch Stellung dazu in *The Character of Mind* (Oxford University Press, Oxford 1997).

2 Den ersten Auftritt erlebte der Turing-Test in: Alan Turing, „Computing Machinery and Intelligence", *Mind*, Bd. 59, 1950.

3 Die unterschiedlichen Bedeutungen des Begriffs Maschine untersuche ich in „Could a Machine be Conscious?" in *The Problem of Consciousness* (Basil Blackwell, Oxford 1991).

Kapitel 7

1 Die hier angerissene kurze Interpretation der Geschichte des Denkens findet sich auch in meinem Buch *Die Grenzen vernünftigen Fragens* (Klett-Cotta, Stuttgart 1996).

2 Einen Überblick zur Geschichte des Denkens gibt Bertrand Russell in *Philosophie des Abendlandes* (Europa Verlag, München ^{7}1997.

3 Richard Dawkins bezieht sich in *Der blinde Uhrmacher* (Kindler, München 1987) auf eine stark symbolisierte Vorstellung von DNA.

Register

Buchanzeigen

Natur und Naturwissenschaften bei C. H. Beck

Holk Cruse/Jeffrey Dean/Helge Ritter
Die Entdeckung der Intelligenz
oder Können Ameisen denken?
Intelligenz bei Tieren und Maschinen
1998. 278 Seiten mit 21 Abbildungen. Gebunden

Peter Düweke
Darwins Affe
Sternstunden der Biologie
2000. 167 Seiten mit 11 Abbildungen. Paperback
(Beck'sche Reihe Band 1351)

Richard Fortey
Leben. Eine Biographie
Die ersten vier Milliarden Jahre
Aus dem Englischen von Friedrich Griese
und Susanne Kuhlmann-Krieg
1999. 443 Seiten mit 28 Abbildungen. Gebunden

Dieter B. Herrmann
Antimaterie
Auf der Suche nach der Gegenwelt
1999. 112 Seiten mit 20 Abbildungen. Paperback
(C. H. Beck Wissen in der Beck'schen Reihe Band 2104)

Detlef Linke
Einsteins Doppelgänger
Das Ich und sein Gehirn
2000. 158 Seiten mit 3 Abbildungen. Klappenbroschur

Detlef Linke
Das Gehirn
2. Auflage. 2000. 101 Seiten mit 21 Abbildungen. Paperback
(C. H. Beck Wissen in der Beck'schen Reihe Band 2121)